W0342918

Der Kuss der Pelzkönigin

TOMSON HIGHWAY

Der Kuss der Pelzkönigin

EIN INDIANISCHER LEBENSWEG VON HEUTE

Aus dem Englischen von Thomas Bauer

FREDERKING & THALER

Igwani igoosi, n'seemis

Eine Anmerkung zum Trickster

In der mythologischen Traumwelt der Indianer Nordamerikas gibt es zahlreiche wundersame Begebenheiten und Geschöpfe. Das wichtigste dieser Geschöpfe ist der *Trickster*, der in unserer Welt eine ebenso zentrale und bedeutende Rolle spielt wie Jesus in der christlichen Religion. Der Trickster, der in der Sprache der Cree *Weesageechak* heißt, in der Sprache der Ojibwa *Nanabush* und in anderen indianischen Sprachen *Raven* oder *Coyote*, hat viele Namen und Gesichter und kann im Grunde in jede beliebige Verkleidung schlüpfen. An sich ist der Trickster eine komische, lustige Figur, deren Aufgabe es ist, uns beizubringen, worin Wesen und Bedeutung des Daseins auf Erden bestehen; er schlägt die Brücke zwischen dem Gewissen des Menschen und Gott, dem Großen Geist.

Der auffälligste Unterschied zwischen den europäischen und den indianischen Sprachen besteht darin, dass im Indianischen (z. B. im Cree oder Ojibwa) kein Genus existiert. Im Gegensatz zum Englischen, Französischen oder Deutschen verzichten die indianischen Sprachen gänzlich auf eine Unterscheidung zwischen Maskulinum, Femininum und Neutrum. Entsprechend ist die zentrale Heldengestalt unserer Mythologie in der Theorie weder ausschließlich männlich noch ausschließlich weiblich noch beides zugleich.

Einige Leute behaupten, Weesageechak habe diesen Kontinent bei der Ankunft des Weißen Mannes verlassen. Wir glauben, dass er/sie immer noch unter uns weilt – wenngleich er/sie im Laufe der Jahre etwas an Bedeutung eingebüßt hat – und in andere Verkleidungen geschlüpft ist. Ohne diese bemerkenswerte Figur wäre der Kern der indianischen Kultur für immer verloren.

»Wir müssen mit allen Mitteln verhindern, dass die Indianer hemmungslos dem Tanz frönen.«

Aus einem Rundbrief von Duncan Campbell Scott, dem stellvertretenden Leiter des Büros für Indianische Angelegenheiten in Ottawa, Kanada, vom 15. Dezember 1921.

»Nachts, wenn in den Straßen eurer Städte und Dörfer Stille eingekehrt ist, werden die Menschen, die sie einst bevölkerten und die dieses wunderbare Land noch immer lieben, sich dort wieder in Scharen einfinden. Der Weiße Mann wird niemals allein sein. Möge er Gerechtigkeit walten lassen und meinem Volk in Freundschaft begegnen. Denn die Toten sind nicht ohne Macht.«

Seattle, Häuptling der Squamish, 1853

TEIL I
Allegro ma non troppo

1

»*Mush!*«, rief der Jäger in den Wind. In der orangeroten Abenddämmerung eines Februartages, der so spröde und trocken war, dass der Schnee unter den Füßen knirschte, fuhr der Karibujäger Abraham Okimasis mit seinem Schlitten, vor den acht Huskies gespannt waren, durch den aufsteigenden Nebel im Norden Manitobas. Während er mit der Linken den Handgriff des Schlittens umschlossen hielt, ließ er mit der Rechten die Peitsche aus Elchleder über seinem Kopf knallen und trieb seine Huskies voran.

»*Mush*«, rief er, »*mush!*« Er war selbst überrascht, wie verzweifelt seine Stimme klang, fast als sei er den Tränen nahe.

Eine Meile vor sich konnte Abraham Okimasis die Ziellinie erkennen oder glaubte es zumindest. Und er sah noch andere Hundeschlitten, drei, vielleicht vier. Das bedeutete, dass vierzig weitere hinter ihm waren. Doch was für eine Rolle spielten diese vierzig? Für ihn zählte nur, dass er so kurz vor dem Ziel nicht in Führung lag. Für ihn zählte nur, dass er das Rennen nicht gewinnen würde.

Und er war todmüde, seine Hunde waren mehr als müde, so müde, dass sie zusammengebrochen wären, hätte er sich geschlagen gegeben.

»*Mush!*« – das einzige Wort, das ihnen, den Hunden wie ihrem Herrn, noch Kraft und den Willen gab weiterzumachen.

Drei Tage. Hundertfünfzig Meilen karge Tundra und eisbedeckte Seen, alles in knietiefem Schnee versunken – fünfzig Meilen pro Tag –, hundertfünfzig Meilen bittere Kälte und eisige Winde. Und die Ziellinie nur wenige Meter entfernt. Die Dampfsäulen, die von den keuchenden Mäulern der Hunde aufstiegen, und die Dunstschwaden, die sich von ihren wogenden Rücken erhoben, ließen sie wie körperlose Wolken aussehen.

»*Mush!*«, rief der Jäger seinem Leithund zu. »*Mush*, Tiger-Tiger!«

Seiner geliebten Frau, Mariesis Okimasis, hatte er versprochen, die Weltmeisterschaft allein für sie zu gewinnen, andernfalls wollte er sich mit Trennung und Scheidung bestrafen – im Jahr des Herrn 1951 undenkbar für einen Katholiken. Der silberne Pokal, dieser heilige Kelch, sollte sein Geschenk zum einundzwanzigsten Hochzeitstag werden. Während ihm diese Gedanken durch den Kopf jagten, überholte er den Hundeschlitten mit der Nummer 54 – Jean Baptiste Ducharme aus Cranberry Portage. Noch nicht gut genug.

Noch eine halbe Meile bis zur Ziellinie – jetzt konnte er das Banner sehen, silbrig weiß mit fetten schwarzen Lettern, war jedoch nicht in der Lage, die Aufschrift zu entziffern.

Die Schlitten mit den Nummern 32 und 17, so nah und doch so fern: Douglas Ballantyne aus Moosoogoot in Saskatchewan befand sich mindestens zwanzig Meter vor ihm, Jackson Butler aus Flin Flon in Manitoba war noch zehn Meter weiter entfernt.

»*Mush!*« – Es klang wie ein Bellen im Wind.

»Bitte, bitte, Gott im Himmel, lass mich dieses Rennen gewinnen«, flüsterte die innere Stimme des Karibujägers, »und ich werde es dir bis ans Ende meiner Tage mit jeder Tat, jedem Handgriff, jedem Atemzug danken, denn geheiligt werde dein Name ...« Das Gebet kam ihm wie von selbst über die Lippen, Wort für Wort, wie ein Rosenkranz, Perle um Perle, und zog ihn vorwärts. »Dein Reich komme, dein Wille geschehe, wie im Himmel ...«

Das Gebet war noch nicht halb gesprochen, da antwortete Gott Vater. War das nicht Seine Stimme, die Abraham Okimasis im Nordwestwind hörte? Keine halbe Meile mehr, dessen war er sich sicher, und schon hatte er den Schlitten mit der Nummer 32 von Douglas Ballantyne aus Moosoogoot hinter sich gelassen. Und jetzt, keine vierzig Meter entfernt, schwebte das Banner über der Ziellinie wie das Flammenschwert des Engels, der das Tor zum Paradies bewacht – »Schlittenhund-Weltmeisterschaft, Trapperfestival, Oopaskooyak, Manitoba, 23.–25. Februar 1951!« Und nun befand sich der Schlitten mit der Nummer 21 von Abraham Okimasis aus Eemanapiteepitat in Manitoba nur noch zehn Meter hinter Schlitten Nummer 17 von Jackson Butler aus Flin Flon, und die Ziellinie war keine dreißig Meter mehr entfernt. Fünfundzwanzig. Zwanzig. Fünfzehn. Zehn...

Die Schreie der Kinder, der Frauen und der Männer, das Bellen der Hunde und das Brüllen der Lautsprecher brachen über den Jäger herein, tauchten ihn unter, ertränkten ihn. Plötzliche Dunkelheit raubte ihm den Atem, das Augenlicht. Und alles, was er in seiner Blindheit wahrnahm, war eine kleine weiße Flamme am Ende eines langen, dunklen Tunnels, die zuckte und zitterte wie die Hand eines Kindes, das ihm zuwinkte. Er wollte sich nur noch hinlegen und bis in alle Ewigkeit schlafen, und einzig die zuckende Flamme hielt ihn davon ab.

Als Abraham Okimasis wieder zu sich kam, streckten sich Hände nach ihm aus, andere Hände umklammerten seine Arme, seine Schultern und bugsierten ihn durch eine Masse Menschenleiber. Kameras und Mikrofone waren auf ihn gerichtet. Männer mit Notizblöcken und Bleistiften wandten sich ihm zu, Frauen mit Kugelschreibern und großen und lebhaften, roten Mündern, die in der harten, abgehackten, kantigen Sprache der Engländer Fragen stellten.

Dann spürte der Karibujäger, wie er auf ein Podium zuschwebte. Schutzengel, die beim Festival als Lakaien tätig waren, mussten Flügel an seinen Schultern befestigt haben, so lautete einige Tage später Abrahams Erklärung. Und auf dem Podium stand ein Mann, der einem weißen Ballon glich, so groß und blass war er, mit einer Stimme, donnergleich und gewaltig.

»Buum«, dröhnte die Stimme, »buum, buum.« Sagte etwas von »Abraham Okimasis, dreiundvierzig Jahre alt, Karibujäger, Pelzfallensteller, Fischer, buum, buum.« Etwas von »Abraham Okimasis, Schlittenhundeführer aus dem Indianerreservat Eemanapiteepitat im Nordwesten von Manitoba, buum.« Etwas wie »Abraham Okimasis, Gewinner der Schlittenhund-Weltmeisterschaft 1951 in Millington.« Etwas von »Mr. Okimasis, dem ersten Indianer in der achtundzwanzigjährigen Geschichte dieses aufreibenden Rennens, der als Sieger hervorgegangen ist ...« Die Silben verschmolzen zu einem gewaltig grollenden Donnern.

Daraufhin umspülte den Cree-Jäger erneut Dunkelheit. Und das Einzige, was er in seiner Blindheit wahrnahm, waren der lange, schwarze Tunnel und die kleine, weiße Flamme weit, weit weg, die zuckte und zitterte, wankte und schwankte – eine Kinderhand? ein Geist? –, die ihn heranwinkte, ihn zu sich rief.

Eine Meile entfernt, auf einer provisorischen Bühne an einem Ende des gewaltigen Eishockeystadions, standen sieben Frauen mit unverbrauchten Gesichtern und hellem Haar im gleißenden Licht. Die jüngste war achtzehn, die älteste höchstens dreiundzwanzig. Auf dem Banner über der Bühne war zu lesen: »Wahl der Pelzkönigin, Trapperfestival 1951, Oopaskooyak, Manitoba.«

Eine Jury hatte diese sieben Kandidatinnen für die Endausscheidung nach allen erdenklichen Kriterien beurteilt: Größe, Körperfülle, Gewicht, Haltung, Auftreten, Gesichtsform, Länge des Halses, Wadenumfang, Hüftschwung, Länge der Finger, Formgebung von Nase, Zähnen, Lippen, Ohren, Augen und Augenbrauen, bis hin zur letzten Hautunebenheit, zum letzten Muttermal, zum letzten sichtbaren Härchen. Die Frauen waren während der ganzen drei Tage des Trapperfestivals herumgeschubst, gepiesackt, fotografiert, interviewt, betastet, beobachtet und überall in der Stadt zur Schau gestellt worden – zur Freude der Zuschauer, die, wie die *Oopaskooyak Times* berichtete, von weit her gekommen waren, aus Whitehorse, Yellowknife, Labrador und sogar aus Deutschland. Diese sieben Schönheiten hatten Bänder durchtrennt, Torten angeschnitten, Skulpturen aus Schnee enthüllt, Reden und Vorträge gehalten. Sie hatten die Preise überreicht beim Wetthäuten der Bisamratten, beim Wettkampf im Fallenstellen, beim Bartwuchs-Wettbewerb, beim berüchtigten Weetigo-Doppelgänger-Wettbewerb, bei den Wettbewerben im Hafermehlkuchenbacken und im Teekochen. Sie hatten Babys gestreichelt, Schulkinder geküsst, dem Bürgermeister und seiner Frau die Hand geschüttelt und mit einsamen Fremden getanzt, deren einziger Wunsch es war, eine flüchtige Minute ihres Lebens in den Armen einer potentiellen Pelzkönigin zu verbringen. Und jetzt war die Jury kurz davor, die Graziöseste, die Intelligenteste, die Begehrenswerteste, die Schönste zu küren. Die Pelzkönigin.

Mit stolz geschwellter Brust, wolfspelzgefüttertem Zylinder und Smoking trat der Bürgermeister, der sich freundlicherweise bereit erklärt hatte, den Jury-Vorsitz zu übernehmen, vor das Mikrofon in der Mitte der Bühne, räusperte sich, klopfte sich auf die Brust, öffnete den Mund und trompetete seine Begrüßung in die Arena, in der die tapferen und wagemutigen Männer standen, die Kopf und Kragen riskiert hatten, um an der Schlittenhund-Weltmeisterschaft in Millington teilzunehmen. Die Menge tobte.

Noch einmal räusperte sich der Vorsitzende, klopfte sich auf die Brust, öffnete den Mund und bellte ins Mikrofon.

»Die Entscheidung der Jury über den Ausgang des Pelzkönigin-Schönheitswettbewerbs 1951 ist gefallen. Vierter Platz, Miss Linda Hawkins aus Silver Lake, Manitoba.« Eine junge Frau brach lächelnd in Tränen aus und ging auf den Vorsitzenden zu, um ihr Preisgeld und einen Strauß gelber Rosen in Empfang zu nehmen und sich von zwei anderen Preisrichtern eine gelbe Satinschärpe umhängen zu lassen. Sie wurde hundertmal fotografiert, bis sie nur noch Unmengen von Sternen sah. Die Menge tobte.

»Dritter Platz, Miss Olivia Demchuk aus Eematat, Manitoba«, dröhnte die Stimme des Vorsitzenden. Und eine zweite junge Frau brach lächelnd in Tränen aus, ging auf den Vorsitzenden zu, um ihr Preisgeld und einen Strauß rosafarbener Rosen in Empfang zu nehmen und sich eine rosafarbene Satinschärpe umhängen zu lassen. Sie wurde hundertmal fotografiert, bis sie nur noch Unmengen von Sternen sah. Die Menge tobte lauter.

»Zweiter Platz, Miss Catherine Shaw aus Smallwood Lake, Manitoba«, dröhnte die Stimme des Vorsitzenden. Und eine dritte junge Frau brach lächelnd in Tränen aus, ging auf den Vorsitzenden zu, um ihr Preisgeld und einen Strauß karmesinroter Rosen in Empfang zu nehmen und sich eine karmesinrote Satinschärpe umhängen zu lassen. Sie wurde hundertmal fotografiert, bis sie völlig geblendet war. Die Menge tobte und tobte.

Dann räusperte sich der Vorsitzende der Jury, klopfte sich auf die Brust, öffnete den Mund und bellte ins Mikrofon: »Und die Pelzkönigin des Jahres 1951 ist ...« Man konnte das Ticken der Armbanduhren hören, das Surren der Glühbirnen, das Brummen der

Lautsprecher. »Miss Julie Pembrook aus Wolverine River, Manitoba. Miss Julie Pembrook!« Die junge Frau brach in ein glückseliges Lächeln aus und ging auf den Vorsitzenden zu, um ihr Preisgeld und einen Strauß weißer Rosen in Empfang zu nehmen. Der freudestrahlenden Miss Pembrook wurde nicht nur eine weiße Satinschärpe umgehängt, sondern auch noch ein bodenlanger Umhang aus Polarfuchspelz, der so weiß war wie der helle Tag. Man setzte ihr einen mit filigranen Gold- und Silberkügelchen verzierten Stirnreif aus Fuchspelz auf, und sie wurde tausendmal fotografiert, bis sie nur noch einen Sternenregen sah. Und die Menge tobte, bis sich das Dach des Gebäudes zu heben und zum Planeten Venus zu schweben drohte.

Inmitten dieses heiseren, feierlichen Tumults stand Abraham Okimasis, der vornehme Cree aus Eemanapiteepitat in Manitoba, der Karibujäger, dem keiner das Wasser reichen konnte, der Weltmeister, war unfähig, sich zu bewegen, und vergaß beinahe zu atmen. Wegen der Sterne, die in seinen eigenen Augen explodierten, nahm er nur Bruchstücke dessen wahr, was sich vor ihm abspielte, dazu Bilder von seinem Leithund, Tiger-Tiger, der, keuchend und Dampfwölkchen hinter sich lassend, auf die Ziellinie zurannte. Und bevor sich der Jäger wieder sammeln konnte, überrollte ihn mit gewaltigem Rauschen eine dritte Woge aus Dunkelheit. Am äußersten Rand dieser neuerlichen Dunkelheit tauchte wieder die kleine, weiße Flamme auf und flackerte auf der Bühne. Sie schwebte, zischte und zischelte, erstrahlte und begann zu summen – einen Ton, so rein, dass er unmöglich für menschliche Ohren bestimmt sein konnte. Dann nahm die Erscheinung allmählich Gestalt an – der Karibujäger konnte einen fließenden Umhang ausmachen, der Falte um Falte aus weißem, üppigem Pelz gefertigt schien und sich wellte wie die Oberfläche eines Sees. Über diesem Umhang meinte der Karibujäger einen Stirnreif aus dem gleichen weißen Pelz schweben zu sehen. Und was an dem Stirnreif glitzerte und funkelte, hätte ein Sternbild sein können. Dann sah Abraham Okimasis die Schärpe aus weißem Satin über der Schulter einer jungen Frau, deren Haut so hell war, als wäre sie aus der arktischen Kälte herausgemeißelt worden. Ihre Zähne glichen Perlen aus Eis, ihre Lippen Strömen von Blut, ihre Augen weißen Flammen in pechschwarzer Nacht. Und diese Augen schienen einzig und allein den Karibujäger zu sehen. Dann schwebten der Karibujäger und die Frau im weißen Pelz aufeinander zu, als stünde es nicht in ihrer Macht, für sich zu bleiben. Und als sie einander näher kamen, konnte Abraham Okimasis, Buchstabe um Buchstabe, den Aufdruck auf ihrer Schärpe entziffern: »Pelzkönigin 1951.«

Da wurde ihm bewusst – ganz sicher war es nur ein Traum –, dass dieses überirdisch schöne Wesen, die Pelzkönigin, mit einem runden Gegenstand aus Silber in den Händen auf ihn zuschwebte, den sie auf Höhe ihrer Taille hielt. Ein heiliger Gral, ein Herz vielleicht, eine Lunge, eine Gebärmutter? Die Göttin blieb vor ihm stehen, ihr Gesicht war keine zwei Handbreit entfernt. Ihre Augen strahlten ihn an, und ihr Körper sandte warme Wellen aus, die nach Kiefernnadeln und fruchtbarem Moor und Weidenröschen dufteten. Er war nicht imstande, den Blick abzuwenden, nicht einmal, als er sanft, kaum merklich, etwas in seine Hände fallen spürte.

Als die Königin sich flüchtig abwandte, um der tobenden Menge zu ihren Füßen zuzulächeln, sah Abraham auf seine Hände hinab. Sie hielten die große silberne Schale, den Willington-Pokal, den begehrten ersten Preis der Schlittenhund-Weltmeisterschaft, und in der Schale lag ein Scheck über eintausend Dollar.

Er hatte gewonnen. Er war der König der Scharen von Schlittenhundeführern, der Weltmeister! Seine gesamte Wahrnehmung, seine Sinneseindrücke und sein Zeitgefühl waren mit einem Mal in einem unsichtbaren Netz gefangen. Abraham riss seinen fassungslosen Blick von der Schale los und wandte ihn dem strahlenden Lächeln der Pelzkönigin zu, das ihn erneut gefangen nahm.

Und dann begannen sich die Lippen der Pelzkönigin zu senken. Sie näherten sich gaukelnd, wie ein Blatt im Herbst, das von einer Birke fortgerissen wird, bis sie auf Abrahams linker Wange zur Ruhe kamen.

Jahre, so schien es Abraham, vergingen, bis sie die Lippen von seiner Wange nahm und einen eiskalten Dampfstrahl ausstieß, der sich zu einem dunstigen Pilz formte. Ihre Lippen, ihre Augen, die goldenen und silbernen Kügelchen ihres Stirnreifs funkelten ein letztes Mal und wurden dann von den Nebelschwaden verschluckt.

Als Nächstes sah Abraham – das zumindest erzählte er Jahre später seinen beiden jüngsten Söhnen –, wie die Göttin in den Himmel entschwebte, auf dem die rosa-violette Abenddämmerung rasch der allumfassenden Schwärze der Nacht wich und dann mit dem nördlichen Firmament verschmolz. Sie wurde zu einem schillernden, verschwommenen Pulsieren, und die sieben Sterne des Großen Bären zierten ihren Stirnreif. Und als sie die Hand nach dem Jäger unten auf der Erde ausstreckte, erschien darin ein silberner Zauberstab, mit einer Leichtigkeit, als sei Magie im Spiel. Die Pelzkönigin, jetzt zur sagenhaften Patin geworden, die in der unendlichen Weite des Universums schimmerte, schwenkte den Zauberstab. Ihr weißer Pelzumhang breitete sich in einem glitzernden Bogen aus und wurde zum Polarlicht. Während Galaxien von Sternen und Sonnen und Monden und Planeten kreuz und quer über das Himmelsgewölbe huschten, lächelte die Pelzkönigin geheimnisvoll, und von den sieben Sternen ihres Stirnreifs löste sich, schillernd und geisterhaft, ein Fötus in vollendeter Menschengestalt.

Die Pelzkönigin verschwand und ließ Umhang und Stirnreif zurück, und das geisterhafte Kind trieb im kosmischen Schoß dahin, dessen Fruchtwasser aus Winterwolken bestand, drehte sich unablässig, so unmerklich und doch so gleichmäßig wie der Rhythmus der Sphären. Und langsam, ganz langsam, purzelte das geisterhafte Baby Hals über Kopf nach unten, hinunter zur Erde.

2

Der Schlitten aus Kiefernholz und acht graue Huskies glitten schwerelos zwischen den Sternen über dem Norden Manitobas dahin – das zumindest erzählte Abraham Okimasis Jahre später seinen beiden jüngsten Söhnen. Von Zeit zu Zeit verfing sich ein einzelner Strahl des tief winterlichen Mondes in der verzierten Oberfläche des Weltmeisterschaftspokals, und silberne Lichtnadeln sprühten empor.

Nachdem sich der Karibujäger einen Tag und eine Nacht in einem Hotel in Oopaskooyak ausgeruht hatte und dann nach Norden – nach Hause – aufgebrochen war, hatte der Nordwestwind einem sanfteren, milderen Wind aus Süden Platz gemacht. Trotzdem wusste Abraham Okimasis nur allzu gut, wie unvermittelt die Winterstürme Reisende auf dem Weg nach Norden überfallen konnten. Die Abende waren für die Jahreszeit so ungewöhnlich mild, dass er bis lange nach Einbruch der Dämmerung weiterfuhr, denn er konnte es kaum erwarten, seine Frau und seine Kinder wieder zu sehen. Die sechs Nächte, die er neben seinem Lagerfeuer unter einem Dach aus Fichtenzweigen verbrachte, wurden zu einer einzigen langen Nacht. Die sechs Tage, in denen er einen zugefrorenen See nach dem anderen und eine Insel nach der anderen überquerte – ihre Fichten-, Kiefern- und Lärchenhaine waren mit weichem, makellosem Schnee bedeckt –, diese sechs Tage verschmolzen zu einem einzigen. Da er noch immer im Bann des Augenblicks stand, in dem er die Ziellinie überquert, des Augenblicks, in dem ihn die Pelzkönigin geküsst hatte, wurde ihm erst bewusst, dass er am südlichen Ende des Mistik-Sees angelangt war, als er schon einen beträchtlichen Teil der ersten großen Bucht hinter sich gelassen hatte. Der

Schnee war so weiß, die Sonne so warm, der Duft der Fichten so köstlich, der Norden so still. Und der Mond, der von einer vorüberziehenden Wolke zur nächsten trieb, schien zu heulen, unterstützt von einem Chor Wölfe in der Ferne.

Unterdessen purzelte der silbrige Fötus zwischen den Sternen und Wolken herab, Meilen, Lichtjahre über dem von Träumen erfüllten Kopf des Karibujägers.

In der Abenddämmerung des sechsten Tages erspähte der Jäger die Landspitze des Chipoocheech Point, und sein Herz, schlug höher, wie immer, wenn er wusste, dass Eemanapiteepitat in der nächsten halben Stunde zu sehen sein würde. Chipoocheech Point lag nur fünf Meilen südlich von dem Ort, wo seine Frau geduldig auf ihn wartete. Als er die Landzunge umrundete und die Hütten wie Spielzeughäuschen in der Ferne zu blinken begannen, lachte ihm das Herz und er machte den Mund weit auf, um mit einer Falsettstimme, die so kräftig und klar war wie der Lockruf des Eistauchers, »*Weeks'chiloowew!*« zu schmettern, was seine treuen Huskies stets zu noch erstaunlicheren Leistungen anspornte.

Ehe Abraham Okimasis bis hundert zählen konnte, brauste er an der windschiefen Blockhütte von Black-eyed Susan Magipom und ihrem schrecklichen Ehemann, Happy Doll, vorbei. Black-eyed Susan Magipom streckte keck ihren spindeldürren Brustkorb zur Tür hinaus und warf Abraham einen leidenschaftlichen Blick zu, als existierte Happy Doll Magipom überhaupt nicht.

»*Mush*«, rief der Jäger Tiger-Tiger zu, »*mush, mush!*«

Ehe Abraham Okimasis bis hundertzehn zählen konnte, schoss er an dem roten Schindeldach von Choggylut McDermott und seiner Frau Two-Room vorbei, an der einsamen Hütte von Bad Robber Gazandlaree und seinem Hund Chuksees, am Haus der Witwe Jackfish Head Lady, die einst dicht bei der Insel Tugigoom eine beinahe tödliche Begegnung mit dem Weetigo gehabt hatte, dem Geist, der sich an Menschenfleisch labt; an dem silberfarbenen Kreuz, das den Turm der Kirche krönte, in der Pater Cheepootat ums Leben gekommen war, als ihre Mauern während der Beichte über ihm zusammenstürzten; an dem dunkelgrünen Pfarrhaus, in dem Pater

Eustache Bouchard, Pater Cheepootats Nachfolger, die Gläubigen empfing, sei es um sie in Ehefragen zu beraten oder um ihre Hämorrhoiden zu untersuchen, und am Ostersonntag morgens Rosinen an die kleinen Kinder verteilte. Und dann sah Abraham Okimasis zum ersten Mal nach drei Wochen die Blockhütte aus Kiefernholz wieder, die er für seine Frau gebaut hatte, für die liebe Mariesis Adelaide Okimasis, und für die fünf Kinder, die am Leben geblieben waren.

Er nahm nur am Rande wahr, dass die Menschen zusammenliefen: Spaziergänger, die vom Laden an der Nordseite des Hügels von Eemanapiteepitat nach Hause gingen, junge Männer, die vor alten Blockhütten Brennholz sägten, lachende Kinder, die mit bellenden Hunden im Schnee herumtollten, ja sogar Crazy Salamoo Oopeewaya, der auf dem Dach stand und mit Gott rechtete; sie ließen alles liegen und stehen und eilten hinter Abrahams Schlitten her, der die Anhöhe zur Hütte der Familie Okimasis hinaufschoss. Ihre Gesten und ihre plappernden Stimmen konnte der erschöpfte, aber stolze Jäger nicht entschlüsseln. Er hatte nur zwei bruchstückhafte Gedanken: dass diesem bunten Haufen ein Fest bevorstand, wie sie noch keines erlebt hatten, und dass bestimmt Jane Kaka McCraes riesiges neues Radio die Nachricht von seinem Triumph im ganzen Reservat verbreitet hatte; denn dort stand Jane Kaka, die schlampigste Frau von ganz Eemanapiteepitat, und schrie wie ein Esel auf eine schnatternde Schar Frauen ein, deren Münder und Augen so groß waren wie Untertassen.

Noch ehe er von seinem Schlitten steigen konnte, tanzte Annie Moostoos, die fünfundfünfzigjährige unfruchtbare Cousine seiner Frau, auf den Holzspänen um den Sägebock im Hof herum und trug dabei Abrahams silbernen Pokal auf dem Kopf wie ein deutscher Soldat seinen Helm. Sie war im ganzen Norden dafür bekannt, dass sie nur noch einen einzigen Zahn im Mund hatte. Wie die dürre, einen Meter zwanzig große Witwe die Trophäe an sich gebracht hatte, fand Abraham niemals heraus. Denn als er sie fragen wollte, stand – wie konnte es anders sein? – mit rosa leuchtendem Gesicht sein Vetter Kookoos Cook vor ihm, fünfundfünfzig, jähzornig und leicht schwachsinnig, und hielt Abraham dessen altes, ramponiertes Akkordeon hin. Kookoos Cook war im ganzen Norden dafür bekannt, dass er einem jungen Karibu eine winzige Axt in den linken Hinterlauf geschlagen hatte und von dem verschreckten Tier bis zum Horizont geschleift worden war, weil er seine einzige Axt nicht loslassen wollte. Noch ehe Abraham »*Weeks'chiloowew*« sagen konnte, hatte Kookoos Cook dem Schlittenhundführer das schäbige, alte Instrument in die Hand gedrückt.

»Spiel das Lieblingslied meiner verstorbenen Frau, spiel ›*Kimoosoom Chimasoo*‹, oder ich rede nie wieder ein Wort mit dir.«

Also dehnte und drückte der Karibujäger sein quietschendes, altes Akkordeon und spielte »*Kimoosoom Chimasoo*« wie keiner vor ihm, und so bekam Mariesis Okimasis ihren Mann nach drei vollen Wochen das erste Mal wieder zu Gesicht: durchs Küchenfenster, in blutverschmierter Schürze, da sie gerade mit einer Karibukeule kämpfte. Mariesis Okimasis war vierzig Jahre alt, hatte schwarzes Haar und braune Augen und war so bezaubernd wie ein Weidenbaum im Frühling. Ihr blutiges Metzgermesser verfehlte Jane Kakas linke Brust nur um Haaresbreite, als sie zur Tür hinausrannte und sich ihrem Mann in die Arme warf.

Nicht mehr als zweihundert Meter südlich der Blockhütte der Okimasis hätte man den Priester mit einem Nagel in einer Hand und einem Hammer in der anderen in seinem Arbeitszimmer beobachten können, wild entschlossen, ein brandneues Kruzifix an die Wand zu nageln. Ein guter Katholik tanzt am Sonntag nicht, hatte Pater Eustache Bouchard seinen Schützlingen wiederholt eingeschärft. Er erwog hinüberzugehen, um den Feiernden zu sagen, sie sollten zum Abendessen nach Hause gehen und ihre Tanzerei an einem anderen Tag fortsetzen. Der Hammer landete mit voller Wucht auf seinem linken Daumen.

Millionen von Meilen über dem Jamboree der Ureinwohner setzte der geisterhafte Fötus seinen Abstieg fort, aus luftigen Höhen hinunter zur Erde. Und nur Medizinfrauen, Schamanen, Künstler und Visionäre spürten, dass sich bald ein sternengeborenes Kind ihrem Tanz anschließen würde.

Mariesis Okimasis hatte einst einen Wettbewerb gewonnen, dessen erster Preis darin bestand, von einem britischen Anthropologen fotografiert zu werden, der behauptete, auf keiner seiner Reisen jemals solche Backenknochen gesehen zu haben.

»Dieser Kerl hat uns nie einen Abzug geschickt«, jammerte Mariesis ihrem Mann ins Ohr, während sie unter ihn glitt und er auf sie und die riesengroße, mit Gänsedaunen gefüllte Bettdecke dabei in Wallung geriet wie ein Erdbeben in Zeitlupe. Mariesis konnte die linke Gesichtshälfte ihres Mannes sehen und war froh darum, denn nichts auf der Welt bereitete ihr größeres Vergnügen als der Anblick seiner vollen, sinnlichen Lippen.

Im Mondlicht, das durch das kleine Fenster über dem Bett hereinschien, sahen sie aus wie eine große, reife Frucht.

»Das macht nichts«, hauchte ihr die große, reife Frucht ins Ohr, während sie mit ihrem weißen Flanellunterrock kämpfte. »Ich brauche kein Foto, solange ich das Original habe.« Er streifte seine Unterwäsche ab.

Das Mondlicht lenkte Mariesis' Blick auf den Boden neben dem Bett, wo die schlafenden Kinder lagen – die vier, die noch zu Hause wohnten; sie lauschte ihrem zarten Schnarchen, das sich gegen den schweren Atem ihres Mannes zu behaupten versuchte und wie das Schnurren süßer Kätzchen an ihr Ohr drang. Dann lenkte das Licht ihren Blick zu der Kommode, auf der die Trophäe thronte, die ihr Weltmeister aus dem fernen Süden mitgebracht hatte. Daneben stand ein Foto: Abraham mit der silbernen Schale in Händen, wie er von der strahlenden jungen Frau in weißem Pelzumhang und Pelzstirnreif mit silbernen Perlen auf die Wange geküsst wird. »Die Pelzkönigin«, hatte er ihr erklärt, »die schönste Frau auf der ganzen Welt, abgesehen von Mariesis Okimasis«, selbstverständlich.

Mit einem Mal kam das Licht aus den Augen der Pelzkönigin. Mariesis schloss halb die Augen und ließ sich von diesem Moment entführen, hinaus aus dem kleinen Fenster über dem Bett, vorbei am Ast der jungen Fichte, der sich unter der Last des Schnees bog, hinauf zu Millionen von Sternen, zu den Polarlichtern, den Vorfahren ihres Volkes, zu zehntausend Generationen, zum Anbeginn der Zeiten. Sie tanzte.

Und irgendwo in den Windungen des Tanzes, durch die Tränen eines ungeheuren Glücksgefühls hindurch – oder beschert die Ekstase ihren Opfern Halluzinationen? – sah Mariesis ein schlafendes Kind, ungeboren und doch vollendet, nackt, in den Schoß der Nacht gebettet, das zu ihr und ihrem Mann herabpurzelte.

Die Vorfahren – die Frauen – klagten und flüsterten. Unter ihnen hörte Mariesis ihre Mutter, die diese Welt nur wenige Monate nach der Heirat ihrer Tochter verlassen hatte, als eine von vielen, die der Tuberkulose erlegen waren. Und obwohl sie, schweißgebadet, die Stimmen der Frauen kaum vernehmen konnte, sprachen sie zu ihr: »Und *K'si mantou*, der Große Geist, hielt den Knaben am großen Zeh und ließ ihn aus den Sternen fallen …«

An mehr konnte sie sich nicht erinnern.

Plumps! Er landete auf dem Hinterteil mitten auf dem herrlichsten Schneehügel im ganzen Wald, und eine Gischt aus silbernen Schneekristallen spritzte zu den Sternen in den Himmel auf. Er versank in dem Hügel und wäre dort auf unbestimmte Zeit geblieben, wären sein Babyleib und seine neugeborenen Knochen nicht so elastisch gewesen.

»Wenn man sie auf den Boden wirft«, prahlte die einzahnige Annie Moostoos vor allen, die ihr zuhören wollten, mit ihren neun braunen Babys, »hüpfen sie einem gleich wieder in die Arme – das stimmt wirklich. Warum sollte ich euch anlügen?«

Und nach genau zwei Sekunden schoss der Knirps wieder aus dem Schneehügel und landete unmittelbar neben einer kleinen Fichte, die zufällig dort geschlafen hatte, auf den Beinen. Die kleine Fichte öffnete verschlafen ein Auge, um festzustellen, wer das leise nächtliche Gepolter verursacht hatte, und sah gerade noch ein Geisterbaby in die Dunkelheit davonhuschen. Da es außer dem leichten Wind, den das Baby aufgewirbelt hatte, nichts zu sehen gab, schlief die Fichte wieder ein.

Das Geisterbaby lief durch den Wald, und es lief und lief. Es ließ sich vom Gefühl leiten, ließ sich führen von etwas, das mit Wärme zu tun hatte, mit Hunger und dem Wunsch, diesen Hunger zu stillen; von etwas, das mit Hunger nach Liebe zu tun hatte und mit dem Wunsch, diesen Hunger zu stillen; etwas, das mit der Schnur zu tun hatte, die mitten von seinem Bauch wegführte, einer nahezu unsichtbaren Schnur, die so zart war wie eine Spinnwebe. Von der Schnur und dem Gefühl. Nur davon.

Bumm! Das Baby stolperte und landete mit einem eher überraschten als schmerzerfüllten Schrei vor einer Höhle auf der Nase. Ein großes, haariges Tier, das wie eine missmutige Hündin knurrte, kam aus der Höhle, beschimpfte den daliegenden Knaben, weil er es beim Winterschlaf gestört hatte, und versetzte ihm geschwind einen Tritt ins Hinterteil. Das Baby kreischte, sprang auf und rannte weg von der Höhle und ihrem streitsüchtigen Bewohner, lief durch den Wald, auf ein Zelt zu, das am Ufer eines Sees stand.

Unterwegs begegnete das Kind einem Hasen, der Mitleid mit ihm hatte, da es mittlerweile vor Kälte schlotterte. Der Hase schlüpfte aus seinem Mantel und wickelte ihn um den zitternden, plumpen Leib des Knaben. Das noch ungeborene Kind bedankte sich herzlich bei dem Hasen, der sich als Dichter entpuppte, und die beiden, das Baby und das nunmehr nackte, schlotternde Tier, wurden Freunde fürs Leben.

Schließlich kam das Kind, mit funkelnden Schnee- und Eiskristallen bedeckt, aus dem Wald, lief um das Zelt am See, über die vor dem Eingang verstreuten Holzspäne, wobei es fast von einem Mann, der mit einer Axt am Werk war, zweigeteilt wurde, und schoss wie ein Komet ins Zelt hinein.

Das Innere des Zeltes wurde von der goldenen Wärme einer Kerosinlampe erleuchtet. Stöhnend und wimmernd und leise weinend lag Mariesis Okimasis auf einem Bett aus Fichtenzweigen, und eine winzige, hochbetagte Frau beugte sich über sie wie der Ast einer alten Kiefer: Misty Marie Gazandlaree, vom Stamm der Chipewyan, dreiundneunzig Jahre alt und zu jener Zeit eine der angesehensten Hebammen im ganzen Norden.

Das silberne Baby flitzte unter dem linken Arm der alten Frau hindurch, machte einen kleinen Hopser, zwei kurze Hüpfer, einen Hechtsprung und eine halbe Pirouette und landete mitten auf Mariesis Okimasis' festem rundem Bauch: um fünf Uhr morgens, am Samstag, dem 1. Dezember 1951.

Es lag keuchend und japsend da, als der Mann, der zuvor die Axt geschwungen hatte, das Zelt betrat. Auf seinen Armen türmte sich

Brennholz, und seine Augen leuchteten beim Anblick des Kindes. Und das Letzte, woran sich der Knabe erinnerte, ehe er Jahre später davon las, war, dass er die Augen schloss und hoch oben in der Kuppel seines winzigen Kopfes einen von Millionen Sternen übersäten Himmel sah, an dem die Polarlichter pulsierten und irgendwo in dem Geflecht aus Galaxien eine Königin ihren Zauberstab schwenkte.

Das Baby schwebte in der Luft; seine Haut war jetzt nicht mehr bläulich silbern, sondern bräunlich rosa. Während es dahinschwebte, drehte und drehte es sich und lachte und lachte. Bis es sanfter als eine Gänsedaune auf der Erde aufschlug, wobei sein dralles Hinterteil genau in einer silbernen Schale landete.

»Ho-ho! Mein kleiner Sieger!«, trompetete der zu Späßen aufgelegte Karibujäger, wann immer er Publikum hatte, wie in diesem Moment seine Frau. »Ho-ho! Mein kleiner Champion!«

»Runter! Lass ihn runter, sonst friert ihm sein kleiner Po noch ab«, rief Mariesis Okimasis, obwohl sie sich das Lachen nicht verkneifen konnte und deutlich spürte, dass sie diesen Mann trotz all seiner unberechenbaren Narreteien liebte. Durch Aufundabspringen versuchte die kleine Mariesis den großen Abraham dazu zu bringen, seine Trophäe von der Schlittenhund-Weltmeisterschaft abzusetzen, damit sie ihr Baby wieder in seine warme, kuschelige Wiege bringen konnte. Schließlich war das hier ein Zelt und kein Palast, ja nicht einmal ein Haus, und schließlich war es Dezember und nicht Juli, in einer derart entlegenen Gegend, dass man sich erzählte, der Nordpol befinde sich gleich hinter dem nächsten Hügel. Und wirklich hätte man das kleine Lager aus Zeltwand nicht gesehen, wären da nicht die Rauchschwaden aus dem blechernen Schornstein gewesen – so viel Schnee lag, als Champion Okimasis zur Welt kam.

3

Champion Okimasis stand auf einem flachen, moosbedeckten Felsen mit Blick auf den Nameegoos-See und sang für seinen Vater und die Karibus. Der Dreijährige zog und zerrte mit solcher Hingabe an dem Miniaturakkordeon, das er sich umgeschnallt hatte, dass es beängstigend kreischte. Irgendwo draußen auf dem See nahm Abraham Okimasis mit seinen acht Huskies die Verfolgung auf, und wenn Champion Okimasis seine Darbietung mit gebührendem Eifer fortsetzte, würde Familie Okimasis in den Genuss einer frischen Karibukeule kommen, noch ehe die Sonne den Wipfel der höchsten Kiefer berührte.

»*Ateek, ateek, astum, astum, yoah, ho-ho!*«, schallte Champions rotkehlchenartiger Sopran aus vollem Hals. Wenn er den Lockruf zum zehnten Mal wiederholte, würde bestimmt eine Herde Karibus vom anderen Ende der ersten Insel hervorschießen. Sein Vater war keine zwanzig Meter hinter ihnen.

»Karibus, Karibus, kommt zu mir, kommt zu mir, *yoah, ho-ho!*«

Am Fuß der Anhöhe hockte Champions Mutter auf dem nackten Boden und räumte das schmutzige Geschirr von einem Tisch aus Fichtenzweigen, einen Meter neben den glimmenden Überresten des Lagerfeuers. Die Sonne des frühen Nachmittags, die für Anfang Januar recht freundlich war, konnte der obersten Schneeschicht nur wenig anhaben, doch in ihrem goldenen Licht fühlten sich Champion Okimasis und seine Familie behaglich und im Einklang mit dem Leben.

Die in ein erdfarbenes Baumwollkleid und einen Winterparka gehüllte Mariesis Okimasis, deren Bauch so kugelrund war wie der

Vollmond, wirkte auf den singenden Champion wie ein Felsblock, wie ein Teil der Erde. Sie war im neunten Monat ihrer zwölften Schwangerschaft, und das schicksalhafte Ereignis konnte jeden Moment über sie hereinbrechen, wie Champion von seiner älteren Schwester, der trotzköpfigen und rechthaberischen Chugweesees Okimasis, erfahren hatte.

»*Ateek, ateek, astum* ...«

Champion war so stolz auf seine erste richtige Komposition, dass er sie gewürdigt wissen wollte, nicht nur von seinem Vater und den Karibus, nicht nur von den anderen beiden Jägerfamilien auf der anderen Seite der Insel, sondern von der ganzen Welt. Lächelnd und mit einem Leuchten im Gesicht, das von tief innen kam, betrachtete Mariesis den begeistert sich wiegenden und wippenden musikalischen Wunderknaben und sagte: »Champion, mein Junge. Du wirst bald einen Bruder haben, der zu deinem kleinen Karibulied tanzen kann.«

Champion, so hatte Mariesis ihrem verständnislosen Sohn erklärt, hätte zehn ältere Geschwister gehabt, gäbe es keine Tuberkulose, keine Lungenentzündung und keine Kinderkrankheiten. Aber wenigstens Josephine und Chugweesees, fünf und sieben, die mit Stöcken und Steinen spielten, waren am Leben geblieben und die elfjährige Chichilia, die die Kiste mit Essensvorräten für ihre Mutter einpackte. William William, neunzehn, war oben am Kasimir-See, nur ein kleines Stück südlich der Grenze zu den Northwest Territories, und half dem einäugigen Onkel Wilpaletch, Nerz-, Otter- und Polarfuchsfallen aufzustellen; und Marie-Adele, einundzwanzig, war verheiratet, hatte selbst Kinder und war mit ihrem Mann in dessen Heimatort Ootasneema nach Saskatchewan gezogen, so weit weg, dass Marie-Adele Weechawagas, geborene Okimasis, für Champion so gut wie nicht existierte.

Ehe er seinen dreiundvierzigsten Lockruf loslassen konnte, schoss tatsächlich eine Herde Karibus hinter der ersten kleinen Insel auf dem See hervor, der so leuchtend weiß war, dass man Schwierigkeiten hatte, längere Zeit hinzusehen. Dutzende und Aberdutzende von Karibus, schätzte Champion, während er sein Akkordeon mit noch größerer Inbrunst drückte und quetschte und sein Lied dabei ein Tempo annahm, das man, wie er später erfuhr, als *Allegro con brio* bezeichnete. Als er sah, wie sein Vater mit erhobenem Jagdgewehr hinter den flüchtenden Tieren hereilte und seine Huskies dahinpreschten, als kniffen ihnen Dämonen in die Schwänze, rief er dessen berühmtes »*Weeks'chiloowew!*« Zwei andere Jäger, die ebenfalls ihre Gewehre schwangen, stürmten hinter Abraham her.

Aus dieser Entfernung konnten Champion, seine Mutter und seine drei Schwestern keine Einzelheiten erkennen, geschweige denn die Geräusche vernehmen, doch das Donnern von Karibuhufen war ihnen so vertraut, dass sie es auch in ganz gewöhnlichen Nächten in ihren Träumen hörten. Sie wussten auch, dass Abraham seiner Freude dadurch Ausdruck verlieh, dass er jubelnd das einzige Wort rief, das dafür in Frage kam, dieses Wort, das Champion von ganzem Herzen liebte.

Josephine und Chugweesees und ihre Hundewelpen Cha-La-La und Ginger liefen und purzelten kreischend und bellend hinunter zum See und wären schnurstracks über das Eis zu ihrem Vater gesaust, hätte ihre naseweise Schwester Chichilia sie nicht gepackt und ans Ufer zurückgezerrt. »Wollt ihr von wilden Karibus totgetrampelt werden?«, schrie sie. »Wollt ihr zwei diese Welt als hässliche Frikadellen verlassen?«

Champion wusste, dass seinem Vater am ehesten damit geholfen war, wenn er weitersang, und das tat er auch. Das Lied glich inzwischen eher einem furiosen Freudentanz als der hoffnungsvollen Hymne, die es ursprünglich gewesen war. Champion war von dieser neuen Wirkung derart überrascht, dass er in D-Dur verfiel, obwohl C-Dur die einzige Tonart war, die er kannte.

»Champion! Champion! Ruf deinen Vater!« Aufgeschreckt von der plötzlichen Schärfe in Mariesis' Stimme, sah Champion, dass ihr Gesicht verzerrt war, dass sie die Arme um den Bauch geschlungen hatte und ihr Körper vor und zurück schwankte. Der kleine Musikus hielt mitten in seinem Vibrato inne. Das Akkordeon noch immer um seinen kleinen Brustkorb geschnallt, hastete er hinunter zum Ufer.

»Chichilia! Chichilia!«, schrie Champion, während das Akkordeon auf seinem Bäuchlein auf und ab hüpfte und dabei quietschend und stotternd zufällige Kombinationen von Halbtönen von sich gab. »Irgendwas stimmt nicht mit Mama! Irgendwas stimmt nicht ...«

Plumps! Er war über die Wurzel eines abgestorbenen Baums gestolpert und lag auf seinem Akkordeon. Beiden verschlug es den Atem.

Als er wieder aufblickte, war sein Gesicht voller Dreck und schmutzigem Schnee, und er sah nur noch Chichilias Füße, die auf sein Gesicht zukamen. Ihr Hund, der erstaunlich kluge Suitcase Okimasis, beschnüffelte seinen Hals, als wollte er feststellen, ob er sich verletzt hatte.

»Mamas Bauch tut weh! Mamas Bauch ...«

Chichilia hielt sich nicht mit Worten auf; die junge Frau marschierte über das Eis zu ihrem Vater und der flüchtenden Herde.

Obwohl Abraham seinen Sohn aus dieser Entfernung nicht hören konnte – seiner Schätzung nach war es mindestens eine Meile –, wusste er, dass er für ihn sang. Und es war sein größter Stolz, endlich ein musikalisches Kind gezeugt zu haben, ein Kind, an das er das Erbe seines Vaters, seines Großvaters und seines Urgroßvaters weiterreichen konnte. Die Gewissheit, dass dieser altehrwürdige Schatz des Okimasis-Clans wenigstens noch eine Generation erhalten bliebe, ließ ihn noch geschickter, noch präziser und noch schneller über das Eis gleiten.

»*Mush*, Tiger-Tiger, *mush!*«

Die Karibus waren mittlerweile nur noch fünfzig Meter von ihm entfernt; sein Herz lachte.

Dann brach ein Jungtier nach links aus. Der Herzschlag des Jägers stockte einige Sekunden. Sobald das junge Karibu von der Herde getrennt war, würde es Abraham eine hervorragende Gelegenheit bieten, den anderen Jägern, die ihm auf den Fersen waren, zu zeigen, was im gesamten Norden Manitobas als Karibu-Jagdkunst ohnegleichen bewundert wurde.

»*U*, Tiger-Tiger, *u!*«, rief Abraham seinem Leithund zu. Tiger-Tiger schwenkte nach links, und seine sieben Kameraden folgten ihm; der Schlitten beschrieb eine elegante Kurve.

»Was bist du doch für ein Prinz, mein Tiger-Tiger, was bist du doch für ein Prinz«, flüsterte Abraham, denn er und sein Hund, halb

Wolf, halb Husky, hatten im Lauf von dessen sieben ereignisreichen Lebensjahren gelernt, sich mit und auch ohne Worte zu verständigen. Zum Glück, denn Tiger-Tigers Cree-Wortschatz war begrenzt, wenngleich er gelernt hatte, an den Tagen, an denen ein Schneesturm tobte, morgens nach »schwarzem Kaffee« zu fragen. Während Abraham mit der Linken den Handgriff des Schlittens fest umschlossen hielt, nahm er mit der Rechten das verängstigte Karibu ins Visier. Da sich der Schlitten mit einem Mal auf unebenem Schnee befand und das fliehende Tier, das die drohende Nähe des Todes spürte, im Zickzack lief, hatte er Schwierigkeiten, genau zu zielen. Er war kurz davor, den Abzug zu betätigen, als eine menschliche Gestalt rechts hinter der Beute seine Aufmerksamkeit auf sich lenkte. Er schoss daneben.

»Verdammt«, fluchte er über das unwillkommene Auftauchen dieser Person, die wild winkte. Er hätte ein zweites Mal geschossen, doch dann erkannte er seine unerschrockene Tochter Chichilia. Sie war zwar unfähig, auch nur eine Note zu singen, geschweige denn zu spielen – so sehr sich Abraham auch bemühte, es ihr beizubringen –, aber sie konnte bereits mit acht Jahren derart geschickt mit der Steinschleuder umgehen, dass sie einen ganzen Bau voller Kaninchen erlegt und deren Ohren zu einem herrlich saftigen Gulasch verarbeitet hatte. Für ein Mädchen, das sonst jeden durch beispiellose Besonnenheit und Selbstbeherrschung beeindruckte, war Chichilias momentane Aufgeregtheit ausgesprochen beunruhigend.

»*Cha,* Tiger-Tiger, *cha!*«, schrie der Jäger in den Wind. Der Leithund drehte so plötzlich nach rechts ab, dass sich die linke Kufe des Schlittens vom Boden hob. Abraham fuhr jetzt geradewegs auf Chichilia zu.

»*Whoa,* Tiger-Tiger, *whoa!*«, rief er, und die Hunde verlangsamten ihr Tempo; allerdings nicht schnell genug für Abrahams Geschmack.

»*Whoa!*«, rief er noch einmal und warf sein Gewehr in den Schlitten, als Chichilia mit großen Schritten durch den Schnee stapfte, der an manchen Stellen noch nicht fest genug war, um ihr Gewicht zu tragen. Der Jäger brauchte nur das Wort »*nimama!*« zu hören, und schon verstand er, worum es ging.

Er brachte seinen Schlitten neben dem Mädchen so abrupt zum Stehen, dass der Schnee in alle Richtungen stob. Chichilia sprang behände in das mit Stoff bespannte Gefährt und wollte sich auf den Boden setzen. Doch Abraham hatte bereits »*mush!*« gerufen und weit ausgeholt, um seine Peitsche aus Elchleder schnalzen zu lassen. Wie Gewehrkugeln schossen die Hunde auf dem kürzesten Weg zum Lager, und Chichilia flog mit dem Kopf voran gegen den Handgriff.

Der Karibujäger war so in Eile, dass er seine sonst tadellosen Manieren völlig vergaß. Erst ein paar Tage später dachte er daran, sich bei seiner Tochter für die ansehnliche Beule am Kopf zu entschuldigen, die ihr für den Rest ihres langen, aufregenden Lebens erhalten bleiben sollte – eine Beule, die für jede Menge vorzüglichen Gesprächsstoff sorgte.

Es konnte höchstens vier Minuten gedauert haben, bis Vater und Tochter die Stelle erreichten, an der sie auf dem Weg nach Eemanapiteepitat, hundert Meilen weiter südlich, wo das Kind zur Welt kommen sollte, zum Mittagessen angehalten hatten.

Mariesis krümmte sich jedoch weder vor Schmerz, noch schrie sie um Hilfe. Sie war dabei, das Zelt auszupacken und aufzustellen, ob ihre drei kleinen Kinder ihr nun dabei halfen oder nicht. Josephine und Chugweesees sammelten Äste als Zeltheringe und hantierten nicht gerade geschickt mit der Axt. Champion thronte auf der Kiste mit den Vorräten und sang und spielte sein einziges Lied – »um ihr Beistand zu leisten und ihre Schmerzen zu lindern«, erklärte er später seinem Vater.

Noch bevor der Schlitten ganz zum Stehen kam, sprang der Karibujäger ab und befahl seiner Frau, sich auf eine Decke zu legen.

»Es will einfach nicht aufhören herumzuzappeln«, stammelte sie.

»Ho-ho!«, rief der Jäger. »Das wird bestimmt ein Tänzer.« Und im Handumdrehen stand das Zelt.

Das Licht der Kerosinlampe tanzte auf Mariesis Okimasis' schweißbedecktem Gesicht, als sie in dieser Nacht halb unter ihrer riesigen, mit Gänsedaunen gefüllten Decke lag. Abraham hatte in der Mitte des Zeltes ein weißes Flanellbettlaken aufgehängt, um seine Frau ein bisschen abzuschirmen. Ihr Anblick machte ihn glückselig, und ihre dunklen, tief liegenden Augen wirkten auf ihn wie unerschöpfliche Brunnen der Liebe. Von einem Teppich aus frisch geschnittenen Fichtenzweigen stieg ein angenehmer, feuchter und würziger Duft empor, der den ganzen Raum erfüllte.

Abraham prüfte den Strick, der das Laken hielt, und bückte sich dann, um in dem Ofen, den er aus einem ehemals roten, vom jahrelangen Gebrauch schwarz gewordenen Ölfass angefertigt hatte, Holz nachzulegen. Er musste das robuste kleine Ding in Gang halten, denn wenn es ausging, würden sie schlicht und einfach erfrieren. Nachdem der Jäger das Feuer im Ofen nachgeschürt hatte, ging er nach draußen, um noch mehr Holz zu hacken.

Auf der anderen Seite des aufgehängten Lakens lag Champion, den Kopf neben dem Akkordeon, das er so sehr liebte, dass er sich weder tagsüber noch nachts von ihm trennen wollte. Josephine und Chugweesees lagen zusammengerollt wie Würmer neben ihm und flüsterten lebhaft unter ihrer bauschigen Daunendecke.

»Der Große Geist hält unsere kleine Schwester jetzt bestimmt am großen Zeh fest«, sagte die rechthaberische Chugweesees, »und wird sie jeden Augenblick mitten aus dem Himmel fallen lassen.« Sie gab keinem Gelegenheit einzuwenden, dass es sich bei dem Neuankömmling auch um einen Jungen handeln könnte; Chugweesees Okimasis ging einfach davon aus, dass sie die Zukunft voraussagen konnte.

Am anderen Ufer des Sees hob ein einsamer Wolf zu heulen an, eine Melodie, die sich zu einem nahtlosen, unendlich langsamen, unendlich traurigen Glissando aufschwang, wieder verhallte und allen, die sie hörten, das Herz vor Ehrfurcht stocken ließ. Dann stimmten zwei andere Wölfe in den Gesang des ersten ein. Einer von Abrahams Hunden, die hinter dem Zelt an Bäumen festgebunden waren, antwortete, gefolgt von einem zweiten und einem dritten, bis ein ganzer Chor klagender Stimmen, die sich anhörten, als trauerten sie um jemand unwiederbringlich Verlorenen, die Nacht erfüllte und die Schmerzen der Frau linderte, die in einem schneebedeckten Zelt auf einer abgelegenen Insel in den Wehen lag.

Champion blickte zu dem herabhängenden Laken empor, unterdrückte ein Gähnen und nahm sich fest vor, keine Sekunde von dem zu verpassen, was sich in Schatten darauf abzeichnen würde. Er beging jedoch den Fehler zu blinzeln, wenn auch nur ein einziges Mal, und das genügte, um ihn über einen Fluss ins Reich der Träume gleiten zu lassen, wo er schon vor langer Zeit fliegen gelernt hatte, wo er himmelwärts fliegen konnte, um das herabfallende Baby auf halbem Weg abzufangen und zurückzuschicken. Denn war dieser dreiste Neuankömmling nicht drauf und dran, den einzigartigen Champion Okimasis, Nesthäkchen und Hauptperson dieser glorreichen Karibujäger-Familie, von seinem Platz zu verdrängen?

Auf der anderen Seite der Insel zerrte Chichilia Okimasis eine hundertjährige Frau durch den knietiefen Schnee. Der Rücken der Greisin war so krumm wie der knorrige Gehstock aus Kiefernholz, auf den sie sich stützte; sie war kaum größer als einen Meter zwanzig und so erschreckend dürr, dass die elfjährige Chichilia neben ihr so mächtig wirkte wie ein Elch. Abraham hatte von einem anderen Jäger erfahren, dass sich in einem zwei Meilen entfernten Lager womöglich eine Hebamme aufhielt, und deshalb seine stramme Tochter losgeschickt, um sie zu holen. Die Frau war auf den Namen Peroxide Lavoix getauft worden, bevorzugte jedoch ihren indianischen Namen, Little Seagull Ovary. Sie hatte längst aufgehört, die Geburten zu zählen, bei denen sie geholfen hatte,

»Nicht so schnell, mein Kind«, keuchte Little Seagull Ovary wie ein Akkordeon. »Meine dürren alten Beine sind nicht mehr das, was sie einmal waren.« Mit dem schwarzen Seidentuch, das sie fest um ihren schneeweißen Schopf geschlungen hatte – das Markenzeichen jeder guten Hebamme, wie sie ihrer äußerst ungeduldigen jungen Begleiterin erklärte –, sah sie aus wie ein furchteinflößender einäugiger Pirat.

Um ihnen den Weg zu verkürzen, unterhielt die ältere der beiden Gestalten die jüngere mit einer Geschichte, die diese schon mindestens hundert Mal gehört hatte, ohne ihrer je überdrüssig zu werden. Es war die Geschichte von den neugeborenen Kindern, die von den Sternen herabfielen, streitsüchtige Bären aus dem Winterschlaf rissen und edelmütige dichtende Hasen und dergleichen aufscheuchten. Chichilia kicherte, als die Hebamme die uralte Sage auf eine Art und Weise ausschmückte, zu der sie einzig und allein ihr hohes Alter berechtigte. So beharrte Little Seagull Ovary zum Beispiel darauf, dass der Bär, der seinen Winterschlaf hielt – er war Schauspieler und wurde von der gesamten Bärengemeinde hoch geschätzt –, auf der Bühne den Einsatz für eine entscheidende Szene verpasst hatte, weil er von einem Neugeborenen abgelenkt worden war. Sein Publikum hatte sich beim Theaterdirektor beschwert, und nun drohte er in Vergessenheit zu geraten.

Ein Stern sauste über den Himmel, beschrieb einen Bogen und landete lichtsprühend in so unmittelbarer Nähe, dass Chichilia ihn beinahe mit der Hand hätte fangen können. Die Erde grollte kaum hörbar, und beiden lief ein Schauder über den Rücken.

»Das Kind ist angekommen. Das Kind läuft jetzt durch die Wälder«, sagte Little Seagull Ovary.

Im Reich der Träume flatterte das noch ungeborene Kind durch einen Wald, der in Violett-, Rosa- und Türkistönen leuchtete, und die Flügel, die ihm auf dem Rücken gewachsen waren, schlugen lautlos. Je nach Lust und Laune ließ es sich wie ein Kolibri hier auf einer Fichte, da auf einer Kiefer oder einer Birke nieder. In einiger Entfernung erblickte das Kind ein anderes fliegendes Wesen, das sich eine sonderbare gerippte Kiste auf die magere Brust geschnallt hatte, an der es zog und zerrte, worauf die Kiste ein ärgerliches, quietschendes Wimmern ausstieß. Das noch ungeborene Kind und der wandernde Musikant wollten gerade aufeinander zufliegen, um sich genauer zu beäugen, als sie von einem Schrei unterbrochen wurden, halb wehklagend und halb triumphierend. Da der noch ungeborene Knabe den Schrei für seinen Einsatz hielt, tauchte er in den nächstbesten Schneehügel, wobei ihm Bilder vom schlecht gelaunten Schauspielerbären und dem liebenswerten Dichterhasen durch den Kopf schossen. Er tauchte mit solchem Eifer ein, dass er weit unterhalb des Dauerfrosts angelangt war, ehe er daran dachte umzukehren.

Nachdem Champion wieder neben seinen schnarchenden Schwestern angekommen war, erwachte er und blickte zu dem herabhängenden Bettlaken empor. Er rieb sich die Augen. Als er sich schließlich einen Ruck gab, der ihn hellwach werden ließ, wurde ihm bewusst, dass es sich bei dem Schatten, der sich auf dem Laken abzeichnete, um einen sehr großen Angelhaken handeln könnte.

»*Athweepi*«, sagte eine greisenhafte Stimme, die so sanft war wie der Morgentau. Bei dem Angelhaken handelte es sich in Wirklichkeit um eine alte Frau, und sie sprach zu einem großen Hügel, der sich vor ihr wand und stöhnte.

In den Händen der alten Frau erkannte Champion eine Schere, ein Stück Tuch und vielleicht auch eine Schale. Und inmitten des Stöhnens und der geflüsterten beruhigenden Worte hörte er das klatschende Geräusch von Flüssigkeit auf Metall. Dann griff die alte Frau so tief in den Hügel hinein, dass sie beinahe darin verschwand.

Wie der göttliche Knabe in seinem Lendenschurz aus Hasenfell feststellen musste, war der Weg zurück an die Oberfläche schwieriger als der Weg nach unten. Er musste sich krümmen und winden und um sich schlagen, um sich den Weg freizuboxen durch Erde, Fels und Steine, die so dicht aufeinander lagen, dass es kaum ein Durchkommen gab, durch immerfort gefrorenen Lehm, verschlungene Baumwurzeln und ungenutztes Brennholz und durch Reste tierischen und menschlichen Gebeins. Er kämpfte und kämpfte, bis ihm ein Tunnel voll klebriger Flüssigkeit das Vorankommen erleichterte. Das Erdreich um ihn herum rumorte und gurgelte, als wollte es bersten. Das Rumoren wurde zu einem Grollen. Das Grollen wurde zu einem Schrei. Und der Lichtblitz war auf seiner ersten Reise zur Erde das Vorletzte, woran er sich später erinnern sollte.

Nachdem das Brüllen verstummt war, hörte man nur noch Stöhnen und Flüstern, das gedämpfte Pfeifen des Windes und einen Chor uralter Frauen, die »*Awasis, magawa, tugoosin*« murmelten.

Die bucklige alte Frau kam wieder zum Vorschein, und zu Champions größtem Erstaunen hielt sie weder eine Schere noch ein Tuch oder eine Schale in den Händen. Was da baumelte, sah aus wie ein Kopf, Beine und Arme, alles so unglaublich winzig, dass es kaum erwähnenswert war.

»Das Baby!« Diese Feststellung traf Champion wie ein Schlag ins Gesicht. Er hielt den Atem an, um besser hören zu können: kein Muckser, kein Seufzer, nicht einmal ein Bäuerchen. Vielleicht war es ja tot, wagte Champion zu hoffen und wurde sogleich rot. Wäre er schon mit dem verwirrenden Wust katholischer Bußrituale vertraut gewesen, hätte er sich reumütig bekreuzigt.

Mit einer ruckartigen Handbewegung verabreichte die Hebamme dem Baby einen Klaps aufs Hinterteil, der hallte wie ein leiser Gewehrschuss. Erst dann gab das Kind zu erkennen, dass es ein lebendiges, atmendes Wesen war. Es schrie.

»*Napeesis awa*«, sagte die Hebamme zärtlich, »*napeesis*«. Mariesis' Seufzen klang wie das Gurren eines Schneehuhns.

Champion gähnte und glitt wieder über den Zauberfluss. Er und sein soeben angekommener kleiner Bruder saßen am Ufer der Träume und sahen zu, wie hoch über ihren Köpfen die sieben Sterne des Großen Bären vom Stirnreif der Königin funkelten. Schwach schimmernd winkte sie ihnen von jenseits der Milchstraße zu. Sternschnuppen sausten quer durchs Universum, machten kehrt, formierten sich aufs Neue und bildeten einen makellosen seitenverkehrten Wagen über dem Zelt der Okimasis. »*Ooneemeetoo. Kiweethiwin. Ooneemeetoo*«, ertönte die Stimme der Hebamme. Und damit hatte das Kind einen Namen: Tänzer.

Pater Eustace Bouchard, fünfunddreißig, von kräftiger Statur und unerschütterlichem Glauben, Frankokanadier, Katholik, Priester und Missionar von außerordentlichem Format, stand zwischen Altar und Kommunionbank, verströmte Frömmigkeit und formte lautlose Worte mit den Lippen. Aus den Falten seines gestärkten und bortenverzierten weißen Gewandes drangen Wellen eines beißend süßen Geruchs. In einer Hand hielt er ein schweres, schwarzes Buch mit rosa umrandeten Seiten, aus dem er vorlas. Die andere Hand hatte er ausgestreckt, als wollte er damit jedem ins Gesicht schlagen, der es wagte, ihn zu unterbrechen. Hoch über ihm hing an einem hölzernen Balken ein nackter, blutender Mann. Jahre später behauptete

Champion Okimasis steif und fest, der Mann sei tot gewesen, Ooneemeetoo hingegen, er sei noch am Leben gewesen, zumindest an jenem Morgen.

Der beißende Weihrauch raubte der einzahnigen Annie Moostoos beinahe den Atem. Sie stand am Taufbecken, dem murmelnden Priester gegenüber, und drückte den zwei Wochen alten Ooneemeetoo an ihre bebende Brust. In den ganzen neunundfünfzig Jahren ihres Lebens hatte Annie Moostoos noch nie so lange vor Gottes Altar gestanden. Einzig die Tatsache, dass Pater Bouchard sich irgendwann bekreuzigte, so beteuerte sie später, habe sie davor bewahrt, zusammenzubrechen, und somit das Leben ihres elf Pfund schweren Patensohns gerettet.

Champion Okimasis saß in der Bank hinter seiner Tante und betrachtete die seltsame Zeremonie mit kritischem Blick. Seine Eltern, die links und rechts neben der unzuverlässigen Annie Moostoos standen, hörten dem Mann in dem langen, weißen Gewand sichtlich voller Ehrfurcht zu. Der Priester tauchte seine freie Hand in eine Vertiefung in dem Sockel aus glänzendem Holz. Als seine Hand wieder zum Vorschein kam, war sie mit Wasser gefüllt, und er hielt sie über die Stirn des Babys, dem er offenbar eine gründliche Wäsche verpassen wollte.

Dann öffneten sich seine vollen Lippen, seine weißen Zähne blitzten und seine Zunge formte die Worte »*Abrenuntias satanae?*« Diese Worte, für die Ohren eines Cree ohne Bedeutung, gruben sich in die zarten Knochen des Säuglings ein und setzten sich dort fest.

»Aber er hat doch schon einen Namen«, protestierte Annie Moostoos. Der stämmige Priester wandte sich mit unverhohlener Verachtung der winzigen Witwe zu, überzeugt, dass eine hochgezogene Augenbraue diese vorschnelle Bemerkung im Keim ersticken würde.

Wie ein Elchbulle, der sein Geweih in das eines Furcht erregenden, wollüstigen Rivalen rammt, ging Annie Moostoos zum Angriff über. »Sein Name«, erklärte sie, »ist Ooneemeetoo. Ooneemeetoo Okimasis. Nicht Satanae Okimasis.«

»Annie Moostoos«, durchschnitt die Stimme die Luft, als handelte es sich dabei um eine blutige Karibukeule, »in der Kirche ist es

Frauen nicht gestattet, ihre Meinung kundzutun.« Dieser Hieb war so heftig, dass der Zahn, der vom Alter und vom Rauch von zwei Millionen Zigaretten zwar gelb geworden war, wegen seines hartnäckigen Einsiedlerdaseins jedoch einige Berühmtheit erlangt hatte, wie eine unbeantwortete Frage im stickigen Raum stand.

»*Neee, tapwee sa awa aymeegimow*«, beklagte sich die entmachtete Taufpatin bei ihrem Vetter. Der Priester wandte sich wieder seiner eigentlichen Aufgabe zu und goss das Weihwasser über den flaumigen Kopf des Babys, der an einen Kohlkopf erinnerte. Das Wasser war kalt. Das Kind schrie.

»Gabriel Okimasis«, sagte der Oblate, als wollte er »Gabriel« für immer zwischen Anführungszeichen setzen, »*ego te baptizo in nomine Patris et Filii et Spiritus Sancti*«, worauf das Häufchen in Annie Moostoos' schmerzenden Armen mit plötzlichem Schweigen reagierte.

»Amen«, sagten die Eltern.

Bis zu dem Tag, an dem er starb, behauptete Kookoos Cook, er könne sich daran erinnern, wenige Tage vor seiner Geburt betrübt im Bauch seiner Mutter umhergeschwommen zu sein. Jane Kaka McCrae behauptete, sie habe kristallklare Erinnerungen an die schmutzigweiße Zimmerdecke hoch oben über ihrer Wiege, die bis weit vor ihren ersten Geburtstag zurückreichten. Little Seagull Ovary konnte sich entsinnen, dass ihr Vater sie hochhob und das Zelt in goldenem Licht erstrahlte.

Gabriel Okimasis beharrte bis an sein Lebensende darauf, dass er sich an seine gesamte Taufzeremonie erinnern könne. Champion Okimasis bezichtigte ihn der Lüge; er machte Gabriel darauf aufmerksam, dass er selbst ihm die Geschichte erzählt habe. In Wirklichkeit war Kookoos Cook, der mit Champion auf dem Schoß in der Kirchenbank gesessen hatte, derjenige, der niemals müde wurde, seinen Neffen diese Geschichte zu erzählen, die im Lauf der Jahre immer ungeheuerlicher und hanebüchener wurde, wie immer, wenn Cree Geschichten erzählen. So entstehen ihre Mythen.

4

Abraham Okimasis und seine Familie hatten auf ihrer alljährlichen Frühjahrswanderung, die von den Karibu-Jagdgründen in der unfruchtbaren Tiefebene südwärts nach Eemanapiteepitat am Mistik-See führte – wo sie auf den Beginn der Angelsaison im Sommer warteten –, mittags Halt gemacht, um zu rasten. Dort, auf einer Insel in der Mitte eines Sees, an dem einst Weesageechak gefischt hatte, wie man sich erzählte, rekelten sich der Jäger und seine Frau neben der verlöschenden Feuerstelle und tranken aus dampfenden Tassen Sumpfmoostee, nachdem sie zum Mittagessen frischen, gegrillten Weißfisch verzehrt hatten. Die Überreste des üppigen Mahls – hier ein Fischkopf, dort ein Stückchen Hafermehlkuchen – lagen verstreut auf der kleinen, runden Tafel aus frisch geschnittenen Fichtenzweigen.

»Im Dezember«, sagte Mariesis Okimasis mit einer Spur Traurigkeit in der Stimme, »wird Champion sieben Jahre alt.« Wie alle langjährigen Liebespaare konnten die beiden die Gedanken des anderen lesen.

»Sieben Jahre«, erwiderte Abraham und warf einen langen Blick auf den tauenden See vor ihnen. »Das ist ein gutes Alter. Ich selbst habe meinen ersten Elch erlegt, als ich sieben war.« Abraham liebte es, seine Frau zu necken; er war vierzehn gewesen, als sich das denkwürdige Ereignis zutrug, und sie wusste das nur zu gut. Eine Brise aus Süden wirbelte eine Strähne ihres langen, schwarzen Haars auf. Ihr Herz war schwer; der Scherz des Jägers hatte sein Ziel verfehlt.

»Er wird uns bald verlassen. Champion. Muss er denn in diese Schule im Süden gehen?«

Die Frage traf den Jäger wie eine Ohrfeige. Er runzelte die wettergegerbte, braune Stirn, während er mit der linken Hand gedankenverloren in einem Büschel des blassgrünen Mooses stocherte, das bereits an mehreren Stellen unter dem schmelzenden Schnee hervorlugte.

»Ich denke schon, wenn Pater Bouchard es so will«, räumte er schließlich ein und wünschte sich sehnlichst, er hätte in dieser Angelegenheit ein Wort mitzureden.

»Könnte er denn nicht noch zwei Jahre warten? Bis Gabriel mitgehen kann? Die Schule ist so weit weg.«

»*Sooni-eye-gimow* hat es angeordnet, sagt Pater Bouchard. So lautet die Vorschrift.«

Der Wind änderte ganz leicht seine Richtung und trug die lachenden Stimmen der beiden Jungen zu ihnen herüber, klingelnd wie Glöckchen.

»Gut. Ich singe. Du tanzt. Wie ein Karibu«, zwitscherte eine leise Stimme.

»Wie ein altes Karibu? Oder wie ein junges Karibu?«, entgegnete die andere leise Stimme mit silberhellem Lachen.

»Wie ein junges natürlich!«, erwiderte die erste Stimme streng.

Auf der Anhöhe hinter Abraham und Mariesis, die vom See zum Wald führte, brachte Champion seinem kleinen Bruder bei, sich wie ein junges Karibu zu bewegen. Gabriels gesprenkelter Terrier Kiputz saß dabei und sah den beiden Jungen verwirrt zu. Unmittelbar hinter dem fröhlichen Trio ragte ein mächtiger grauer Felsen empor.

Champion hatte sein kleines Akkordeon umgeschnallt, als wäre er mit dem Instrument auf der Brust dem Schoß seiner Mutter entstiegen. Inzwischen wies es freilich deutliche Abnutzungsspuren auf und hätte eine Behandlung im Akkordeonhospital gebrauchen können, wie Champion seinem Vater an diesem Morgen wortgewandt erklärt hatte. Er wollte damit sagen, dass er zu groß dafür geworden war. Abraham hatte nur gelächelt, denn für ein neues Instrument war kein Geld da.

»Also gut«, sagte Champion zu Gabriel, »ich singe« – und er sang: »*Ateek, ateek, astum, astum!*« – »und du machst ...« – und er führte vor, wie sich ein junges Karibu bewegt. Dabei hielt er die

Arme wie ein Geweih über den Kopf und machte mit den Füßen, die in Mokassins steckten, lange, federnde Schritte.

Der dreijährige Gabriel, der in seiner Grazie einem Birkenschössling glich, ahmte seinen Bruder nach. Er warf die kurzen Arme nach oben und hob das linke Bein beim ersten Schritt so hoch, dass er gefährlich ins Wanken geriet. Das Bein landete jedoch wieder sicher auf dem Boden, und sogleich hob er das rechte.

»Du hältst die Arme nicht hoch genug!«, rief Champion. In seiner Konzentration gestört, fiel Gabriel mit einem leisen Aufschrei hin. »Höher. Höher. Und die Handgelenke musst du abwinkeln. So. Geweihe sind krumm«, sagte Champion, während er um seinen am Boden liegenden Bruder stolzierte.

Gabriel hatte es satt, herumkommandiert zu werden, und kämpfte sich wieder auf die Beine. »Aber ich sollte die Arme gar nicht nach oben strecken.«

»Warum nicht?«

»Weil ein junges Karibu kein Geweih hat!« Gabriel lachte und hüpfte dreimal im Kreis, um Champion zu ärgern.

»Dieses schon!« Champion legte die linke Hand schwungvoll auf die Knöpfe des Akkordeons, um den ersten Akkord seiner neuesten Komposition, »*Ateek, Ateek II*«, anzustimmen. Sie war in G-Dur geschrieben, Champions Lieblingstonart, bei der er immer an Orangen denken musste.

Sobald Gabriel die Musik hörte, begann sein Körper über das Moos zu gleiten, als schwebte er auf einer samtweichen Sommerwolke.

»*Ateek, ateek! Astum, astum!*« Champions Lied kreiste um drei einfache Akkorde, die rein und honigsüß klangen. »*Yoah, ho-ho!*«

Unten am Feuer, das mittlerweile nur noch aus Glut bestand, von der feine Rauchwölkchen aufstiegen, wussten Abraham und Mariesis einen kurzen, beunruhigenden Moment lang nicht, ob sie zu Boden schauen, einander ansehen oder den Blick zum Himmel richten sollten. Ihre Augen brannten, als wäre ein eisiger Windstoß über sie hinweggefegt. Schließlich blickte der Jäger fest in Mariesis' Pupillen, die zwei langen, dunklen Tunnelröhren glichen, an deren Enden zwei winzige Flammen flackerten. Er konnte sehen, dass sie

Angst hatte, dass sie den Tränen nahe war. Er legte seine Hand auf die ihre, um ihr zu versichern, dass zumindest er sie nie verlassen würde.

»*Ateek, ateek!*« Champions Stimme klang in Mariesis' Ohren wie ein Glöckchen, stupste sie, kitzelte sie und entlockte ihrem Gesicht ein breites, wenn auch widerwilliges Lächeln. Nun konnten die beiden Kiputz' drolliges Bellen hören, das sie stets zum Lachen brachte, da es wie eine Mischung aus Jodeln, dem Kreischen einer Frau und dem Schnattern eines Gänserichs klang.

Hinter den Stimmen der Kinder schwoll ein dumpfes, kaum wahrnehmbares Dröhnen an, das jedoch ausreichte, um Champions Lied mit einem gedämpften Ostinato zu untermalen.

»Donner? Im Mai?«, fragte sich Mariesis ungläubig. Sie blickte zum Himmel auf. Nicht eine Wolke. Ungetrübtes Blau, so weit das Auge reichte.

Abraham reckte den Hals, um zum anderen Ende der Insel sehen zu können. Tat sich da etwa der Erdboden auf? Lauerte ihnen womöglich der gefürchtete Weetigo auf? Die Donnervögel konnten es nicht sein, da sie nur im Juli und August über den Norden Manitobas herfielen.

Ohne Vorwarnung stürzten zwei Dutzend Karibus aus dem Wald am Nordrand der Wiese, so blitzartig, dass Abraham und Mariesis nicht einmal Zeit hatten zu blinzeln. Erst später gestanden sie sich beschämt ein, dass der Gedanke, Champion der Obhut eines Internats überlassen zu müssen, sie abgelenkt hatte. Und mit einigem Unbehagen versuchte Mariesis Annie Moostoos davon zu überzeugen, dass der Wind aus Südwesten seinen Teil dazu beigetragen hatte, jegliches Geräusch aus Norden zu verschlucken.

»Wir hätten nicht einmal gehört, wenn die Deutschen ihr stärkstes Dynamit gezündet hätten«, sagte sie. Wie sonst hätte diesen Menschen, die so hoch im Norden lebten, ein Geräusch entgehen können, das sie auf fünf Meilen Entfernung hätten hören müssen?

Abraham und Mariesis standen mit offenem Mund und bebenden Lippen da. Sie schluckten, sagten jedoch keinen Ton. Ihr Blick war starr auf den Felsen gerichtet, vor dem Champion und Gabriel noch Sekunden zuvor herumgetanzt und -gehüpft waren.

Das Donnern der Hufe klang jetzt, als würden ganze Felsgebirge bersten und in sich zusammenstürzen. Einhundert, zweihundert Karibus – es hätten auch zehntausend sein können, so gewaltig war ihr Getöse – hatten im Handumdrehen die Lichtung gestürmt. Ihre Beine glichen einem Wald, der sich bewegte, ihre Geweihe einem sturmgepeitschten See. Jahre schienen zu vergehen, bis der Jäger und seine Frau imstande waren, sich mit angsterfülltem Blick tief in die Augen zu sehen.

»Die Kinder!«, war das Einzige, was Mariesis über die Lippen brachte. Was sonst ein durchdringender Schrei gewesen wäre, klang bei dem ohrenbetäubenden Dröhnen kraftlos und dünn. Alles bewegte sich, als würde es durch ein Meer von Honig schwimmen. Mariesis stand auf und wollte sich Hals über Kopf in die Herde stürzen, aber ihr Mann schlang beide Arme um ihre Taille. Sie zischte wie ein in die Enge getriebener Marder und rammte ihm zornig die Ellbogen in den Bauch, worauf er nur noch fester zupackte. Sie schlug und trat unaufhörlich um sich.

»Nein! Nein! Nein! Nein!«, schrie er, immer und immer wieder. Doch seine Worte waren nicht zu hören.

Mariesis konnte nichts sehen. Das lag nicht an den Tränen; sie war blind vor Wut auf diesen Mann, der es wagte, sich Vater ihrer Kinder zu nennen, blind vor Wut, dass er so schnell, so leicht aufgab. Wie konnte er nur, er, der Weltmeister? Und sie war blind vor Wut auf sich selbst, weil sie unvorbereitet gewesen war.

Auch Champion und Gabriel waren auf der Wiese bei dem großen, grauen Felsen überrascht worden. Mit einem Mal waren sie von stampfenden Hufen umgeben, die alles dem Erdboden gleichmachten und zu Brei trampelten. Das eben noch so hübsche, blassgrüne Moos flog ihnen jetzt büschelweise um die Ohren, ins Gesicht und in die Augen.

Nur mit Mühe konnte Champion Gabriel ausmachen, der mit gespreizten Beinen und tränennassem Gesicht keine drei Meter vor ihm auf dem Boden saß, den Mund geöffnet hatte wie einen kleinen Schnabel, der auf Futter wartet, und die Arme ausgebreitet wie kleine Flügel. Vielleicht schrie er, doch das Donnern war das einzige Geräusch weit und breit.

Niemand konnte je erklären, was in Champion Okimasis fuhr. Es schien, als wollte der Erdboden unter seinen Füßen nachgeben, der Fels bersten, der Wald im Norden den Verstand verlieren und in den Krieg ziehen. Und am frühen Nachmittag war es plötzlich so dunkel, als wäre die Sonne vom Himmel gefallen.

Doch Champion Okimasis marschierte los. Gelassen hob er den rechten Fuß und dann den linken, ging acht Schritte, ohne innezuhalten, während tausend Karibus an ihm vorbeibrausten wie ein reißender Fluss um einen Felsbrocken. Champion bückte sich, nahm Gabriel bei der Hand, und die beiden glitten auf den schimmernden grauen Felsen zu, als tanzten sie eine Gavotte, wie Champion Jahre später unverfroren behauptete, wenn er die Geschichte erzählte.

Champion saß mit gespreizten Beinen auf der Spitze des Felsens, hatte Gabriel auf dem Schoß und hielt ihn mit beiden Armen fest umschlungen. Gabriel klammerte sich an Champions Unterarme, während dieser seine rechte Wange von hinten an den grauen Filz von Gabriels Parka presste. Beide hatten die Augen fest geschlossen, als ließe sich der Lärm durch das Zupressen der Augenlider ersticken. Und so saßen sie eng umschlungen, stocksteif und doch biegsam wie Weidenschösslinge, die vom Herbstwind gebeutelt werden.

Champion konnte sich hinter Gabriels Rücken verstecken, aber seinem Bruder schlug der Wind geradewegs ins Gesicht. Er war warm und feucht und übel riechend und stank nach dem Atem, Fell und Schweiß und den geschmeidigen Muskeln der Tiere. Als er langsam und ängstlich die Augen öffnete, sah er nichts als Geweihe, so weit das Auge reichte, Geweihe, die drängelten, galoppierten, sich drehten, die Luft in Stücke rissen. Schließlich nahm das endlose verschwommene Bild Formen an, doch welche? Tänzer? Geister? Strudel aus Licht, Luft und Schatten? Die Formen verschmolzen zu einem einzigen Pulsieren, einem Pochen, das ihn heranwinkte, ihn zu sich rief. »Komm mit uns, Gabriel, Gabriel, Gabriel Okimasis-masis-masis, komm mit uns. Komm mit uns, Gabriel, Gabriel, Gabriel Okimasis-masis-masis, komm mit uns.«

Champion begann zu singen, und seine Sopranstimme erhob sich über die dröhnenden Bässe und Paukenschläge der Hufe wie das Wehklagen einer Witwe.

»*Ateek, ateek! Astum, astum!*«, sang Champion, »*Yoah, ho-ho!*«

Gabriel löste langsam seinen Griff und breitete die Arme aus, um dieses gewaltige Energiefeld zu umfassen. Dann begann er zu weinen.

Am Lagerfeuer, das mittlerweile nur noch aus Glut bestand, presste Mariesis ihr Gesicht fest an die Brust ihres Mannes.

Nachdem von der Herde nur noch ein leises Brummen zu hören war, glich das Säuseln des Südwestwinds fast einem Kreischen.

Zunächst waren nur Mariesis' schwache Schluchzer zu hören, die klangen, als würde sie erschöpft zusammenbrechen. Dann ertönte Kupitz' aufgeregtes Bellen. Und zuletzt Abrahams honigsüßer Bariton.

»Ho-ho«, rief er lachend, »mein kleiner Champion, ho-ho!«

Entsetzt über diese grundlose Ausgelassenheit hob Mariesis erbost den Kopf. Auf Abrahams wettergegerbtem Gesicht, das strahlte wie die Sonne, spiegelte sich ein Entzücken, wie sie es noch nie gesehen hatte.

Und dann sah Mariesis ihre Söhne, Champion und Gabriel Okimasis, die lachend und triumphierend auf dem großen, grauen Felsen saßen.

Sie waren noch nie mit einem Flugzeug geflogen. Sie hatten Flugzeuge gesehen, die sich wie Libellen im Wind treiben ließen. Sie hatten gesehen, wie sie an Pater Bouchards altem Steg anlegten und Josephine, Chugweesees, Chichilia und andere Kinder aus Eemanapiteepitat verschluckten – oder, besser noch, ausspuckten. Sie beneideten sie um ihre Flügel, um ihre Fähigkeit, sich in die Lüfte zu erheben; angeblich konnten sie bis über die Wolken emporsteigen. Deshalb war Champion aufgeregt und Gabriel neidisch, als das rote Wasserflugzeug an jenem Spätvormittag im September eintraf.

In Gegenwart anderer Eltern, die ebenfalls lange Gesichter machten, stellte Abraham laut die Frage, was seinen Sohn »da unten« wohl erwarten würde. Champion meinte stolz, er mache nur einen Ausflug und werde am nächsten Tag zurückkommen und ihnen alles über »den Süden« erzählen.

»Wenigstens begleiten ihn Josephine und Chugweesees«, seufzte Mariesis niedergeschlagen. Im Flugzeug roch es nach Treibstoff und

Gummi. Die Fensterscheiben fühlten sich an wie Kunststoff. Sie waren vergilbt und verkratzt, so dass man kaum noch hindurchsah. Dennoch konnte Champion, als das Flugzeug losschwamm und die Propeller warmliefen, am sandigen Ufer Gabriel erkennen, der wie ein Spielzeugsoldat salutierte. Sobald er zurückkam, würde er seinem kleinen Bruder mit Gewissheit sagen können, ob *K'si mantou* sich tatsächlich faul in den Wolken rekelte wie auf riesengroßen, flauschigen Kissen.

Doch an jenem Tag gab es keine Wolken, nur endloses Blau. Und weit unten sah man außer Hasenohren, Raupen und den Gesichtern von Menschen, die große Augen machten, nur unzählige Seen, die ihn an die Ausstechförmchen seiner Mutter erinnerten.

Beim Mittagessen saß Gabriel seinen Eltern und Chichilia am Tisch gegenüber und verkniff sich das Weinen. Stattdessen befahl er seiner Mutter mit einer Dreistigkeit, die alle überraschte, Champion für alle Fälle etwas Forellen-*arababoo* hinzustellen. Das Flugzeug werde abstürzen, behauptete er hartnäckig, und Champion werde zurückschwimmen und bis Sonnenuntergang zu Hause sein. Und dann werde er großen Hunger haben.

TEIL II
Andante cantabile

5

Champion Okimasis stand am Anfang einer Reihe von sieben kleinen indianischen Jungen, die zusahen, wie der große, blasse Mann einem anderen kleinen Jungen die Haare schnitt. Zunächst dachte Champion, der fromme Ordensbruder werde Gnade walten und etwas Haar übrig lassen, doch mit jeder Sekunde, die verstrich, erschien das unwahrscheinlicher. Die silberne Schere setzte schwungvoll zu einem letzten erbarmungslosen Schnitt an und hinterließ eine kahle Stelle, die schimmerte wie ein kleiner Mond. Mit seinem gewaltigen rechten Arm gab der Bruder dem Jungen einen sanften Schubs, riss ihm den hellblauen Umhang von den Schultern – wobei ein Schauer pechschwarzer Haare zu Boden regnete – und sagte: »Der Nächste«, in einem Ton, der so geschäftsmäßigig klang, als zählte er Geld. Gedemütigt rutschte der Junge vom Stuhl, der viel zu hoch für ihn war, und lief schluchzend davon.

Champion hatte noch nie zuvor einen so riesigen Raum gesehen; er war größer als die Kirche von Eemanapiteepitat. Seeschwalben hätten hier drin leicht ihre Runden drehen können. Er hatte den Bruder, der ihnen die Haare schnitt, *gymnasium*, Turnhalle, zu dem Raum sagen hören – das einzige Wort, das für Champions Empfinden musikalisch klang in dieser seltsamen neuen Sprache, die ihn an das *Tutt-tutt-tutt* von Happy Doll Magipoms erbärmlichem 3-PS-Außenbordmotor erinnerte.

Nur zu gern hätte sich Champion in irgendeine dunkle Ecke verkrochen, wäre vielleicht sogar den ganzen Weg nach Eemanapiteepitat zurückgelaufen, wenn sein Vater ihm nicht gesagt hätte, dass dreihundert Meilen Fußmarsch für einen sechsjährigen Jungen zu weit waren. Er biss sich auf die Lippe, watete durch das Meer zurückgebliebener Haare und kletterte unbeholfen auf den Stuhl vor Bruder Stumbo, der mit dem haarübersäten hellblauen Umhang und der scharfzahnigen Schere aus rostfreiem Stahl lächelnd auf ihn wartete. Das lederne Sitzpolster seufzte, als Champions Gewicht einsank. Einen Sekundenbruchteil bevor Bruder Stumbo ihn in den Umhang wickelte, hob Champion die Hand und berührte wehmütig eine Haarsträhne, die sich um sein rechtes Ohrläppchen ringelte.

Bruder Stumbo musste innehalten. »Runter. Nimm den Arm runter!« Und obwohl Champion nicht wusste, was der Mann sagte, befahl ihm dessen Körpersprache eindeutig, den Arm herunterzunehmen und still zu sitzen wie ein Fels.

Bereit für die Hinrichtung setzte sich Champion auf und nahm allen Mut zusammen, um nicht in Tränen auszubrechen. Die abgeschnittenen Haare kitzelten ihn am Hals. Er hatte den sehnlichen Wunsch, sich zu kratzen, doch seine Arme waren wie festgefroren. Wenn er zu weinen anfing, wäre er nicht einmal imstande, die Tränen abzuwischen, und all diese fremden Jungen, die von überall her kamen, würden sehen, dass er wie ein Baby heulte. Wenn er seine Haare doch noch ein letztes Mal betrachten könnte! Wenn er doch am Nameegoos-See bei seiner Familie wäre! Wenn er doch sein Akkordeon hätte und ein trauriges Lied spielen könnte, dachte er betrübt und suchte verzweifelt nach etwas, das seine Tränen im Zaum halten würde.

Klipp, klipp, klipp. Champion spürte seine Haare wie Schneeflocken fallen, wie Hautflöckchen. Er wurde bei lebendigem Leib in aller Öffentlichkeit enthäutet; der Kern seiner Nacktheit schrumpfte auf Größe und Aussehen einer Rosine zusammen, während die ganze Welt ihn anstarrte, auf ihn zeigte, ihn auslachte.

»Und wie heißt du?« Bruder Stumbos Stimme traf den Jungen wie eine feuchte, warme Woge, die nach drei Tage altem Kaffee und Kopenhagener Schnupftabak roch. Champion nahm an, dass er laut über eine heilige Angelegenheit nachsann, die Männern seines Standes vorbehalten war, und schwieg.

»Dein Name? Wie heißt du?« Die Schnupftabakwolke traf ihn erneut. Champions Nerven begannen zu flattern, da ihm der Verdacht kam, dass ihm eine Frage gestellt worden war. »John? George? Peter? Joseph?« Der scherselige Barbier schnitt vier Schneisen in die Überreste von Champions ehemals dichtem Haarschopf.

»Tschäm-pie-jon!« Er parierte die Attacke, indem er die drei Silben in die Lücken rammte, in denen er »Au!« hätte schreien wollen. Jetzt wusste er nicht nur, dass ihm eine Frage gestellt worden war, er wusste auch genau, welche Frage. »Champion Okimasis!«, wiederholte er herausfordernd.

»Okimasis«, ertönte eine fleischige Stimme hinter Champions Ohren. »Dann ist das also der Junge, der Jeremiah Okimasis heißt.« Ein Gesicht tauchte auf, ein Gesicht, das er in dieser neuen Umgebung noch nicht gesehen hatte, ein Gesicht mit Augenbrauen, die so schwarz und buschig waren, dass es sich um Angelköder hätte handeln können. Das Gesicht zog ein Blatt Papier zu Rate.

Champion rutschte das Herz in die Hose. Doch er wollte sich nicht geschlagen geben, schon gar nicht jetzt, wo es zwei gegen einen stand. Er suchte nach dem einzigen englischen Wort, das er kannte und stellte es schützend vor seinen Namen.

»Nein. Champion. Champion Okimasis.«

»Laut Pater Bouchards Taufregister heißt du Jeremiah Okimasis«, gluckste das füllige, ältliche Gesicht, das sich nun über einer gewaltigen schwarzen Soutane, einem gestärkten weißen Kragen und einem silbernen Kruzifix befand, das an einer Kette um den Hals des Mannes hing. Wie Pater Bouchard hätte Abraham Okimasis auch ihm zugebilligt, dass seine Worte biblisches Gewicht besaßen und deshalb befolgt werden mussten. Champion, der den Blick seines Vaters förmlich spüren konnte, wäre vor dem Priester auf die Knie gefallen und hätte sich bekreuzigt, wäre er nicht in seinem hellblauen Umhang gefangen gewesen.

»Ah, Jeremiah«, sagte Bruder Stumbo, während er frohgemut weiterschnippelte. »Jeremiah Okimasis. Der Name gefällt mir.« Champion spürte die Träne, die seinem rechten Auge trotz guter Vorsätze entwischt war. »Aber, aber, Jeremiah. Das ist doch nur Pater Lafleur. Du darfst vor dem Schuldirektor nicht weinen.« Mit seinen Haaren hatte Champion auch jegliche Kraft eingebüßt; er begann laut zu heulen.

Pater Lafleur legte eine Hand auf Champions Oberschenkel und begann wie ein großes, haariges Tier zu schnurren: »Aber, aber. Du wirst dich bei uns bestimmt wohl fühlen.« Aus seinem Mund roch es nach Messwein, und von seiner Soutane schien Weihrauch wie ein Nebel aufzusteigen. Die kalte Luft umschloss Champions kahlen Kopf wie eine große, knotige Hand.

Zusammen mit schätzungsweise hundert kahlköpfigen Indianerjungen stieg Champion mehrere Treppen aus grau-schwarz gesprenkeltem Stein hinauf. Treppen ließen ihn vor Aufregung zittern – er konnte es kaum erwarten, Gabriel davon zu erzählen. Man konnte den ganzen Tag lang auf ihren hellgrünen Handläufen hinunter rutschen. Treppen sind eine recht pfiffige, wundersame Erfindung des Weißen Mannes, würde er ihm berichten.

Einheitlich mit himmelblauen Baumwollhemden und dunkelblauen Jeans-Overalls bekleidet, marschierten die indianischen Jungen hinaus auf einen langen, weißen Korridor, der nach Metall und Bleichmittel roch – hier roch alles nach Metall und Bleichmittel –, auf dem fremde indianische Mädchen in ordentlichen Reihen in die entgegengesetzte Richtung marschierten. Unter ihnen war seine Schwester Josephine, deren Haare, wie bei allen Mädchen, über den Ohren abgeschnitten worden waren, als hätte man ihr eine Suppenschüssel übergestülpt. Er winkte ihr verstohlen zu, doch in dem Moment wurde sie von einer der zahllosen Türen zu beiden Seiten des Ganges verschluckt. Vor allen Türen standen gespenstisch blasse, ganz in Schwarz und Weiß gehüllte Frauen mit verkniffenen Gesichtern und langen Holzstäben in der Hand, die, wie Champion später erfuhr, zum Messen von Gegenständen dienten.

Der Widerhall von vierhundert Füßen auf dem steinharten Boden wurde zu Musik: *peeyuk, neesoo, peeyuk, neesoo* – eins, zwei, eins, zwei. Bis Champion bemerkte, dass Musik ganz anderer Art an sein Ohr drang. Kam sie aus einem Radio in einem dieser Zimmer? Aus irgendeinem in der Decke verborgenen *kitoochigan*? Er wusste nur, dass die Musik immer näher kam.

Sie war entzückend wie der Gesang der Meise im Frühling und kitzelte sein Trommelfell, und sein Herz ging auf wie eine reife

Moltebeere im Juli. Er vergaß den Geruch von Metall und Bleichmittel, und er vergaß die komische Form seines kahlen Schädels, der die Jungen aus anderen Reservaten so zum Lachen gebracht hatte. Hoffnungsvoll hielt er Ausschau nach der Tür, hinter der sich der Quell dieser bezaubernden Süße verbergen mochte. Da er jedoch gezwungen war, weiterzugehen, blieb ihm nichts anderes übrig, als diese Melodie, die anders war als alles, was er bisher gehört hatte, heimlich mit Worten zu untermalen: »*Kimoosoom, chimasoo, koogoom tapasao, didl-dei, didl-dei, didl-dei, didl-dei* ...«

Schließlich schwappte ihm die Musik wie warmes, süßes Wasser in Form einer Wolke aus schwarz-gelben Schwalbenschwanzschmetterlingen entgegen. Er merkte nicht einmal, dass er aus der Reihe ausgeschert war und nun vor dem Zimmer stand.

Auf einer Bank saß eine Frau in Schwarz mit einer steifen, weißen Haube; ihre Habichtnase und ihre Eulenaugen waren auf ein weißes Blatt Papier gerichtet. Ihre Finger strichen liebevoll über die Tasten des größten Akkordeons, das Champion je gesehen hatte.

Allerdings klang es nicht wie ein Akkordeon; die Noten schienen zu schweben, klangen durchdacht und wohl geordnet, nicht unüberlegt, sprunghaft und übermütig.

Er wollte zuhören, bis die Welt unterging. Sein Herz schlug bis zum Hals, auf seiner Haut kribbelte es, und sein Kopf füllte sich mit Luftblasen. Er spürte sogar ein anschwellendes Pochen in der Magengrube, das bis in seinen Hals hinaufwanderte und ihm die Kehle zuschnürte. Seine Lungenflügel wurden zu zwei kleinen Fischerbooten, die über einen rosa-türkis gemusterten Himmel segelten, hinauf zu einer mit flauschig weißen Hasenschwänzchen gesäumten Sommersonne. Seine Adern entflochten und dehnten sich, schwollen an, bis die hauchdünnen, pinkfarbenen Röhrchen zum Bersten gefüllt waren mit Blütenblättern von hundert Morgen nach Honig duftenden, fuchsienfarbenen Weidenröschen.

Irgendetwas Weiches und Fleischiges, das seine linke Schulter streifte, ließ ihn widerwillig zur Erde zurücksegeln. Er drehte sich um. Und da erblickte er – zu seiner großen Überraschung – Jesu Oberkörper, an ein silbernes Kreuz genagelt und in eine breite, schwarze Schärpe gehüllt.

»Jeremiah«, sagte Jesus, »der Unterricht beginnt bald.« Champion blinzelte den dreifach durchbohrten Mann an, um sich davon zu überzeugen, dass er tatsächlich gesprochen hatte. Könnte er denn nicht noch etwas sagen? Doch sein Mund blieb geschlossen, und so musste Champion anderswo nach dem Ursprung der Worte suchen.

Champion hob den Kopf so weit nach oben, bis seine kleinen Halswirbel schmerzten. Dort, weit oben, schwebte das riesige, strahlende Gesicht von Pater Lafleur.

6

Champion-Jeremiah – in dem Umfang war er bereit, eine Änderung seines Namens zu dulden – saß mit seinem kurzen, gelben Bleistift vor einem schwarz eingebundenen Notizheft und bemühte sich, seine schmutzverkrusteten Fingernägel zu verbergen. Neunundzwanzig gleichaltrige Crees, Jungen und Mädchen, saßen in mehreren Reihen um ihn herum. Die herbstlichen Sonnenstrahlen, die sich an den gelben, braunen und orangeroten Blättern der Birken und Pappeln vorbeimogelten, hinterließen Muster auf den dreißig kleinen Holztischen und tauchten das vordere Ende des Raumes, das gewöhnlich der furchteinflößenden Erstklasslehrerin, Schwester Saint-Antoine, vorbehalten war, in goldenes Licht. An ihrem Platz stand jetzt der noch mehr Furcht einflößende Direktor der Schule. Während er sprach, kratzte er mit einem Holzlineal mit Metallkante auf einer großen Papptafel herum, auf der, in allen Einzelheiten und in verschwommenen, ausgefallenen Farben, ein düsterer Ort dargestellt war, den er als Himmel bezeichnete. Champion-Jeremiah vermutete, dass es sich dabei um dieselbe Örtlichkeit handeln könnte, die Pater Bouchard *keechigeesigook* nannte.

Der Himmel war von zahlreichen gut aussehenden blonden Männern bewohnt, die gefiederte Flügel hatten und fließende weiße Gewänder trugen. Sie flatterten umher und spielten auf Musikinstrumenten, die Champion-Jeremiah noch nie gesehen hatte: Manche glichen kleinen Gitarren mit ovalem Körper und buckligem Rücken, andere zu groß geratenen Steinschleudern, die mit Wäscheleinen bespannt waren. Zu seiner großen Enttäuschung musste der Sohn des Karibujägers feststellen, dass nirgendwo ein Akkordeon zu sehen war. Die Männer mit Flügeln spielten und sangen den lieben langen Tag, schien Pater Lafleur zu erläutern, und begleiteten Menschen aus ihren Gräbern unter der Erde zu einem reichverzierten, goldenen Stuhl, auf dem ein bärtiger alter Mann saß.

Unter all den Menschen, die von ihren Gräbern in den Himmel auffuhren, versuchte Champion-Jeremiah zumindest einen Indianer auszumachen, was ihm jedoch nicht gelang.

Pater Lafleur nahm ein Stück weiße Kreide und schrieb *GOD* an die Schiefertafel neben dem Schaubild, offenbar in der Absicht, dass die Schüler das bedeutungslose Wort abschrieben.

»Aber um Gott nach dem Tod sehen zu können«, fuhr er fort und deutete auf den alten Mann im Stuhl, »müsst ihr tun wie geheißen.« Die Worte trafen die Schüler wie ein Windstoß. Champion-Jeremiah betrachtete das Abbild Gottes und fand, dass er aussah wie ein als Weihnachtsmann verkleideter Kookoos Cook. Seine Haut war allerdings weiß, und aus einem unerfindlichen Grund richtete er einen riesigen Blitz auf die Erde und blickte hasserfüllt drein. Langsam und mit großer Mühe krakelte Champion-Jeremiah das Wort *GOD* auf die linke Seite seines Notizhefts und vollendete sein Werk mit einem mächtigen schwarzen Punkt. Groß und bedrohlich türmte sich das Wort auf; er verspürte das Bedürfnis, es auszuradieren.

»Die Hölle«, donnerte der Priester und riss Champion-Jeremiah aus seinen trübseligen Gedanken, »ist der Ort, an den ihr kommt, wenn ihr böse seid.«

Die Hölle sah ansprechender aus. Sie war voller Tunnel, und Champion-Jeremiah hatte eine Schwäche für Tunnel. Ein Haupttunnel schlängelte sich von knapp unterhalb der Erdoberfläche bis tief nach unten, andere zweigten nach beiden Seiten in Windungen, Knoten und Bogen davon ab – vergleichbar dem Wuchusk Oochisk River und seinen wilden Nebenflüssen. Champion-Jeremiah dachte an die Tunnel, die er und Gabriel jeden Winter im tiefen Schnee von Eemanapiteepitat bauten, doch dann fiel ihm ein, dass Gabriel die Tunnel in diesem Winter allein bauen musste.

Dürre, schleimige Geschöpfe mit bräunlich schwarzer, schuppiger Haut, spitzen Schwänzen und Hörnern auf dem Kopf zerrten Menschen aus ihren Särgen und warfen sie mit Mistgabeln hämisch grinsend in die Tiefe. An den Enden der sieben Nebentunnel befanden sich feuchte, flammengesäumte Höhlen, in denen dunkelhäutige Menschen saßen.

Aha! Da also sind die Indianer, dachte Champion-Jeremiah und war erleichtert, dass sie auf der riesengroßen Abbildung nicht vergessen worden waren. Diese Leute gaben sich ungezwungen verschiedenen Tätigkeiten hin, die großen Spaß zu machen schienen. In einer Höhle sah man Männer, die an einer Tafel saßen und sich gierig an gigantischen Essensbergen gütlich taten: an Fleisch, Kuchen, Brot und Käse. In einer anderen Höhle rauchten Frauen Zigaretten und hüpften in extravaganter Kleidung umher, während in einer dritten Männer und Frauen mehr oder weniger entkleidet zusammen im Bett lagen. In einer weiteren Höhle lagen die Menschen nur faul herum, schliefen oder taten gar nichts. Der Einfallsreichtum, mit dem diese dunkelhäutigen Menschen sich ihren Vergnügungen hingaben, schien grenzenlos. Dabei handelte es sich, wie Pater Lafleur seinem unfreiwilligen Publikum eindringlich erklärte, um ewige Bestrafung. Champion-Jeremiah hoffte, in einer der Höhlen einen Akkordeonspieler zu entdecken, doch zu seiner großen Enttäuschung gab es für Musiker wie ihn weder im Himmel noch in der Hölle einen Platz.

»Und das«, krähte Pater Lafleur, »ist der Teufel. D-E-V-I-L. Teufel.« Er kritzelte das Wort mindestens dreißig Zentimeter unter *GOD* an die Tafel und vollendete es mit solchem Nachdruck, dass die Kreide abbrach und zu Boden fiel. Champion-Jeremiah, der sich vorgenommen hatte, ein hervorragender Schüler zu werden, übertrug das Wort langsam und mit größter Sorgfalt auf die rechte Seite seines Notizhefts: *DEVIL*. Das *L* machte ihm derart zu schaffen, dass er völlig vergaß, einen Punkt dahinter zu setzen.

In der größten und faszinierendsten Höhle, in der die Flammen am höchsten schlugen, saß das Geschöpf mit den gewaltigsten Hörnern, dem längsten Schwanz und dem am bedrohlichsten aussehenden Dreizack. Sein Haupt war mit einem Kranz aus goldenen Blättern gekrönt. Champion-Jeremiah hätte zu gern verstanden, was der Priester sagte, denn er war von diesem König absolut fasziniert. Er kniff die Augen zu Schlitzen zusammen und musterte dieses schamlose, großspurige Geschöpf, dem Bescheidenheit offenbar fremd war, mit forschendem Blick. Ihm fiel auf, dass dieser König – »Luzifer« oder »Luzy« nannte ihn der Priester – nicht hasserfüllt dreinblickte. König Luzy grinste, König Luzy amüsierte sich prächtig.

»Und die Sünden, die euch hierher führen«, sagte Pater Lafleur in einem Ton, in dem Champion-Jeremiah so etwas wie Wohlgefallen entdeckte, »nennt man die sieben Todsünden.«

Champion-Jeremiah betrachtete das Wort auf der rechten Seite seines kleinen Notizheftes und bemerkte, dass das *D* von *DEVIL* nicht ganz gelungen war. Er griff nach dem Radiergummi. »Und die sieben Todsünden sind ...« – Champion-Jeremiah machte sich mit dem Radiergummi über das *D* her – »Stolz, Neid, Völlerei ...« – Radieren war wirklich Zeitverschwendung – »Trägheit, Habgier, Zorn und ...« – Champion-Jeremiah hasste es, Fehler zu machen – »Wollust.« Das Wort platzte heraus wie eine saftige Pflaume. Der Priester wischte sich mit einem verknitterten weißen Taschentuch über die Stirn. Champion-Jeremiah nutzte die Gelegenheit, um einen Blick auf sein Notizheft zu werfen: *EVIL* stand da schwarz auf weiß, »das Böse«.

Es gefiel ihm recht gut, vor allem, wie das *V* unten zu einem eleganten Punkt zusammenlief, der einem flüchtigen Kuss glich.

Ein kalter Wind fegte über die Kiesfläche, die den Jungen als Spielplatz diente. Der umliegende Wald aus Kiefern, Fichten, Birken, Pappeln und Weiden wurde von einem mannshohen Maschendrahtzaun zurückgehalten. Wenn man auf dem Klettergerüst stand oder ganz hoch schaukelte, konnte man in der Ferne, hinter dem Schulgebäude am Fuß des Hügels, das glasklare Smaragdgrün des Birch-Sees sehen, das ganz anders war als das trübe Blau des Mistik-Sees.

»Die Winde spät im Oktober ...«, sagte Champion-Jeremiah zu sich selbst und hielt inne. Niemand durfte ihn Cree sprechen hören, sonst würde er den Preis nicht gewinnen: Wer die größte Anzahl Punkte damit sammelte, dass er andere Jungen dabei erwischte, wie sie Cree sprachen, wurde am Monatsende mit einem Spielzeug belohnt. Letzten Monat war der Preis ein indianischer Krieger-Kopfschmuck gewesen; diesen Monat sollten es zwei Cowboypistolen sein. Als Champion-Jeremiah mit dem Rücken zu der orangeroten Ziegelwand der Schule im Kies saß, war es ihm auf einmal egal, ob er die Pistolen gewann oder nicht. »Die Wellen auf dem Birch-See steigen höher und höher, und bald wird er von Eis bedeckt sein. Später als der Mistik-See.« Auf dem Kies zwischen seinen Knien legte er sorgfältig acht Steine in eine Reihe und dahinter ein Rechteck aus Holzstöckchen.

»*Mush!* Tiger-Tiger, *mush!*«, flüsterte Champion-Jeremiah, während er den vordersten Stein auf und ab springen ließ. Hoch oben im Norden, in unsichtbarer sturmgepeitschter Ferne, huschten die Karibus über den schnee- und eisbedeckten See.

Eine Schneeflocke schwebte herab, die erste, die Champion-Jeremiah in diesem Herbst sah. Halbherzig versuchte er, sie zu fangen, doch es ist schwierig, eine Schneeflocke zu fangen, selbst mit Fäustlingen.

Kleine und große Cree-Jungen – einige davon fast schon junge Männer – waren wie Blätter über den Platz verstreut: in unmittelbarer Nähe, etwas weiter weg und sogar am hinteren Ende des Zauns, gut eine Viertelmeile entfernt. Die Mädchen hatten ihren eigenen Schulhof auf der anderen Seite des riesigen Gebäudes, außer Sichtweite, den Blicken lüsterner Knaben entzogen, die an ihrer Gesellschaft Gefallen finden könnten, wie Champion-Jeremiah in den neun Jahren, die er dort verbrachte, noch erfahren sollte. Auch seine Schwestern, Josephine und Chugweesees, hatte man, kaum waren sie aus dem Flugzeug gestiegen, in ihre eigene Welt abgeführt. Eines Tages würde er einen Weg finden, sie zu besuchen, so wahr der Mond rund ist.

Als der Wind unversehens drehte, wurde Champion-Jeremiahs Aufmerksamkeit vom Schnee abgelenkt. Im zweiten Stock stand ein Fenster einen Spaltbreit offen. Da war sie wieder, diese federnde Melodie, der auf und ab wandernde Bass, die sich aufbauenden und auflösenden Harmonien, die so hell und rein waren, dass er sie um seine Finger hätte wickeln, seine Hand ablecken und sich die Musik auf die Lippen, übers Kinn und den Hals hinunter hätte rinnen lassen können.

Er hatte Sehnsucht nach seinem Akkordeon.

Der Sohn des Karibujägers, dessen Haar inzwischen zu einer leicht gewellten Bürste nachgewachsen war, stand vor einem alten Eichentisch, der so ungeheuer hoch war, dass er kaum drüberschauen konnte. Neben dem Schreibtisch stand ein Weihnachtsbaum, dahinter saß Pater Lafleur und betrachtete über seine Lesebrille hinweg den winzigen Knaben, der wie ein Soldat stillstand. »*Yes?*«

»*Yes.*« Das zweite englische Wort, das Champion-Jeremiah gelernt hatte. Nach »nein« und »ja« hatte er noch etwa zwanzig andere gelernt. Er wartete ab, um zu sehen, ob der Priester seine buschigen Augenbrauen hochzog. Nein. Aber er würde sich nicht davon abhalten lassen, es das erste Mal in aller Öffentlichkeit mit einem vollständigen englischen Satz zu versuchen, hochgezogene Augenbrauen hin oder her.

»*Play piano?*« Vor lauter Aufregung klangen die zwei Worte aus dem Mund des kleinen Draufgängers wie das Zwitschern eines frisch geschlüpften Vogels. Champion-Jeremiah hätte sich dafür ohrfeigen können, dass er nicht eindringlicher, nicht energischer geklungen hatte. Doch dann verwandelten sich die frommen Augenbrauen in zwei Halbmonde, zwei haarige Raupen, die sich zum Festmahl über den Rand eines grünen Birkenblatts beugten.

»Ah, du kannst Klavier spielen?«, sagte Pater Lafleur zu Champion-Jeremiah. In seiner Stimme schwang Zweifel mit, doch er nahm sich Zeit mit dem eingeschüchterten Kind.

Aha! wollte er schon ausrufen und dabei kräftig auf den Tisch schlagen. Die Orgel! Die Orgel in Pater Bouchards Kirche natürlich!

Aber Champion-Jeremiahs Zwitschern kam ihm zuvor.

»*No! Want play piano!*«

»Ach so, du willst Klavier spielen lernen.« Der Direktor betonte jedes zweite Wort, als handelte es sich um einen Trittstein zu einem heiligen Schrein.

Voller Begeisterung, dass es ihm letztendlich gelungen war, sich verständlich zu machen, nickte Champion-Jeremiah ungestüm.

»Mm-hm«, brummte der Priester. Er schien das heftige Nicken des Jungen unterhaltsam zu finden.

Champion-Jeremiah wusste, dass man ihn auf die Probe stellen würde. Er wusste, dass die Antwort auf sein Gebet nicht vom Himmel fallen würde. Er wusste, dass er dafür würde kämpfen müssen, als er sah, wie die Lippen des Priesters zu einem schmalen Strich wurden und buchstäblich verschwanden.

»Machst du irgendeine andere Art von Musik?« Pater Lafleur beugte sich vor und klopfte mit seinem Federhalter auf den Tisch. Solche Gesten machten Champion-Jeremiah nervös; außerdem verstand er die Frage nicht.

»Musik«, donnerte der Mann in Schwarz und dehnte die Vokale wie bei einem Klagelied: »Machst du irgendeine andere Art von Musik?« – als verstünde ihn der Siebenjährige besser, wenn er schrie. »Singst du vielleicht?«

»*Sing!*« Noch ein Wort aus Champion-Jeremiahs englischem Wortschatz. Er stürzte sich darauf wie Kiputz auf einen frisch gekochten Karibuknochen. Das ist es! Der Gedanke schoss ihm wie ein Blitz durch den Kopf. Ich werde für ihn singen. Ich werde »*Weeks' chiloowew*« singen, wie Dad.

»*Yes. Me sing it. Me sing it little song.*«

»Dann sing für mich«, sagte Pater Lafleur gedehnt. Er hielt ein Streichholz an eine dicke, braune Zigarre und lehnte sich in seinem riesigen Ledersessel zurück, der Champion-Jeremiah anfauchte.

Er betrachtete das Fauchen als leere Drohung, räusperte sich, wischte sich die Lippen am Hemdsärmel ab, ließ die Hände sinken und holte tief Luft.

»*Ateek, ateek! Astum, astum!*« Wie funkelnde Edelsteine schwebten die Töne langsam kreisend durch die Luft. »*Yoah, ho-ho!*«

Erstaunt und verwundert betrachtete der Priester die rosigen, herzförmigen Lippen. Die Melodie kletterte höher und höher, bis sie bei dem silbernen Engel an der Spitze des Weihnachtsbaums angelangt war und seine Flügel schimmern und schwingen ließ. Dem Priester kam es vor, als seien Champion-Jeremiah selbst Flügel gewachsen und er flattere umher wie ein zwitschernder Waldsänger oder ein Fink und lasse dabei jede goldene Kugel, jedes silberne Glöckchen, jeden Lamettafaden in glitzerndem Licht erstrahlen.

Dem Priester lief ein ganz leiser, leichter Schauder den Rücken hinunter, aber er merkte nicht, dass einmal – nur ein einziges Mal – seine Zunge hervorschnellte und über seine Unterlippe glitt.

Champion-Jeremiah sah es. »*Ateek, ateek* ...« Und er wusste, dass er den Direktor der Birch-Lake-Internatsschule für Indianer so gut wie in der Tasche hatte.

Als Champion-Jeremiah Ende Juni nach Eemanapiteepitat zurückkehrte, sah sich Gabriel mit einem Dilemma konfrontiert: Wie sollten sie miteinander spielen, wenn er kein Englisch verstand und sein älterer Bruder kein Cree sprechen durfte? Glücklicherweise hatte Champion-Jeremiah, noch ehe eine Woche vorüber war, eine Erleuchtung. Als er an einem stürmischen Abend in ihrem Zelt auf Mamaskatch Island, wo sie ihr Lager errichtet hatten, um zu fischen, über Kiputz stolperte, kam eine solche Flut von Cree-Schimpfwörtern über seine Lippen, dass seine Mutter entrüstet war. Von diesem Moment an plapperte er mit derart rasender Geschwindigkeit, dass ihn die Leute kaum verstanden. Die ganze Familie seufzte erleichtert auf. Und kurz darauf lernte Gabriel Englisch: »*yes*«, »*no*«, »*yes-no*« und »*Ah, Mann*«.

7

Wie eine Seeschwalbe, die sich im Herbstwind treiben lässt, kreiste das rote Wasserflugzeug über der Birch-Lake-Internatsschule für Indianer. In den dunkelgrünen Wäldern, die den weitläufigen orangeroten Ziegelbau umgaben, konnten Jeremiah und Gabriel Okimasis die gelben Farbkleckse und die riesigen, mit Kies bedeckten, eingezäunten Schulhöfe auf beiden Seiten sehen. Die Jungen zählten vierzehn Gestalten in Schwarz und Weiß – ob Männer oder Frauen ließ sich aus dieser Entfernung nicht sagen –, die den Kiesweg zum See hinuntergingen. Sie erinnerten die Jungen an eine Pinguinprozession, die sie einmal auf einer Titelseite des *National Geographic* in Pater Bouchards Pfarrhaus gesehen hatten. Meter um Meter sinkend, näherte sich das Flugzeug dem See, dessen Wasser so klar war, dass man den Kalkstein am Grund sehen konnte.

Die Pinguintruppe – deren Mitglieder sich als Nonnen, Priester und Ordensbrüder entpuppten – stand dicht gedrängt auf dem Landesteg. Der scherselige Bruder Barbier überragte sie wie sein Namensvetter aus dem berühmten Comic *Stumbo der Riese.* Pater Lafleur stand breitbeinig da, Hände in die Hüften gestemmt, und blinzelte in die strahlende Mittagssonne.

Als der Pilot die Ausstiegsluke öffnete, tauchte der achtjährige Jeremiah Okimasis auf, mit üppigem rabenschwarzem Haar und magisch glitzernden mehrfarbigen Perlen an seiner Jacke aus Karibuleder. Ein Lächeln huschte über sein pausbäckiges, braunes Gesicht; der Fischfang in diesem Sommer war ergiebig gewesen.

Der Pilot half ihm die kleine metallene Leiter hinab und drückte ihn dem wartenden Direktor in die Arme.

»So, Jeremiah«, begrüßte Pater Lafleur ihn heiter und freundschaftlich, »du hast dich also entschieden zurückzukommen, um ein drittes Jahr bei uns zu verbringen.«

Nur zu gern hätte Jeremiah etwas Originelles auf Englisch aus dem Ärmel geschüttelt, aber es ging nicht. »Aha! Du bist schwerer geworden«, brummte der Priester, setzte ihn rasch auf dem Landesteg ab und gab ihm zwei sanfte Klapse auf das dralle Hinterteil.

Als nächster Passagier erschien der fünfjährige Gabriel Okimasis, mit halb durchscheinender Haut und puppenhaften Augen; sein Haar war noch üppiger und stärker gewellt als das von Jeremiah.

»Ist das etwa Jeremiahs kleiner Bruder?«, fragte eine Nonne ungläubig.

»Nein, das kann nicht sein.«

»Unmöglich!«, widersprach eine kleine, untersetzte Nonne. »Dazu ist er viel zu hübsch.« Der Pilot reichte das Objekt der Lobhudelei an Pater Lafleur weiter, dessen klobiger Rubinring sich kurz in den Fransen von Gabriels perlenverzierter handgegerbter Jacke aus Karibuleder verfing. Geschwind packte der Priester Gabriel am Oberschenkel und konnte so gerade noch verhindern, dass der Junge in den See fiel.

»Du hast diesmal also deinen kleinen Bruder mitgebracht, Jeremiah«, gluckste der Priester, als er Gabriel behutsam auf dem Landesteg absetzte.

»Ja«, piepste Jeremiah leise und verschüchtert. Wir hatten schließlich keine andere Wahl, hätte er hinzugefügt, wenn er der Sprache mächtig gewesen wäre.

Jeremiah nahm Gabriel bei der Hand und führte ihn stolz ans Ufer. Josephine und Chugweesees, mittlerweile zehn und zwölf, waren irgendwo hinter ihnen, aber er konnte sich nicht von ihnen verabschieden. Er wollte sie nicht ansehen. Er wollte nicht vor diesen Leuten weinen.

Eine Nonne, die wie eine weise alte Eule gurrte, streckte die Hand aus, um Gabriel durchs Haar zu streichen. Da Gabriel noch nie zuvor ein ähnliches Wesen gesehen hatte, schrak er zurück und fragte mit Tränen in der Stimme: »*Awiniguk oo-oo?*« – »Wer sind diese Menschen?«

»*Mootha nantow. Aymeeskweewuk anee-i*«, erwiderte Jeremiah, so beruhigend er konnte. »Ist schon gut. Das sind heilige Frauen.«

Wie aus heiterem Himmel tauchte Pater Lafleur mit breitem Lächeln hinter den Brüdern auf, berührte Jeremiah sanft an der Schulter und schnurrte: »Also, Jeremiah, du weißt doch, dass du nicht mehr Cree sprechen darfst, sobald du aus dem Flugzeug gestiegen bist.« Jeremiah spürte, wie es ihm die Kehle zuschnürte. Mit ihren kleinen, braunen Koffern stapften die Brüder Okimasis schweigend den grasbewachsenen Hang hinauf, vorbei an einem verdorrten Weidenröschenbusch.

Die beiden Brüder warfen ihren Schwestern einen letzten wehmütigen Blick zu und winkten schüchtern zum Abschied. Chugweesees hatte, wie Champion, längst ihren glorreichen Namen eingebüßt und wurde jetzt schlicht und einfach Jane genannt, eine bedauernswerte Änderung, die die Kinder an die unglückselige, an Mundgeruch leidende Jane Kaka McCrae erinnerte, die schlampigste Frau von ganz Eemanapiteepitat.

»Gegrüßest seist du Maria voll der Gnade, der Herr ist mit dir; du bist gebenedeit unter den Frauen, und gebenedeit ist die Frucht deines Leibes, Jesu«, sprach Bruder Stumbo mit monotoner, einschläfernder Stimme, während er einen Gang hinunter- und den nächsten wieder hinaufschritt und die großen, schwarzen Perlen seines Rosenkranzes von seinen Händen herabbaumelten. Im Schlafsaal für Grundschüler knieten siebenunddreißig erst kürzlich kahl geschorene indianische Jungen in identischen hellblauen Flanellschlafanzügen neben ihren kleinen Betten.

»Hai liege mari amutta gottes, bittefü ussina jes unida schunde ussinees todess, ah mann.« Gabriel ratterte die sinnlosen Silben herunter, so schnell er konnte, und tat so, als würde er verstehen, was sie bedeuteten. Obwohl seine Knie vom harten, kalten Linoleum schmerzten, konnte nicht er umhin, sich zu wundern, weshalb das Gebet das Cree-Wort *ussinees* enthielt. Was hatte das alles mit einem Kieselstein zu tun?

»Ehre sei dem Vater und dem Sohne und dem Heiligen Geiste«, psalmodierte Bruder Stumbo, als er an Jeremiahs Bett vorbeiging, und fummelte dabei an dem kleinen hölzernen Kruzifix am Ende seines glänzend schwarzen Rosenkranzes herum.

»Wihess wahim anfan, sohauch jetsun alletsait untin ewichkait«, antworteten siebenunddreißig Stimmchen nicht ganz unisono. Und dann brachten die Jungen und der Bruder die Sitzung mit einem kräftigen und einmütigen »Ah, Mann« zum krönenden Abschluss.

Jeremiah verrenkte sich unter der Bettdecke den Hals, um einen Blick auf seinen Bruder zu erhaschen, der sieben Betten weiter lag. Gabriel lächelte matt, winkte, und er winkte zurück.

Bruder Stumbo wandte sich ein letztes Mal an die Jungen. »Gute Nacht, Kinder.« Worauf der ganze Saal brav und pflichtbewusst antwortete: »Gute Nacht, Bruder Stumbo.« Dabei hallten die Stimmen der Kinder wie bei einem gewaltigen »Ah, Mann«. Bruder Stumbo drückte auf den Lichtschalter, und der Raum versank in Dunkelheit.

Im Handumdrehen hörte Jeremiah den unterdrückten, pfeifenden Atem schlafender Kinder, der wie eine sommerliche Brise durch den Saal huschte, mal hier, mal dort. Die mitreißende Melodie von »*Maple Sugar*«, die ihm sein Vater beigebracht hatte, kurz bevor die Jungen am Morgen mit dem Flugzeug abgereist waren, hüpfte wie ein enthäutetes Kaninchen fröhlich in seinem Kopf umher. Über dem Schulhof schob sich ein großer Dreiviertelmond hinter ein paar Wolken hervor. Jeremiah gähnte und schlief ein.

Wie ein Otter, der an die Oberfläche kommt, um Luft zu holen, tauchte ein Schatten aus der Dunkelheit auf. Als der Mond abermals hinter den Wolken verschwand, wurde die wandelnde Gestalt wieder verhüllt. Zuvor hatte sie jedoch einen flüchtigen silbernen Lichtstrahl über die Kinder gleiten lassen, die im Schlaf sanft und rhythmisch seufzten. Dann brachte ein unvorhergesehener Windstoß – vielleicht war es auch die Erde auf ihrer nächtlichen Umlaufbahn – die Wolken in Bewegung, und der milchig weiße Mond schien aufs Neue.

Für einen kurzen Augenblick wurde die Gestalt vom Mondlicht eingefangen, als sie sich aus einem Bett erhob und sich auf ein anderes zubewegte.

Stoffgeraschel war zu hören, und die Gestalt tauchte groß und bedrohlich neben Gabriels Bett auf. Ihr silberner Lichtstrahl glomm ein letztes Mal auf.

Auf dem Kissen lag ein Schwarzweißfoto, hinter Glas, in einem vergoldeten Rahmen. Daneben ruhten zwei schlafende Köpfe, deren schimmernde Glatzen von Bruder Stumbo und seiner silbernen Zauberschere zeugten. Die Brüder Okimasis lagen eng umschlungen unter einem Leintuch, einem Plumeau und einer Tagesdecke und schnarchten fast unhörbar. Die Pelzkönigin legte dem Karibujäger Abraham Okimasis, dem Weltmeister, die Lippen zu einem Kuss auf die Wange, den die Zeit eingefroren hatte.

Pater Lafleur betrachtete die beiden Jungen eine Weile. Er sah in ihnen Caravaggios Cherubim, rosig und pausbäckig, mit vollen Lippen wie reife Kirschen. Dann rüttelte er sanft Jeremiahs Arm. Einmal. Keine Reaktion. Ein zweites Mal. Noch immer keine Reaktion. Pater Lafleur beugte sich vor und schüttelte ihn noch einmal, beinahe grob, und zischte: »Jeremiah!«

Jeremiah und Gabriel flogen im Kiefernholzschlitten ihres Vaters über blendend weißen Schnee. Der Nebel des Februarmorgens setzte den Sonnenstrahlen arg zu. Statt Regenbogen sahen sie vereinzelte pastellfarbene Kugeln in Rosa, Violett, Blau, Orange, Purpurrot, Sonnengelb und Türkis, die hier und da auftauchten, sie blendeten und sogleich wieder verschwanden. Irgendwo zwischen diesen changierenden ätherischen Lichtpunkten hing, wie der Ruf des Eistauchers, Abrahams »*Weeks'chiloowew!*« in der Luft.

Doch es war nicht der Karibujäger, der vergnügt »Der Wind dreht sich!« jubilierte, sondern Pater Lafleur, der Jeremiahs Namen dicht an seinem Ohr flüsterte. Und es waren keine regenbogenfarbenen Punkte im winterlichen Nebel, die Jeremiah sah, sondern die funkelnden Augen des Direktors, nur Zentimeter von seinen entfernt. Und es war auch kein vom dahinrasenden Hundeschlitten aufgewirbelter Schnee, der ihm ins Gesicht stob, sondern der Speichel des frommen Mannes.

»Geh zurück in dein eigenes Bett!«

Jeremiah erinnerte sich kaum noch daran, dass er zuvor schlaftrunken zum Bett seines Bruders geschlurft war und feststellen musste, dass es tatsächlich Gabriel war, den er schluchzen gehört hatte. Jeremiah wollte ihn nur in die Arme nehmen, bis er eingeschlafen war.

Ganz kurz hatten sich die beiden flüsternd über Karibuherden und die Jagdsaison unterhalten. Gabriel hatte das Foto ihres Vaters und der Pelzkönigin unter seinem Kissen hervorgeholt, und sie hatten es geküsst. »Die Pelzkönigin wird auf dich aufpassen«, hatte Mariesis zu Gabriel gesagt, als sie es in seinen kleinen, braunen Koffer packte. »Der weiße Fuchspelz ihres Umhangs wird dich vor bösen Menschen beschützen.«

»Los, steh auf!«, flüsterte Pater Lafleur. Er zerrte an Jeremiahs Arm. Jeremiah löste sich aus der warmen Umarmung seines Bruders und schlüpfte aus dem Bett. Mit seinem Haar war auch all seine Kraft gewichen. Er verbarg seine Niederlage hinter kindlicher Schlaftrunkenheit und schlurfte, zwischen schlummernden Körpern hindurch, zurück zu seinem eigenen Bett.

Der Priester blieb stehen und sah zu, wie Jeremiah sich entfernte. Dann wandte er sich wieder Gabriel zu, der nichts mitbekommen hatte. Plötzlich nahm das Foto seinen Blick gefangen. Der Mond, der im Halbdunkel sein übliches Spiel mit Glasflächen trieb, ließ die Pelzkönigin blinzeln. Verwirrt legte Pater Lafleur das Foto zurück aufs Kissen und stahl sich zur Tür hinaus. Die nächste Wolke brach den silbrigen Zauber des Mondes und hüllte den Priester erneut in Dunkelheit.

8

Gabriel Okimasis tanzte auf einer Bühne, die mit weißen Glocken aus Krepp-Papier, großen, roten Satinschleifen und dunkelroten Samtvorhängen geschmückt war. Seine kleinen Füße flogen über das Parkett, sein Cowboyhut hüpfte auf und nieder und wäre ihm bestimmt vom Kopf gefallen, wäre er nicht von einem Kinnriemen gehalten worden, und die weißen Satinfransen an seinem Cowboyhemd schaukelten hin und her und her und hin. Auf einer niedrigen Holzkiste stand ein sechsjähriger Junge und rief zum Rhythmus des Tanzes, der von Jeremiahs fröhlichem Klavierspiel begleitet wurde: »Pirouette – und wirbelt euren Partner herum, Promenade!« Und genau das taten die acht kleinen Cowboys und Cowgirls.

»*À la main* – links«, rief der Junge, und Gabriel drehte sich nach links, ergriff die rechte Hand seiner Partnerin, die wiederum die linke des nächsten Tänzers nahm, während Gabriel nach der linken Hand der nächsten Tänzerin griff. Das ging so weiter, bis der Kreis geschlossen war und Gabriel zu Carmelita Moose zurückkehrte. Gabriel war so glücklich, dass er Carmelita Moose am liebsten gepackt und herumgewirbelt hätte, bis sie Sternchen sah, doch solch komplizierte Figuren waren von der Choreographie nicht vorgesehen. Stattdessen bildeten die Tänzer Kreise, Vierecke, Spinnräder und Ketten. Der Rhythmus war so ansteckend, dass das Publikum im Takt klatschte und mit den Füßen wippte.

Gabriel strahlte vor Vergnügen, und einmal, mitten bei einer Drehung und einem *Tapp-tippiti-tapp* der Füße, das besonderen Elan verlangte, winkte er Jeremiah zu. Der saß auf dem nackten Boden der Jungenturnhalle neben einem Weihnachtsbaum, so groß wie ein Haus, und spielte Klavier, als sei er einzig und allein dafür geboren. In gestärktem weißem Hemd, kesser schwarzer Fliege und eleganter Anzughose saß Jeremiah kerzengerade da und hämmerte »*Maple Sugar*«, auf eine Art und Weise, die Abraham Okimasis' Brust vor Stolz hätte schwellen lassen, wäre er dabei gewesen.

Aber er war nicht dabei, und Mariesis auch nicht. Auch die Eltern der anderen tanzenden Kinder waren nicht unter den zweihundert Zuschauern. Die Sitze in der vordersten Reihe hatten zwölf Nonnen, zwei Ordensbrüder und drei Priester eingenommen. Die habichtnasige, eulenäugige Schwester Saint-Felix strahlte Jeremiah Okimasis wie ein Autoscheinwerfer an, während er die Tasten bearbeitete. Er war, wie sie bei jeder Gelegenheit herumposaunte, der beste Schüler, der ihr in ihrer fünfzigjährigen Laufbahn, die ihr eine niederschmetternde Enttäuschung nach der anderen beschert hatte, untergekommen war. Als sich Gabriel hüpfend aus der Bühnenmitte entfernte, folgte der Blick des Direktors der tanzenden Gestalt, bis sie seitlich in den Kulissen verschwand. Der Vorhang ging zu, und Applaus ertönte. Pater Lafleur saß einen Moment lang bewegungslos da und klatschte dann dreimal langsam und nachdenklich in die Hände.

Die Mondsichel hing wie der Fingernagel eines überdimensionalen Zeigefingers am Himmel und schien durch vorhanglose Fenster auf zahllose Reihen schlafender Kinder. Weiße Tagesdecken wurden sichtbar, weiße Laken, weiße Kopfkissenbezüge und dunkle Köpfe, auf denen flaumiges schwarzes Haar nachgewachsen war.

In einem dunklen Winkel des Raumes blitzte kurz ein Lichtpunkt auf. Man hätte ihn für ein Glühwürmchen halten können, wäre es nicht Mitte Dezember gewesen. Abgesehen von dem sanften, rhythmischen Schnurren der Kinder im Schlaf war nur das Geräusch von Stoff, der an Stoff wetzt, zu hören, das kurz verstummte und dann weiterraschelte. Das Glühwürmchen tauchte flüchtig wieder auf, als es sich der Reihe näherte, in der Gabriel Okimasis im Traum mit Feuereifer an einem Tanzschritt arbeitete, der besonders kompliziert war, da seine Partnerin, Carmelita Moose, ständig wie ein Ballon nach oben entschwebte und er sie deshalb mit den Armen am Boden halten musste, während sich seine Füße schnell in kleinen Kreisen bewegten. Unbestreitbar war, dass Gabriels kleiner Körper sich immer und immer wieder auf und ab bewegte, was ihm, selbst in Anbetracht der schwierigen Lage, solches Wohlbehagen bereitete, dass er sich wünschte, Carmelita Moose würde nie aufhören, nach oben zu entschweben, damit er immer wieder hochspringen, nach ihr greifen und sie herunterziehen, hochspringen, nach ihr greifen und sie herunterziehen könnte.

Als Gabriel die Augen einen winzigen Spalt öffnete, hatte er, nur wenige Zentimeter entfernt, das Gesicht des Direktors über sich. Der Mann keuchte und stieß in regelmäßigen Abständen heißen Atem aus, dessen Geruch Gabriel an rohes Fleisch erinnerte, das zum Ablagern aufgehängt, dann aber vergessen worden war. Der Priester hielt mit der linken Hand sanft seine rechte, während er die rechte Hand unter Gabriels Tagesdecke, unter seinem Plumeau, unter seinem Leintuch, in seiner Schlafanzughose vergraben hatte. Und die Hand sprang hoch, griff nach ihm und zog ihn wieder herunter, sprang hoch, griff nach ihm und zog ihn wieder herunter. Aus Angst, der Priester könnte wütend werden, wagte er es nicht, die Augen ganz zu öffnen. Nach ein paar Sekunden der Verwirrung nahm er einfach an, dass das an Schulen eben passierte, dass es nur ein weiterer Grund war, weshalb er hierher gebracht worden war, und dass die frommen Herren das Recht dazu hatten.

Aus einem blechern klingenden Radio irgendwo – in Bruder Stumbos Zimmer nebenan? – drang Elvis Presleys »*Love Me Tender*« an sein Ohr.

Durch schmale Augenschlitze konnte er sehen, dass dem Priester die Bewegung der Hand offenbar beträchtliches Vergnügen bereitete: Er hatte die Augen geschlossen, die Furchen auf seiner Stirn waren verschwunden, auf seinen Lippen zeichnete sich ein Lächeln ab, und sein Gesicht schimmerte im Mondlicht ebenso eindringlich blass wie die Gesichter der Heiligen im Katechismus.

Immer tiefer beugte sich Pater Lafleur vor, kam näher und näher, bis das Kruzifix, das er um den Hals trug, auf Gabriels Gesicht zu liegen kam. Die fast unmerkliche pulsierende Bewegung seines Oberkörpers führte dazu, dass der nackte Christus – dieser silberne

Lichtschimmer, dieser Fleisch gewordene Sohn Gottes, der so unbeschreiblich schön war – seinen Leib immer und immer wieder an den Lippen des Kindes rieb. Gabriels Kraft war dahin. Das Wohlgefühl in seinem tiefsten Inneren war so stark, dass er drauf und dran war, den Mund zu öffnen und das lebendige Fleisch im Ganzen zu schlucken – noch halb im Reich der Träume, hielt Gabriel den Gekreuzigten für einen lebendigen, atmenden Menschen, der nach warmem Honig schmeckte, seiner Lieblingsspeise –, als er das Schlurfen nahender Füße hörte.

Er machte die Augen fest zu. Er hielt den Atem an.

Jeremiah war erschrocken aus einem Traum erwacht, in dem er vor einer riesigen Karibuherde ein Konzert gab. Er war nicht sicher, weshalb, meinte aber, Gabriel wimmern gehört zu haben. Sobald sich seine Augen an die Dunkelheit gewöhnt hatten, entschloss er sich, nach ihm zu sehen und ihm vielleicht einen Kuss zu geben.

Mit großer Überwindung schlüpfte er aus dem Bett, zuckte vor Kälte zusammen und glitt in die Dunkelheit. Im schimmernden hellblauen Schlafanzug schwebte das kleine Gespenst, ganz Nebel und Dunst, durch die schmalen Gänge zwischen den Betten.

Aber Gabriel war nicht allein. Eine riesige schwarze Gestalt schwebte wie eine Krähe über ihm. Da nur ihre Silhouette sichtbar war, hätte es sich in Jeremiahs Augen auch um einen Bären handeln können, der eine Honigwabe verschlang, oder um den Weetigo, der sich an Menschenfleisch labte.

Halb wach, halb schlafend stand er da und bildete sich ein, Schmatz- und Kaugeräusche zu hören. Da er sich nicht sicher war, ob er noch träumend in seinem Bett lag, blinzelte er und machte die Augen dann auf, so weit er konnte. Er wollte – er musste – genauer sehen können.

Die Tagesdecke pulsierte und wellte sich in der Mitte. Nein, dachte Jeremiah, *bitte.* Nicht er schon wieder. Er machte zwei lautlose Schritte vorwärts und reckte den Hals. Als sich das Ungeheuer aufrichtete, war sein Gesicht keinen Meter von Jeremiahs Gesicht entfernt. Die Augen des Ungeheuers weiteten sich und blinzelten einmal. Jeremiah starrte es an. Er war es wirklich. Schon wieder.

Jeremiah öffnete den Mund und bewegte die Zunge, doch seine Kehle war ausgetrocknet. Das Pfeifen in seinen Ohren war das einzige Geräusch. War das wirklich schon einmal geschehen? Oder doch nicht? Eine Tür tief innen in seinem Bewusstsein fiel für immer ins Schloss. Es war nicht geschehen. Er hatte nicht gesehen, was er sah.

»Stille Nacht, heilige Nacht«, sang ein Chor himmlischer Engel. Liebreizend lag das kleine Jesuskind splitternackt und rosig auf einem Bettchen aus goldgelbem Stroh. Der Knabe war von Kühen und Eseln, Hirten und Engeln umgeben, und seine Eltern wachten mit wahrhaft zärtlicher, liebevoller Gewissenhaftigkeit über ihn.

Bekleidet mit einem gestärkten weißleinenen Chorhemd, einer karmesinroten Schleife, die lodernden Flammen glich, und einem blutroten Gewand, das bis zum Boden fiel, schritt Gabriel als einer von Gottes Cherubim würdevoll und erhaben, wenn auch leicht schwankend, durch die heilige Stätte. Der Sechsjährige faltete die Hände vor der Brust, kniete sich auf einen Gebetsschemel und senkte sein vollkommenes Köpfchen.

Pater Lafleur war vor einem golden und silbern schimmernden, in Seide und Taft gehüllten Altar in ein schwieriges Gebet vertieft. Er sprach den lateinischen Text der Christmette.

»*Dominus vobiscum*.«

»*Et cum spiritu tuo*«, antwortete die Kirchengemeinde.

Später kniete der Priester auf der zweiten Altarstufe nieder, schlug sich dreimal mit der rubinbesetzten Hand an die Brust und sprach für alle, die sich dort versammelt hatten: »*Mea culpa, mea culpa, mea maxima culpa*.«

Eine Schar gut ausgebildeter Messdiener sprach ihm nach. »Durch meine Schuld, durch meine Schuld, durch meine übergroße Schuld.«

Die Brüder Okimasis hatten diesen Satz niemals hinterfragt, waren jedoch beide zu dem Schluss gelangt, dass sie für etwas um Vergebung bitten mussten, was außerhalb ihrer Macht stand. In Anbetracht der Umstände – Schulhöfe, die mit Metallzäunen umgeben waren, Schlafgemächer, in denen nachts Priester und Ordensbrüder patrouillierten – waren sie jedoch unabhängig voneinander auch zu dem Schluss gelangt, dass es das Beste war, den Vorwurf hinzunehmen; schließlich *war* es ihre übergroße Schuld.

Jeremiah stimmte an der Orgel »Herbei, o ihr Gläubigen« an. Wenn es um Musik ging, war er äußerst gewissenhaft, und so erinnerte er sich, dass dieses Lied vier Strophen hatte. Als die Gemeinde bei der Ankunft der drei Weisen aus dem Morgenland in Bethlehem angelangt war – Gabriel war überzeugt, dass die Schachteln, die sie bei sich hatten, Schokolade enthielten –, musste jeden Moment die heilige Kommunion beginnen.

Nach dem Loblied sah Jeremiah, wie sich Pater Lafleur über seinen goldenen Kelch beugte, die letzten Worte des Gebets murmelte und um die Kraft bat, den Leib Christi an die Gläubigen austeilen zu können. Acht Ministranten im Alter zwischen fünf und zwölf Jahren, allesamt Cree-Indianer, standen neben ihm. Abgesehen von den zwölf Nonnen, zwei Ordensbrüdern und einem anderen Priester, den Köchen, dem Hausmeister und der Nachtwache war hier niemand älter als sechzehn.

Die Nonnen stellten sich im Mittelgang vor der Kommunionbank auf, um in einer ordentlichen Reihe vor dem Wunder niederzuknien, das ihnen der erhabene Priester sogleich darreichen würde. Während zweihundert indianische Kinder »Im Stall in der Krippe, in der Wiege aus Streu« sangen, schritt Pater Lafleur mit der Hostie in der hoch erhobenen rechten Hand die Stufen des Altars hinunter und ging langsam auf die erste Nonne zu.

Als sich der Priester umdrehte, traf sein Blick den seines Organisten, Jeremiah Okimasis. Der kleine Engel, Gabriel, der den Kommunizierenden den goldenen Hostienteller unter das Kinn hielt, um damit Teilchen des Leibes Christi aufzufangen, bemerkte den vielsagenden Blickwechsel zwischen seinem Bruder und dem Priester. Er spürte etwas Schweres, Kaltes und Feuchtes im Rücken, ein Gefühl, das dem Gluckern von Morast glich.

»*Corpus Christi*«, sagte der Priester, und die Zunge der ersten Nonne lugte hervor wie ein zu lange gekauter Kaugummi. Ein kleines Stückchen der weißen Hostie fiel aus dem Mund der Nonne und trudelte wie eine Schneeflocke nach unten; dennoch murmelte sie »Amen«, allerdings etwas zu reumütig für Gabriels Geschmack.

Er hatte den Blick auf die weiße, behaarte rechte Hand des Priesters gerichtet, folgte ihr mit dem Hostienteller und fing die herabfallenden Fleischstückchen fein säuberlich in der goldenen Vertiefung der heiligen Schale.

Dreihundert Meilen weiter nördlich ging Pater Eustache Bouchard mit einem silbernen Kelch in der einen und einer runden, weißen Hostie in der anderen Hand auf die Kommunionbank zu, wo eine Reihe von Cree-Indianern kniete, von denen keiner zwischen sechs und sechzehn war.

»*Corpus Christi*«, sagte Pater Bouchard zu Abraham Okimasis und legte ihm eine hauchdünne Oblate auf die Zunge.

»Amen«, erwiderte der Weltmeister.

»Tötet ihn! Tötet ihn! Nagelt den Wilden ans Kreuz! Hängt ihn auf! Hängt ihn auf! Tötet ihn! Tötet ihn!«, grölten zehn Millionen Menschen.

Und Jesus ging zu Boden, brach unter dem Kreuz im Kies zusammen, und der aufwirbelnde Staub raube ihm die Sicht und den Atem. Wie sehr er auch keuchte, stöhnte und weinte, niemand hatte Mitleid mit ihm. Stattdessen erhob der römische Zenturio seine Peitsche, um immer und immer wieder auf Gottes einzigen Sohn einzuschlagen. Und so stand er wieder auf, schulterte das Kreuz und ging den Hügel von Eemanapiteepitat hinauf. Vom zerschundenen Rücken des Opfers spritzte Blut auf die scharlachrote Tunika des Soldaten, auf seinen goldenen Brustpanzer, seine ledernen Gamaschen und die nackten Schenkel.

Nur mühsam kam Jesus wieder auf die Beine. Er hatte keine andere Wahl. Die Menge drängelte, ergötzte sich an seinem Schmerz: »Tötet ihn! Tötet ihn! Nagelt den Wilden ans Kreuz! Hängt ihn auf! Hängt ihn auf! Tötet ihn! Tötet ihn!« Und das war nur der erste Zusammenbruch; das Drehbuch schrieb noch zwei weitere vor. Der Sohn Gottes begehrte gegen sein Schicksal auf, schleppte das Kreuz jedoch um die nächste Wegbiegung.

Und wem lief er da in die Arme? Seiner Mutter, die, in blauen Stoff gehüllt und das Haar voller Konfetti, beschwipst lachte. Jane Kaka McCraes Letztgeborener, Big Dick, hatte am Ende die reizende Asscrack Magipom geheiratet – Mariesis Okimasis war so betrunken, dass sie kaum mehr stehen konnte. »Jane Kaka ist der Wein ausgegangen!«, jammerte sie und blieb stehen, um ihren Becher, eine alte Bleichmittelflasche, auszutrinken; Rotwein lief über ihre Brüste wie Muttermilch. »Mitten beim Feiern! Ist das zu fassen?« Sie taumelte, ihre Knie gaben nach, und sie brach zusammen.

»Nicht jetzt, Mutter! Siehst du denn nicht, dass ich beschäftigt bin?«, sagte Jesus.

»Und Jane Kaka war so aufgeregt, dass sie in Ohnmacht gefallen ist ...« – Mariesis rülpste – »mitten in der Küche vom Pfarrhaus. Hat sich den Kopf an deiner Statue angestoßen, und *puff!* hat sich das Wasser in Pater Bouchards Becken in Baby Duck verwandelt. Kannst du dir das vorstellen?« Sie fiel wieder hin. »Das ist jetzt eine Woche her, und das Fest tobt immer noch!«

Wuusch! Die Peitsche landete auf dem runden Hinterteil des Herrn. Mutter hin oder her, er mußte weiter.

Eine Woche zuvor hatte Gabriel dasselbe empfunden, diesen stechenden Schmerz, der ein höchst irdisches Prickeln verursachte. Doch Jesus zu verkörpern trug einem Bewunderung, ja sogar Lob ein, von den weltlichen wie auch von den geistlichen Mitgliedern des Lehrkörpers. Es hielt die Kinder vom Bösen fern, trug zu ihrer religiösen Erziehung bei und bescherte dem Direktor neue Ideen: Es hieß, Bruder Stumbo habe gesagt, es sei nahezu beschlossene Sache, dass alle Ministranten Schauspielunterricht erhalten sollten. Nein, Gabriel wurde nicht etwa dafür bestraft, dass er den Sohn Gottes gespielt hatte – sein Vergehen bestand darin, dass er erwischt worden war, wie er, am Kreuz hängend, »*Kimoosoom Chimasoo*« gesungen hatte, obwohl er bereits sieben Minuspunkte hatte.

In einem Büro, dessen vier Wände von Zigarrenrauch geradezu durchtränkt waren, hatte der Direktor seinen dicken schwarzen Ledergürtel aufgemacht und aus den Schlaufen gezogen.

Der Priester hatte auf Gabriels mittlerweile sechs Jahre altes, entblößtes Hinterteil eingeschlagen, bis es beim dritten Hieb die Farbe einer reifen Kirsche angenommen hatte.

»Blute!«, hatte Gabriels innere Stimme gerufen. »Blute! Blute!« Er würde nicht weinen. Nein, Sir! Wenn überhaupt, würde er vor diesem Mann auf die Knie fallen und ihm sagen, dass er Gott von Angesicht zu Angesicht geschaut hatte, so wohltuend waren die

Schläge. Tatsächlich klammerte er sich verbissen an die Vorstellung, dass dort in dem schwarzen Ledersessel Gott Vater saß und eine lange, dicke Zigarre rauchte, den kleinen Gabriel übers Knie gelegt hatte und mit seinem Blitz auf dessen Hinterteil einschlug, immer und immer wieder, bis beider Augen funkelten.

»*Kimoosoom chimasoo*«, ertönte Gabriels leise Cree-Stimme aus der Leistengegend, während eine leise englische Stimme daneben flehte: »Ja, Herr, bitte! Lass mich bluten! Bitte, bitte, lass mich bluten!«

Ein Stück weiter auf seinem Weg begegnete Jesus mit dem blutenden Hinterteil dem frommen Simon, der ihm das Kreuz köstliche zwei Meter weit tragen half, bis eine Phalanx unflätiger Soldaten aufmarschierte und ihn fortscheuchte. Als Nächstes erschien Veronika, die dem Heiland das Gesicht mit einem schmutzigen Geschirrtuch abtupfte, ehe auch sie den Zorn des Hauptmanns Jeremiah zu spüren bekam.

Um Zeit zu sparen, hatte Jeremiah Christus' zweiten Zusammenbruch, die Tröstung der Frauen und seinen dritten Zusammenbruch gestrichen, ohne Gabriel davon zu unterrichten. Die Truppe ging unmittelbar dazu über, ihn zu entkleiden.

Weg waren sie, Gabriels Kleidungsstücke, nachdem Jeremiah und seine wilde Horde Hand angelegt hatten, und im Nu hing der indianische Sohn Gottes, bis auf die Unterwäsche entblößt, schlotternd am Kreuz.

Bruder Stumbos Pfeife kündigte an, dass es Zeit war für das Abendessen.

Jeremiah und seine neunjährigen Soldaten »nagelten« Gabriel hastig ans Kreuz, stellten es auf und rammten es in ein Loch im Boden, das ein Murmeltier hinterlassen hatte.

Mit Veronika, dem frommen Simon und der betrunkenen Mariesis im Schlepptau eilten sie davon und ließen in der einbrechenden Dunkelheit ihre Peitschen aus Fichtenzweigen liegen und Jesus am Kreuz hängen. So sehr er, in seinem nach wie vor fehlerhaften Englisch, auch schrie: »Kommt zurück! Lasst mich nicht hier!« – die Bitten des Erlösers fanden kein Gehör.

Auf einem Stück Pappe, das achtlos an dem Maschendrahtzaum hinter ihm befestigt worden war und im trockenen Juniwind baumelte, war zu lesen: »Die Brüder Okimasis präsentieren ›Die Stationen des Kreuzwegs‹, ergänzt um eine Szene aus der ›Hochzeit zu Kana‹.«

Jesus drehte und wand sich so lange, bis sich sein Schandpfahl im Murmeltierloch lockerte. Als Nächstes warf er sein ganzes Gewicht nach vorn, bis das Kreuz kippte und ihn unter sich begrub. Dann befreite er seine Hände aus den Seilen, mit denen sie festgebunden waren. Und zuletzt betete er zu Gott, es möge noch Essen für ihn übrig geblieben sein, und rannte los.

Im Speisesaal sahen hundert Jungen von ihren halb aufgegessenen Apfelkuchen auf. Das Gelächter war gewaltig, und die Finger, die auf ihn zeigten, schlimmer als Nägel – Gabriel hatte vergessen, die Dornenkrone aus Fichtenwurzeln abzusetzen –, doch sein Sinnen auf Rache an einem gewissen Champion-Jeremiah Okimasis ließ sowohl das Gelächter als auch die Finger bedeutungslos erscheinen.

10

»Da ist es!«, schrie Gabriel, um das Dröhnen der Motoren und Propeller zu übertönen. Vor Freude hätte er im Kreis laufen und schreien mögen, doch stattdessen rammte er Jeremiah den Ellbogen in die Seite. »Da ist es! Da ist Eemanapiteepitat!«

Am letzten Junitag saßen die Brüder Okimasis wieder in dem roten Wasserflugzeug. Diesmal allerdings näherten sie sich dem Mistik-See. Endlich! Der Mistik-See mit seinen tausend dunkelgrünen Inseln, seinen tausend goldenen Sandstränden, seinem endlosen Wasser.

Jeremiah streckte sich, um seinem Bruder über die Schulter zu schauen, und auf seinem Gesicht erschien ein strahlendes Lächeln. Wie gern hätte er den Arm durchs Fenster gestreckt, das Spielzeugdorf in die Hand genommen, es zärtlich geküsst und in die Tasche neben seinem Herzen gesteckt. Ein Hauch von Cree lag in der Luft.

In jener Nacht schimmerten Jäger, Tiere und Königinnen zwanzig Milliarden Meilen unter den Brüdern Okimasis und zwanzig Milliarden Meilen über ihnen. Gabriel und Jeremiah waren der Mittelpunkt einer vollkommenen Kugel, eines gigantischen Himmelskörpers aus nächtlicher Luft, einem spiegelglatten See und den Sternen. Gabriel sagte zu Jeremiah, die Familie Okimasis müsse aussehen wie die Disney-Figuren Winken, Blinken und Nod, die in einem hölzernen Schuh zum Mond schweben.

Der hölzerne Schuh trug die Brüder, ihren Vater, ihre Mutter und ihre Schwestern Josephine und Jane über einen der wenigen nicht zugefrorenen Teile des Mistik-Sees zur Insel Kamamagoos, zwanzig Meilen südlich von Eemanapiteepitat, wo sie, wie Abraham beschlossen hatte, den Sommer verbringen würden, um die größten Forellen der Welt zu fangen.

Das einzige Geräusch in dieser unendlichen Stille war das Eintauchen und Auftauchen und Eintauchen und Auftauchen der Paddel, auf das kleine Wellen mit zartem Gurgeln antworteten. Abraham saß am Heck des Kanus, Jane, dreizehn, am Bug. Josephine, elf, schlief hinter Jane auf dem Boden, während Gabriel und Jeremiah untätig links und rechts neben ihrer Mutter in der Mitte saßen. Überglücklich, weil Gabriel endlich zurückgekommen war, lag Kiputz schläfrig auf dessen Schoß.

Plötzlich sah Gabriel in der Ferne eine schwache Flamme flackern. »Sieh mal, ein Feuer!«, flüsterte er.

»Wo?«, fragte Jeremiah und sah Gabriel schlaftrunken an.

»Da«, entgegnete Gabriel und deutete in Lee auf etwas, das aussah wie eine Kerzenflamme.

Das müssen indianische Fischer sein, sagte sich Jeremiah, die auf einer der Inseln ihr Nachtlager aufgeschlagen haben. Verwundert betrachteten die Brüder das ferne Glimmen.

Irgendwo jenseits des verblassenden Scheins ertönte das Heulen eines einsamen Wolfes und landete über Meilen hinweg in großem Bogen neben den Brüdern, löste einen sanften Schauder aus und ergriff ihre Herzen wie die eiskalte Hand eines Menschen, der nach fünfhundert Jahren Schlaf erwacht.

Mariesis hatte solche Feuer schon gesehen. Seit fast fünfzig Jahren war dieser See für sie ein enger Freund, Verwandter, Feind, Geliebter – derartige Vorkommnisse waren nichts Neues für sie. Ihr Blick blieb unverwandt nach vorn gerichtet, so als wäre nichts geschehen. Abraham blickte ebenfalls geradeaus, richtete sein Augenmerk auf die drei Meilen bis zur Insel Nigoostachin, wo sie ihr Nachtlager aufschlagen wollten.

»Das ist die Insel, auf der Pater Thibodeaus Männer Chachagathoo erwischt haben.« Das war die Stimme der Mutter, die so klang, als hätte jemand anderes gesprochen. »Seht nicht hin.«

»Warum nicht?«, fragte Gabriel, ohne den Blick abzuwenden. Keine Antwort. Gabriel beschloss, sich zu gedulden.

Schließlich brach Mariesis' Antwort den Bann. »Weil Chachagathoo eine böse Frau war. Weil sie *machipoowamoowin* hatte. Oh, wie Pater Thibodeau diese Frau hasste.«

Wie allen Kindern in Eemanapiteepitat war auch ihnen von klein auf beigebracht worden, den Namen Chachagathoo nie in einem Haus auszusprechen. Und sie hielten sich daran. Sie hatten über Chachagathoo nur das gehört, was sich die Dorfbewohner von Zeit zu Zeit zuflüsterten, als hätten sie sich unerfreuliche, unangenehme Neuigkeiten mitzuteilen.

Als Pater Thibodeau im hohen Alter von siebenundachtzig Jahren starb, nahm er den Grund, weshalb er Chachagathoo hasste, mit ins Grab. Mariesis Okimasis hatte ihren Söhnen im Lauf der Jahre oft erzählt, dass er der erste Tote war, den sie gesehen hatte: eine wächserne weiße Maske mit geschlossenen Augen und zusammengepressten Lippen. Mit sechs Jahren stand Mariesis Eemoomineet neben dem offenen Sarg im Sommerwind und hätte den alten Mann zu gern in die Nase gezwickt, um festzustellen, ob er ein Geräusch von sich gab.

Das Wort *machipoowamoowin* hatten die Jungen ebenfalls gehört, allerdings nicht sehr oft. Sie wussten nur, dass es »böses Blut« bedeutete oder »Macht der bösen Träume«. Irgendwann hatten Jeremiah und Gabriel ihren Onkel Kookoos nach diesem unheimlichen, beunruhigenden Wort gefragt, doch alles, was sie zu hören bekamen, war: »Es bedeutet, dass man von Dingen träumt, die einem im finstersten Winkel des Kopfes herumspuken, was vor allem dann passiert, wenn man kein Geld hat, um selbst was Gutes zu brauen.« Gabriel erwog, seine Mutter danach zu fragen, doch dann kam ihm eine bessere Idee.

Während sein Blick noch immer an der schwindenden Flamme hing, beschloss er, mit den Englischkenntnissen zu prahlen, die er in diesem Jahr an der Birch Lake School erworben hatte.

»Bedeutet *machipoowamoowin* das, was Pater Lafleur mit den Jungen an Schule macht?« Obwohl Gabriel seinen Bruder mit der unbekümmerten Bemerkung eigentlich zum Lachen hatte bringen wollen, endete seine Frage mit einem unheimlichen, gespenstischen Kichern, das aus tiefstem Herzen kam.

Jeremiahs Worte waren kalt wie die Tropfen eines schmelzenden Eisblocks. »Selbst wenn wir es ihnen erzählen, werden sie auf Pater Lafleurs Seite sein.«

Mariesis entschied sich für eine der drei indianischen Sprachen, die sie beherrschte – Englisch würde ihr und ihrem Mann Zeit ihres Lebens unzugänglich bleiben –, und wandte sich an Jeremiah. »Worüber sprecht ihr, meine Söhne?«

Könnte man Augenblicke wie Minuten, Stunden, Tage oder Jahre zählen, wären tausend davon verstrichen, bis sich Jeremiah völlig sicher war, dass Gabriel sein Schweigen niemals brechen würde. Und dann sagte er mit ausdrucksloser Stimme: »*Maw keegway.*« Nichts.

11

»Domino, Domino. Können die Cree-Indianer von Manitoba Domino spielen?« Gabriel Okimasis' Kleinjungenstimme schwebte durch den strahlenden Augustnachmittag, ohne die Tonhöhe zu ändern. Mit einem unförmigen Knoten hatte er sich eine der berühmten Steppdecken seiner Mutter um die Schultern gebunden, die gut einen halben Meter hinter ihm am Boden schleifte.

Pater Gabriel stand vor einem Hain junger Fichten, und zu seinen Füßen leuchteten hellrosa Weidenröschen. Er hielt eine Hostie von der Größe einer Bratpfanne – tatsächlich handelte es sich um einen von Mariesis' goldbraunen Hafermehlkuchen – über Abraham Okimasis' Pokal von der Schlittenhund-Weltmeisterschaft.

»Kein Domino, kein Domino, die Cree-Indianer von Manitoba haben nie gelernt, wie man Domino spielt«, antwortete Jeremiah Okimasis, der am anderen Ende der Lichtung auf einem blassgrünen Teppich aus Rentierflechte saß. Obwohl eigentlich Gregorianische Choräle auf dem Programm standen, spielte der neunjährige Musikus leise »Herbei, o ihr Gläubigen« auf den vergilbten Tasten des ramponierten, blauen Akkordeons seines Vaters, das zwei Nummern zu groß für ihn war.

Pater Gabriels Gemeinde bestand aus unterschiedlich langen, abgebrochenen Stöcken, die in drei ordentlichen Reihen über die Wiese verteilt waren. Kiputz, der Andächtigste unter den Gläubigen, saß ehrfürchtig und schweigsam am Ende einer Reihe.

Da ein eher düsterer Teile der Messe bevorstand, wechselte der Akkordeonsolist von G-Dur nach e-moll. Gabriel ließ Kelch und Hostie sinken und verneigte sich, wobei er mit gesenktem Haupt ein stilles Gebet zum Moos sprach. Seine rechte Hand schwebte über seinem Herzen wie ein Schmetterling über den Weidenröschen. »Mehr Tulpen, mehr Tulpen, mehr Marzipan-Tulpen«, sang er und schlug sich dreimal an die Brust, einmal für jede »*tulpa*«.

Plötzlich flitzte hinter ihm ein Eichhörnchen über die Lichtung. Kiputz bellte zum ersten Mal seit einer Stunde, sprang hoch und nahm die Verfolgung auf. »*Miximoo, miximoo, miximoo!*«, wie es sich für einen echten indianischen Hund gehörte.

Der Priester wirbelte herum und warf dem Störenfried einen bösen Blick zu. »Kiputz«, sagte er barsch, »Kiputz, sei still!«

Das Eichhörnchen hatte sich auf die nächstbeste Fichte gerettet, um die der Hund immer wieder springend und bellend herumrannte. »*Miximoo, miximoo!*«

Pater Gabriel eilte dem abtrünnigen Gemeindemitglied hinterher und stieß dabei die Hostie und den Kelch vom provisorischen Altar. Sie fielen zu seinem Messgewand in den Schmutz.

»Kiputz! Kiputz, du bist in einer Kirche, verdammt noch mal!«

Das rötliche Nagetier hänselte seinen Verfolger. »*Tschiga-tschiga-tschiga-tschiga-tschiga-tschiga-tschiga!*«, schallte es durch den Wald. »Komm-und-hol-mich, komm-und-hol-mich, komm-und-hol-mich, du hässlicher kleiner Wicht!«, verstand Kiputz.

Kriege brechen aus, wenn sich zwei Parteien keine Zeit genommen haben, um die Sprache des anderen zu lernen.

»*Miximoo, miximoo, miximoo!*«, fluchte Kiputz wie ein Kutscher, was das Eichhörnchen mit »Komm von dem verdammten Baum runter, du fieser, feiger Mistkerl!« übersetzte. Das Eichhörnchen bleckte die Zähne.

Vergessen waren Hostie und Kelch, das Trio der Marzipan-Tulpen und die Cree-Indianer, die zu ewiger Ignoranz im Dominospielen verdammt waren. Gabriel hatte nur noch einen einzigen Gedanken: dem lächerlichen Benehmen seines Hundes ein Ende zu machen. Gabriel liebte Kiputz über alles; er wollte nicht mit ansehen müssen, wie er sich verletzte oder gar verendete.

»Kiputz! Kiputz, hör auf!«, schrie Gabriel. Er war völlig außer Atem. Der Organist der Kirche zur heiligen Wiese wechselte von den feierlichen Kadenzen von »Herbei, o ihr Gläubigen, jauchzt und triumphieret« übergangslos zu dem deftigen Schunkelrhythmus von »Werden deine Nüsse schwer, schaukeln sie wild hin und her, mach einfach einen Knoten rein, dann wirst du wieder fröhlich sein.« Die seichten Sechzehntelnoten sausten über die vergilbten Akkordeontasten, fassten sich an den Händen und tanzten in einem fröhlichen Reigen um den Baum, auf dem das Eichhörnchen saß.

Plötzlich spürte Gabriel einen heftigen Ruck am Hals – bestimmt die boshafte Chachagathoo, die ihn gepackt hatte, um ihn zu sich ins Grab zu zerren. Krachend fiel er zu Boden. Sein Steppdecken-Meßgewand hatte sich in einem widerspenstigen Ast verfangen und zerriss, wie Mariesis später verärgert feststellen musste. Doch zunächst einmal lag Gabriel Okimasis bewusstlos in der Rentierflechte und sah nichts anderes als winzige, fröhlich zwitschernde Rotkehlchen, die pinkfarbene Seidenbänder in den Stirnreif der Pelzkönigin flochten.

Jeremiahs Sechzehntelnoten waren weiterhin zu hören. Sechs Jahre lang waren sie ohne Unterbrechung zu hören. Sie breiteten ihre Flügel aus, erhoben sich in jenem Herbst von der Insel Kamamagoos, winkten dem zwanzig Meilen weiter nördlich gelegenen Eemanapiteepitat zum Abschied zu und flogen dann in leidlich vollkommener V-Formation über die schäumenden Wellen des Mistik-Sees, an dem Dorf Wuchusk Oochisk vorbei, über die zerklüfteten Felsen, wo der Mistik River auf den Churchill River trifft, vorbei an der Patima-Bucht, der Chigeema-Enge, an Flin Flon und – auf dem Weg, den Abraham Okimasis im Februar 1951 nach Hause geeilt war – durch Cranberry Portage nach Oopaskooyak, wo sie aufsetzten, um ihren Durst mit der Erinnerung an den Kuss der Pelzkönigin zu stillen. Nach einem mehrjährigen Abstecher zur Birch-Lake-Internatsschule für Indianer zwanzig Meilen westlich von Oopaskooyak flogen die Noten in weitem Bogen nach Süden, bis sie die große kanadische Ebene erreichten, und landeten dann mir nichts, dir nichts in der Stadt Winnipeg in Manitoba, achthundert Meilen südlich von Eemanapiteepitat, im rosafarbenen Salon einer anderen Frau im weißen Pelz.

TEIL III
Allegretto grazioso

12

Die Frau auf dem Porträt war stattlich wie ein Ozeandampfer, glich einem Monument für Perlen, pinkfarbenen Kaschmir und weiße Fuchspelz-Stolen. Ihre weißen Satinhandschuhe erröteten im Schein der karmesinroten Rose, die sie in Händen hielt. Unter dem Bildnis, eingerahmt von der geöffneten Terrassentür, stand die lebende Person, an einen Steinway-Flügel gelehnt. Während sie mit der Linken im Viervierteltakt auf die polierte Oberfläche des Instruments klopfte, zeichnete sie mit der Rechten Muster in die Luft, als dirigierte sie ein Orchester: »Und eins, und zwei, und drei ...«

Die Ähnlichkeit zwischen Bild und Vorbild war unübersehbar, auch wenn das Original jetzt zwanzig Jahre älter sein mochte: Lola van Beethoven, fünfundsechzig, Klavierlehrerin ohnegleichen, Grande Dame der Klassikszene von Winnipeg.

»Und zwei, und drei, und vier«, flötete sie mit vibrierender Altstimme. Während ihre geschminkten Lippen vor Leidenschaft zitterten, zeigte sich ihr Helm aus bläulich grauem Haar völlig unbeeindruckt. »Und dehne diese Phrase, und eins, und zwei ...« Die Sechzehnteltriolen von Johann Sebastian Bachs Toccata in D-Dur galoppierten kraftvoll und souverän von einer rosafarbenen Wand des Raumes zur anderen, während das verblassende Licht des frühen Septemberabends den vergoldeten Rahmen des Gemäldes wegwusch.

An den Tasten werkelte Lola van Beethovens Schützling, schnitt Grimassen, wenn er einen Teil seiner Darbietung zu schwülstig fand, und strahlte, wenn er merkte, dass er bei anderen genau die gewünschte Wirkung erzielte. Jeremiah Okimasis, fünfzehn und eher introvertiert und intellektuell, hatte soeben sein erstes Jahr an der Highschool begonnen. Weitaus wichtiger war ihm jedoch das Instrument, das auf die Bewegung seiner Finger antwortete, denn in dieser Großstadt mit einer halben Million Seelen, in der er der einzige Indianer zu sein schien, war es sein einziger Freund.

Toccata: das italienische Wort für »Berührung«, hatte die Witwe van Beethoven ihrem neuen Schüler an diesem Tag eingetrichtert. *Toccata*: das Berühren von Klaviertasten mit den Fingern, durch das man, nach ausdauerndem Üben, ein Klavier zum Singen bringen konnte, als besäße es eine menschliche Stimme.

Die rhythmische Struktur des Stücks erinnerte Jeremiah an die Samstagabende in Eemanapiteepitat während der viel zu kurzen Sommermonate, in denen er und seine Geschwister aus dem Internat entlassen wurden. Während er mit der Linken den übermütig kreiselnden Rhythmus hämmerte und mit der Rechten zahllose Triolen streute, schossen ihm Marionetten-ähnliche Bilder von Kookoos Cook, Annie Moostoos, Jane McCrae, seinen Eltern und all den anderen ausgelassenen Gästen der ausschweifenden Hochzeitsgelage durch den Kopf, zerrten an seinem Herzen, und der Rhythmus seiner Muttersprache sickerte wie Blut durch die Musik – »Komm nach Hause, Jeremiah, komm nach Hause. Du gehörst nicht dorthin, du gehörst nicht dorthin.«

Dann verlor er die Konzentration, als wäre er über den Kloß in seinem Hals gestolpert. Lola van Beethoven war kurz davor, sich auf ihn zu stürzen, als er, kämpfend und sich windend wie eine Forelle, die sich im Netz verfangen hat, wieder auftauchte. Mühelos glitt er in die Coda – eine getragene Hymne an den Himmel – und kehrte dabei zur Ausgangstonart zurück.

An der Tür zu ihrer Villa nahm Mrs. van Beethoven eine halbe Stunde später die Hände ihres Wunderknaben voller Bewunderung in die ihren, und da sie keine Frau war, die viele Worte machte, sagte sie: »Fünf Stunden täglich, sechs Tage die Woche, Jeremiah. Üben, üben, üben.«

Sie hob eine Hand, um sich eine unbotmäßige Locke aus der aristokratischen Stirn zu streichen. »Und in fünf Jahren? In fünf Jahren, Jeremiah, *bong!*, der erste Preis.« Ein sanfter Windstoß blies dem jungen Cree einen Hauch ihres teuren Parfums in die Nase. »Die Crookshank Memorial Trophy.«

Sie drückte seine Hände ein letztes Mal und schloss mit stolzerfüllten Augen die schwere, polierte Eichentür. Jeremiah war so überglücklich, von der unbeugsamen Altmeisterin in ihre Riege hochbegabter Schüler aufgenommen worden zu sein, dass er am liebsten wieder hineingelaufen wäre und sie abgeküsst hätte.

Der junge indianische Konzertpianist in spe schlenderte den belaubten Red Deer Boulevard entlang. Seine Plastikmappe war voll mit Klavierpartituren von Bach und Chopin, und durch seinen Kopf jagten Triolen, Arpeggien und Triller. Er genoss die frische Brise, atmete tief ein und wunderte sich, dass es in der ersten Septemberwoche noch so heiß sein konnte. Denn oben am Mistik-See hatte sein Vater, der sich stets beklagte, bereits mit den ersten Vorboten der Winterstürme zu kämpfen, und die Handschuhe, in denen seine Hände stecken, waren mit Eiskristallen überzogen.

Er konnte sich des Verdachts nicht erwehren, versehentlich auf dem Mars aus dem Zug gestiegen zu sein. Oder auf der Venus. Er ging zwar wieder zur Schule weit unten im tiefen Süden – es hätte ebenso in Florida oder Rio de Janeiro sein können –, aber er war endlich frei, befreit von den Maschendrahtzäunen und abendlichen Ausgehverboten, die ihn um neun Uhr ins Bett verbannten, befreit vom geschmacklosen Internatsessen, befreit von Nonnen und Ordensbrüdern – und Priestern –, die jede Bewegung, jeden Gedanken, jedes Körpersekret beobachten, befreit vom Redeverbot mit Mädchen.

Allerdings gab es hier keine Mädchen, mit denen er hätte sprechen können. An seiner Schule mochten tausend gewesen sein, doch sie waren alle Weiße; keine von ihnen sprach Cree. Die Freude über seine neu gewonnene Freiheit begann gerade zu verblassen, als er einen orange-silbernen Bus erspähte, der die Straße heraufgeholpert kam. Er lief auf ihn zu.

Jeremiah setzte sich aufrecht, den Blick geradeaus, und versuchte den Eindruck zu vermitteln, als sei er auf dem Weg irgendwohin –

zu einem Abendessen mit befreundeten Rockmusikern, ins Kino mit einer üppigen Blondine oder auch nur zu einer Bingopartie mit seiner Mutter –, obwohl er in Wirklichkeit überhaupt kein Ziel hatte. Ihn erwartete nichts anderes als ein Kellerraum im Norden der Stadt, in dem ein Bett, ein Schrank und ein ramponiertes Klavier standen. Seine Vermieterin erlaubte ihm, in ihrer Küche zu essen und das Badezimmer zu benutzen, mehr nicht. Und was würde er am Abend tun? Klavier spielen. Was würde er morgen, am Samstag abend, tun? Oder an den restlichen Abenden der Woche? Klavier spielen.

Sein einziger Trost war, dass es ihm nicht schwerfallen würde, sein tägliches Übungspensum zu erfüllen und folglich »der beste Scheiß-Pianist in ganz Winnipeg« zu werden; die indianischen Worte klangen in seinen Ohren wie die verschlüsselte Botschaft eines Geheimagenten. Das war *die* Idee! Er würde einen imaginären Freund erfinden, der die Weißen beschattete und ihm in der Sprache, die nur sie beide konnten, Bericht erstattete.

Er dankte Gott für das, was er von seinem Vater über das Alleinsein gelernt hatte: wie man allein Zeit zubrachte, ohne dass einem dabei zum Weinen zumute war, und wie man diese Zeit nutzte, um über den Weg nachzudenken, den man im Leben einzuschlagen gedachte, und seine Seele von äußeren – oft auch schädlichen – Einflüssen reinwusch.

Jeremiahs Vater brach oft von einem Tag auf den anderen auf, um seine Runden durch weit entfernte Regionen seines Jagdgebiets zu machen, und ließ Frau und Kinder mit genau so viel zurück, wie sie bis zu seiner Rückkehr zum Überleben brauchten. Um seine Kinder zu ernähren, stapfte Abraham Okimasis durch mannshohe Schneewechten, durch Eisstürme, die Licht und Leben auslöschten, und durch Temperaturen, die einen Menschen binnen fünfzig Sekunden in einen Eisblock verwandelten. Tage, manchmal Wochen später tauchten seine Schlittenhunde verschwommen am anderen Ende des Sees auf, an dem die Familie in diesem Winter gerade lebte. Sein Schlitten war dann mit Pelzen gefüllt – Nerz, Biber und Bisam –, deren Verkauf in den Wintermonaten die einzige Lebensgrundlage für die Cree-Indianer im Norden darstellte.

Jeremiahs Vater erzählte seinen gespannt lauschenden Kindern, wie er mit dem grimmigen Nordwind aneinander geraten war, wie ihm eine Kiefer auf der Heimfahrt den richtigen Weg gewiesen und ihnen allen damit das Leben gerettet hatte, wie ihm das Polarlicht im Traum die Wahrheit zugeflüstert hatte. Sein Herz lachte, seine Seele jauchzte, und der Himmel schenkte ihm ein Lächeln. Die Zeit, die man allein verbringt, sagte er ihnen mit all diesen Worten, sind die wertvollsten Momente, die ein Mensch während seines kurzen Daseins auf Erden erlebt.

»Schon, Vater«, wollte Jeremiah von der hintersten Sitzreihe des sich rasch füllenden Busses einwenden, »aber du hast uns nie beigebracht, wie man Zeit allein inmitten einer halben Million Menschen verbringt. Hier leuchten keine Sterne in der Nacht, und die Bäume schweigen.«

Die Gerüche verschmolzen zu einem Gemisch aus Kohlenmonoxid, siebzehn Sorten Parfum, Aftershave und Kölnischwasser und Atem, der nach Steak, Hähnchenleber, Zwiebeln, Knoblauch, verfaulten Zähnen und Mundwasser mit Pfefferminzgeschmack roch. Dazu jede Menge verklebter Achselhaare. Zu viel Menschen auf begrenztem Raum. Der Bus bog in die North Main Street ein.

Die Nacht hatte die Dämmerung ausbluten lassen; das Licht aus tausend Neonadern fleckte den grauen Asphalt der Straßen und Gehwege, die Wände heruntergekommener Gebäude. Der Verkehr verlangsamte sich zu einem schwerfälligen Kriechen. Die Bürgersteige begannen sich zu winden. Durch die Ritzen unter schmutzigen Eingangstüren sickerte Countrymusik – blechern, billig, banal. Türen gingen auf und zu, auf und zu. Aus ihren dunklen Mäulern stolperten Männer und Frauen, die allesamt dunkle Haut, dunkles Haar und dunkle Augen hatten – wie Jeremiah – und alle besinnungslos betrunken waren – anders als Jeremiah. Hatte der Musikschüler dieses Szenario nicht schon einmal vor Augen gehabt? Auf einer großen Abbildung mit Tunnels und Höhlen und verbotenen Vergnügungen? Er beugte sich vor, um festzustellen, ob hinter den schwingenden Türen vielleicht Kreaturen mit Hörnern und Dreizack zu sehen waren, die lachend einen Indianer nach dem anderen in die Flammen schleuderten.

»Du verdammter Scheißkerl!«, schrie eine Frau unbestimmbaren Alters, als sie krachend auf der Motorhaube eines geparkten Autos landete und zu Boden rutschte. »Das kannst du nicht mit mir machen!«, kreischte sie. »Das ist mein Land, ist dir das eigentlich klar?« Mit Mühe kam sie wieder auf die Beine, indem sie sich an einer Parkuhr festhielt; ihr Mantel war aus weißem, vom Alter vergilbtem Polyesterpelz.

Vor der geöffneten Eingangstür stand ein tätowierter, bierbäuchiger Zyklop mit Bart, schmierigen Haaren und heller Haut und brüllte: »Und das ist meine Bar, verstanden? Meine Bar! Wenn du noch einmal hier reinkommst, reiß ich dir deine Scheiß-Augen aus deinem hässlichen Scheiß-Schädel!«

Der Bus fuhr weiter, auf einen Palast zu, der auf einem nächtlichen Meer trieb und verführerisch schimmerte: eine vierstöckige Fassade aus Glas und Beton, riesenhafte Kronleuchter, karmesinrote Teppiche, geschwungene, silberne Buchstaben über dem Eingang – die Jubilee Concert Hall. Wie Ameisen scharten sich die Leute um die Kartenschalter. Zwischen ihnen und Jeremiahs Bus hing hinter Plexiglas ein Plakat, auf dem ein exotisch aussehender Mann mit ovlivfarbenem Teint an einem Flügel zu sehen war.

Heute Abend!
Vladimir Ashkenazy
Russischer Starpianist
Mit dem Winnipeg-Symphonieorchester
Klavierkonzert in e-moll von Frédéric Chopin

Auf hohen, weißen Absätzen gefährlich schwankend näherte sich die indianische Frau im verschmutzten, weißen Polyesterpelz dem aufgeklappten Flügel.

Ein Auto, das aussah, als gehörte es nach Kalifornien zwischen Brandung und Sonnenuntergang, kam angefahren: ein offenes, weißes Cabriolet mit glänzendem Chrom, in dem vier Jugendliche mit gegelten Haaren und obszön gespreizten Beinen lümmelten, lachten, rauchten und aus Flaschen irgendwelchen Alkohol tranken.

»Hey, Baby«, riefen sie der indianischen Polyesterprinzessin zu, »wie wär's mit einer ausgiebigen Spritztour?«

Darauf folgte ein Wortgeplänkel, aus Jeremiahs Perspektive eine Pantomime. Die Prinzessin stieg in den offenen Wagen, und der Bus fuhr weiter.

Jeremiah gab sich Mühe, den Zwischenfall zu vergessen. Bis er eine Woche später ein Foto der Frau auf der letzten Seite der *Winnipeg Tribune* zu entdecken glaubte: Die unbekleidete Leiche von Evelyn Rose McCrae, der lange verschollenen Tochter vom Mistik-See, war in einem Außenbezirk der Stadt im Straßengraben gefunden worden. Eine zerbrochene Bierflasche steckte wie eine Rose tief in ihrer blutüberströmten Vagina. Jeremiah wollte die Szene melden, die sich in Mr. Ashkenazys Flügel gespiegelt hatte. Doch die Polizei von Winnipeg schenkte den Beobachtungen fünfzehnjähriger Indianerjungen wenig Beachtung.

In jenem Jahr übte Jeremiah in Mrs. Slotkins Keller Klavier, bis seine Finger bluteten.

13

»Woran denkst du, *nigoosis*?« Abraham Okimasis stand am Bug seines blauen Kanus und holte ein Netz ein. Meter um Meter triefendes blaugrünes Nylongeflecht tauchte aus der Tiefe auf. Der Fischer breitete die rautenförmigen Maschen aus, in denen sich die glitzernde Augustsonne fing, und packte eine zappelnde Forelle, die sich in dem Gewirr aus hauchdünnen Fäden verheddert hatte.

»Sohn?«, wiederholte er. Gabriel blickte auf und sah den zappelnden Fisch in der Hand seines Vaters, den Schlaghaken im schimmernd weißen Bauch, einen Blutspritzer. »Wird dir Birch Lake fehlen?«

Gabriel sah in die lachenden Augen seines Vaters – meinte er es ernst? Schwer zu sagen – und hätte zu gern gefragt: »Warum sollte mir Birch Lake fehlen?« Stattdessen formten seine Lippen ein leises »*mawch*«, nein.

»*Taneegi iga*?«

»Weil ...«

Abraham warf den sterbenden Fisch in die Holzkiste zu Gabriels Füßen, die in Gummistiefeln steckten.

»Der Priester«, fuhr Abraham fort, »der die Schule leitet, wie heißt der gleich wieder?«

»Lafleur. Pater Lafleur.«

»Immer wenn deine Mutter und ich Pater Bouchard fragen, wie es dir und Jeremiah ergeht, sagt er uns, dass Pater Lafleur sich gut um euch kümmert und eurer Zukunft deshalb nichts im Wege steht.«

Gabriel wandte seinen Blick wieder dem unermesslich tiefen Wasser zu. Als er mit den Fingern die bleierne Oberfläche berührte, kräuselte sich sein Spiegelbild. Obwohl die letzte Begegnung mit dem Priester schon zwei Monate zurücklag, konnte er noch immer seinen fleischigen Atem riechen, süßen Honig schmecken und Jesu harten, nackten Silberkörper spüren. Wie viele der vierhundert Jungen, die während seiner neun Jahre in Birch Lake gekommen und gegangen waren, konnten ihn nicht riechen, diesen Geruch, konnten ihn nicht schmecken, diesen Geschmack?

»Weißt du, *nigoosis*«, die Stimme des Fischers hallte wie der Balzschrei des Eistauchers über dem stillen See, »die katholische Kirche hat unser Volk gerettet. Ohne sie wären wir heute nicht hier. Sie ist der einzig wahre Weg, um zu Gott zu sprechen, um ihm zu danken. Jede andere Religion führt geradewegs in die Hölle, das ist so sicher wie das Amen in der Kirche.«

Und in diesem Moment wurde Gabriel bewusst, dass er in Eemanapiteepitat, ja im Norden überhaupt, fehl am Platz war. Er würde zu Jeremiah in den Süden gehen, auf der Stelle. Er durfte nicht länger warten.

»Ho-ho!«, lachte Abraham, als er die nächste silbrige Forelle knapp unter der Wasseroberfläche schimmern sah. Gabriel blickte auf. Er würde ihn vermissen, diesen liebenswerten alten Mann. In der unendlichen Weite hinter dem Familienoberhaupt, fünf Meilen hinter der Grenze zur Provinz Saskatchewan, schwebte die Insel Neechimoos frei in der Luft.

Die Pelzkönigin küsste den Karibujäger sanft auf die Wange, wirbelte mit ihm durch die Lüfte und landete dann butterweich auf einem Stapel zusammengelegter Kleidungsstücke in einem dunkelbraunen Koffer aus Kunstleder. Mariesis Okimasis, die auf dem Boden ihres neuen, sonnendurchfluteten Zweizimmerhauses kniete – die pastellfarbenen Sperrholzwände und der weiße Linoleumboden ihrer Blockhütte verschwanden langsam aus ihrer Erinnerung –, hatte entdeckt, dass ihr jüngster Sohn beinahe seinen Abzug von dem berühmten Porträt ihres Mannes zurückgelassen hätte. War das nicht das Brummen des Wasserflugzeugs, das kam, um ihn mitzunehmen? Schon wieder?

Als sie Schritte hörte, drehte sie sich um. Da stand Gabriel, in goldenes Licht getaucht, und drehte zwischen Daumen und Zeigefinger – hellrosa, blasslila, violett – eine Weidenröschenblüte. Wie hübsch er doch war!

Flankiert von seinen Eltern, schlenderte Gabriel die gelbliche Sandstraße entlang, die zu der neuen, eine Meile hinter dem Dorf gelegenen Start- und Landebahn führte. Sie gingen an drei Weißen vorüber, die an einem Neubau arbeiteten, neben dem drei fertige Häuser standen. Ein Stück weiter half eine schnatternde Schar Männer, Frauen, Kinder, Hunde und Amseln Kookoos Cook, sein Hab und Gut aus seiner geliebten alten Blockhütte in das erste Haus aus Sperrholz zu tragen.

»Lass die Schule sausen, mein Sohn«, sagte Mariesis und bemühte sich, nüchtern zu klingen. »Bleib zu Hause bei uns.«

Kookoos Cooks alte, braune Couch kämpfte sich durch die zersplitterte Zarge der Eingangstür zu seiner Einzimmerhütte, während Slim Jim Magipom und Big Bag Maskimoot unter ihrem unerbittlichen Gewicht ächzten. Oben drauf hockte, nicht zu übersehen, Kookoos Cook im Schneidersitz und versuchte, aus einer Tasse dampfenden Tee zu trinken.

Oft und immer wieder hatte Onkel Kookoos in den letzten zwei Jahren über das Bebauungsprogramm geflucht, das *Sooni-eye-gimow* »diesem hier Reservat hier« aufoktroyiert hatte – die neuen Häuser waren nichts weiter als Pappschachteln mit Sperrholzwänden, die so dünn waren, dass man seinen Nachbarn furzen und an Februarmorgen das Eis wegschlagen hören konnte. Als der Tag des Umzugs nahte, drohte Kookoos Cook, sich »wie ein gewöhnlicher Knastbruder« an seinem Holzofen festzuketten. Allerdings hatte er – »gottverdammter Mist!« – vergessen, dass er seine rostige alte Kette beim Pokern verloren hatte.

»Ich muss zu Jeremiah«, erwiderte Gabriel nach einer längeren Schweigepause, die Kookoos Cook und sein widerspenstiges Sofa verursacht hatten.

»Seit deinem fünften Lebensjahr warst du ständig weg. Im Januar wirst du fünfzehn. Bei Jeremiah ist es zu spät. Aber du, du bist doch unser Jüngster.«

Die Straße endete an der Lichtung, auf der sich die Rollbahn befand. Wie jedes Gebäude im neuen, aufstrebenden Eemanapiteepitat, bestand auch das Terminal aus Sperrholz. Die rote, zweimotorige Twin Otter, die Gabriel nach Smallwood Lake bringen sollte, wo er den Zug nach Süden nehmen würde, stand auf der Kiesrollbahn, für die erst im Sommer zuvor mit Kookoos Cooks Hilfe der Wald gerodet worden war. Männer aus dem Dorf stiegen aus dem Flugzeug; einige luden Kisten mit Whisky aus, einige fielen in den Dreck, andere machten ihrem Missmut lauthals Luft.

Als Gabriel sich auf einem Sitz am Fenster niederließ, sah er, wie Annie Moostoos geschwind einem Mann auswich, der mit einer leeren Whiskyflasche herumfuchtelte und ihr den letzten Zahn aus dem Mund zu schlagen drohte. Sie brachte sich in dem Nebengebäude aus Sperrholz in Sicherheit, das windschief am Terminal lehnte. Der Mann war kurz davor, die Tür aus den Angeln zu reißen, als Annies schwielige, braune Hand auftauchte und sie zuzog.

»Sag Jeremiah, er soll auf deine Geldbörse aufpassen. Wie man hört, wimmelt es in Winnipeg nur so von Gaunern«, rief ihm sein Vater durch die offene Tür lachend zu.

Mariesis' wettergegerbtes ovales Gesicht tauchte neben dem ihres Mannes auf. »Er hat nur Unsinn im Kopf«, sagte sie und klopfte ihm liebevoll auf die Schulter. »Sag Jeremiah, dass ich ihm nie wieder Karibu-*arababoo* koche, wenn er am Sonntag nicht zur heiligen Kommunion geht. Hast du mich verstanden?«

Als der Pilot die Motoren auf Touren brachte, sah Gabriel, wie seine Eltern neben dem Terminal Arm in Arm an einem Pfosten lehnten und traurig winkten. Direkt hinter ihnen, die Hände in die Hüften gestemmt, stand Pater Bouchard. Und hinter dem Priester stolperten lärmende Trunkenbolde auf der gewundenen Straße zurück ins Dorf.

Annie Moostoos' knochiger Brustkorb lugte aus dem Nebengebäude, und mit Luchsaugen spähte sie erst nach links und dann nach rechts, wie ein Jäger, der die Fährte eines Schneehuhns aufgenommen hat. Nachdem sie zu der Überzeugung gelangt war, ihren Zahn wieder einmal gerettet zu haben, trat sie genau in dem Moment heraus, als ihr ein Windstoß die klapprige Tür an den Kopf schleuderte. Und schon lag sie am Boden, leblos wie ein Toter vom Vortag.

14

»*Tansi.*«

Jeremiah hielt den Atem an. In den zwei Jahren, die er in dieser Stadt verbracht hatte und so einsam gewesen war, dass er in regelmäßigen Abständen mit dem Gedanken spielte, den gesamten Vorrat an Anginatabletten seiner Vermieterin zu schlucken, hatte er das Dröhnen des Verkehrs über seine Muttersprache siegen lassen.

»Sag das noch mal.«

»*Tansi*«, wiederholte Gabriel. »Bedeutet ›hallo‹ oder ›wie geht's dir?‹ Kannst du dir aussuchen.« Er grinste krampfhaft. »Wieso? Ist Cree hier auch verboten?«

Wie merkwürdig Jeremiah aussah. Er sprach abgehackt, und der Ausdruck in seinen Augen glich einem Buch in einer fremden Sprache. Selbst seine Kleidung wirkte unnatürlich, zu neu, zu ordentlich, als gehörte sie einem Toten in einem Sarg.

»Es ist nur ... deine Stimme. Sie ist so ... so tief.« Jeremiah konnte es kaum fassen: Gabriels Größe, seine breiten Schultern, die sechs oder sieben Bartstoppeln an seinem Kinn. Er sah nicht aus wie knapp fünfzehn, sondern eher wie achtzehn.

»Hat dir Mom ein Glas von ihrem legendären Karibu-*arababoo* für mich mitgegeben?«, erkundigte sich Jeremiah, als sie Arm in Arm durch die Bahnhofstüren hinaus in das weiße Licht des Morgens tanzten. Gabriels marineblaue Windjacke, sein rotkariertes Flanellhemd, sein ganzer Körper duftete nach dem Rauch von Lagerfeuern, nach grünen Fichtenzweigen, nach taunasser Rentierflechte.

»Nein«, meinte Gabriel. »Sie behauptet, Stadtkinder essen kein Fleisch von wilden Tieren.«

»Ja, richtig.« Jeremiah verdrehte die Augen. »Jetzt erzähl doch mal, wie läuft's denn so in Eemanapiteepitat?«

»Annie Moostoos hat sich von der Tür des Flughafenterminals erschlagen lassen.«

»Von der Tür des Terminals? Na, so was.«

»*Tapwee!* Wir haben jetzt einen Flughafen. Onkel Kookoos hat letztes Jahr geholfen, den Wald zu roden. Er prophezeit, dass die Düsenjets, ehe man sich's versieht, dort wie die Fliegen auf der Kuhscheiße landen werden.«

»*Neee, nimantoom.*« Jeremiahs Lachen klang so unbeschwert wie das Zwitschern des Regenpfeifers im Frühling. Denn zwei junge Crees – nicht einer, sondern zwei – tanzten, hüpften, schwebten die Broadway Avenue hinunter, stolperten über das Cree des anderen, rappelten sich wieder auf und lachten, stolperten, rappelten sich wieder auf und lachten.

»Das Einkaufszentrum«, sagte Jeremiah, als er früh am nächsten Morgen die Hand auf die Klinke der großen Glastür legte, »wurde in Winnipeg erfunden.« Zwar war diese Behauptung völlig aus der Luft gegriffen, aber wenn er Gabriel schon in die Rituale des Großstadtlebens einweihte, dann sollte es ein unvergessliches Erlebnis bleiben, selbst wenn er dafür die Grenzen zwischen Wahrheit und Mythos verwischen musste.

Die zarten Saiten von hundert Violinen rauschten über sie hinweg wie ein lauwarmer Sommerwind, und zwanzigtausend Neonröhren blendeten sie mit ihrem Gesumm. Vor ihnen lag das Polo-Park-Einkaufszentrum, das dem Altarraum einer Kirche für Titanen glich. Gabriel seufzte: ein Geschäft neben dem anderen, und das auf mindestens drei Meilen, sofern er die Entfernung richtig einschätzte. Und diese Menschenmassen! Man hätte fünfzig Leute aus Eemanapiteepitat in diesen Raum stecken können und immer noch Platz für eine Herde Karibus gehabt. Und dazu dieses Aufgebot an Luxusgütern – ein Paradies auf Erden.

»Das wird Wochen dauern«, flüsterte er mit zittrigen Knien.

»Was wird Wochen dauern?« Jeremiah vergewisserte sich, dass sich die Augen des armen Jungen noch an ihrem Platz befanden.

»Das Einkaufen. Wir werden Wochen dazu brauchen.«

»Nicht, wenn dir *Sooni-eye-gimow* nur zweihundert Dollar Kleidergeld bewilligt.«

»*Anee-i ma-a?*« Gabriel zeigte auf ein Paar hellbraune, kniehohe Lederstiefel im Schaufenster, die so spitz waren, dass ein Tritt den Gegner schwer verletzt hätte.

»Möchtest du aussehen wie ein Zuhälter?«, spottete Jeremiah.

Kunden, die Berge von Einkäufen schleppten, gingen an ihnen vorüber, und ihre Spiegelbilder schwammen über die deckenhohen Schaufenster wie fette Karpfen durch eine schilfige Bucht.

»Was ist ein Zuhälter?« Naiv wie ein Fünfjähriger trippelte Gabriel hinter Jeremiah her, der auf das passende Geschäft zusteuerte.

»Ein Zuhälter«, erklärte der ältere Bruder, als spreche er von der Kanzel herab, »ist ein Mann, der Frauen verkauft, die solche Schuhe tragen«, und deutete auf buntes Schuhwerk mit Absätzen, die so spitz waren, dass ein Stachelschwein blass vor Neid geworden wäre.

Gabriel spähte argwöhnisch durch die Scheibe. Wie konnten Menschen in so absonderlichen Gebilden überhaupt stehen? »Man kann eine Frau verkaufen?«

»In Städten passiert das dauernd«, klärte ihn Jeremiah beiläufig auf. »Es ist dasselbe, wie Fleisch verkaufen. Komm schon, wir müssen dir was Anständiges zum Anziehen besorgen. In diesen Lumpen siehst du aus, als wärst du gerade aus dem Dschungel gekrochen.«

»Ich bin nicht gekrochen«, widersprach Gabriel beleidigt. »Ich bin mit dem Flugzeug gekommen. *Und* mit dem Zug.« Jeremiah packte Gabriel am Ärmel und tauchte tief in die Eingeweide des Ungetüms ein.

Schlichte, flache Halbschuhe zwinkerten Gabriel zu, der ihre dezenten Annäherungsversuche jedoch zurückwies, da sie ihm zu schlicht, zu nüchtern waren. Wenn Absätze in der Höhe von Kaffeebechern nicht zu empfehlen waren – Cowboystiefel waren ohnehin unerschwinglich –, kamen vielleicht sportlichere Schuhe mit knallroten oder blauen Streifen an der Seite in Frage. Zu leger, entschied Jeremiah verächtlich; die Klassenzimmer der Highschool für Weiße waren schließlich keine *gymnasia*, keine Turnhallen.

»Und«, wollte der zunehmend verzweifelte Gabriel wissen, »was tragen die Jungs in der Stadt dann für Schuhe?«

Jeremiah erläuterte, dass weiße Jungen dunkle Halbschuhe anhatten, zu denen sie Socken trugen, die so weiß waren wie Schnee.

Als hundert Violinen Sirenen gleich auf heimtückischen Sandbänken dreist ein Ave-Maria anstimmten, begannen Socken Gabriel zuzuwinken, deren Farben, Webart und Material sein Herz flattern ließen. Er hatte zum Beispiel noch nie etwas von Argyle-Socken gehört und war schockiert, als er erfuhr, dass Argyle ein schottischer Graf gewesen war, der auf dem Schlachtfeld das Blut seiner Feinde getrunken und anschließend deren Kinder verspeist hatte. Die Legende war von solcher Brutalität, dass Gabriel ein mit diesen tragischen Strickwaren gefülltes Regal mit einem Fluch belegte. Dafür bekundete er seine Vorliebe für einen Sechserpack Socken aus einem Baumwoll-Synthetik-Gemisch, die so weiß waren wie Schnee. Die drei farbigen Streifen am Bund würde man natürlich nicht sehen, doch allein die Tatsache, dass sie da waren, würde sein Selbstbewusstsein stärken, erklärte Gabriel in gedämpftem Cree. Darüber hinaus bestand er darauf, ein Paar davon gleich auf dem Heimweg zu seinen nagelneuen graubraunen Glattleder-Halbschuhen zu tragen, und ließ deshalb seine fleckigen, fast durchgelaufenen Fallschirmjägerstiefel und seine übel riechenden Holzfällersocken bei der gut gelaunten, wasserstoffblonden Verkäuferin zurück. Die Brüder gingen zur Tür hinaus und kicherten wie Hausfrauen aus Eemanapiteepitat bei einer abendlichen Bingopartie.

Bei Fishman's gingen sie an endlosen Reihen dunkler Anzüge vorbei, die sie an Priesterversammlungen in Fußballstadien von olympischen Ausmaßen erinnerten. Das *t* in Eaton's hielten sie fälschlicherweise für ein Kruzifix, versäumten es, aus dem Lift auszusteigen, und landeten zwischen Ständern mit Damenunterröcken, die auf Nonnen warteten, die sich von Gott getrennt hatten. Wäre nicht ein Mannequin im weißen Fuchspelz erschienen, das »*ootee-si*«, »hier entlang«, flüsterte, wären die Brüder womöglich noch für Transvestiten gehalten worden.

Als sie Liberty's Fashion »für den modebewussten Mann« betraten, drehte sich wegen der stickigen Luft im Einkaufszentrum in

Gabriels Kopf alles im Kreis, und die unbarmherzige Beleuchtung machte ihm derart zu schaffen, dass er steif und fest behauptete, die Unterwäsche bei Liberty's besitze eine Seele, und er könne ihre Halbschatten einem Heiligenschein gleich leuchten sehen.

Jeremiah hatte jedoch mit seinen eigenen Visionen zu kämpfen. »Erinnerst du dich noch an die Geschichte von Tante Black-eyed Susan?«, fragte er beunruhigt, während sein Herz nach ihrer Begegnung mit dem Cree-sprechenden Mannequin noch immer heftig pochte. »Die von dem neuen Pelzmantel des Wiesels?« Vielleicht konnte ein Abstecher in die Cree-Mythologie solch übernatürliche Phänomene ja entzaubern.

»Meinst du die, in der Weesageechak in Gestalt eines Wiesels auf die Erde kommt?« Gabriel stieß auf einen weißen Stanfield-Herrenslip und inspizierte ihn mit solcher Hingabe, dass der missmutige, bebrillte Verkäufer Sabotage witterte und die Nasenflügel blähte. »Und das Wiesel kriecht dem Weetigo in den Arsch?« Gabriel steckte einen Finger durch den Eingriff.

»Ja ...« Jeremiah konnte sich ein heftiges Lachen nicht verkneifen. »Um das schreckliche Ungeheuer zu töten.«

»Und als es wieder herauskommt, ist sein weißer Pelz mit Scheiße beschmiert«, sagte Gabriel und ließ den Slip auf einen Stoß himmelblauer Boxershorts fallen.

»Weißt du«, sagte Jeremiah plötzlich nachdenklich, »auf Englisch wäre eine solche Geschichte undenkbar.«

»Das Wort ›Arsch‹ ist im Englischen eine Todsünde. Das hat mir Pater Lafleur einmal bei der Beichte gesagt.« Gabriels Stimme klang verschwörerisch.

»Dasselbe hat er auch über ›Scheiße‹ gesagt.«

Gabriel stürzte auf die andere Seite des Ganges zu einem Sortiment hautenger Jockey-Shorts – ohne Loch zum Pinkeln. Als er sich für drei schwarze Shorts des Designers Alberto Bergazzi entschied, stimmte ein Ständer mit Krawatten »O Sole Mio« an.

Bei Wrangler's zwängte Gabriel seinen gelenkigen Körper in Jeans, die so eng waren, dass Jeremiah Bedenken anmeldete. Der schwarze Glattledergürtel mit großer Silberschnalle von Popeye's kostete keine zehn Dollar. Bei Sanderson's schloss Gabriel ein rotes

Baumwollhemd mit perlweißen Knöpfen ins Herz. Bei Jack & Jill's dagegen hatte es ihm zu Jeremiahs Erstaunen eine Baseballjacke aus blauer Seide mit gestreiften Strickbündchen angetan.

In jedem Geschäft tanzte Gabriel buchstäblich in die Kleidungsstücke hinein. Wenn er sich vor den Spiegel stellte, geschah das weniger, um sich an seinem Anblick zu weiden, als um Pläne für seine »Winnipeg-Jahre« zu schmieden. Seine alte Garderobe sammelte sich wie abgestoßene Haut in bunten Einkaufstaschen an. In Aldo's Friseursalon hatte sich nach vollbrachter Tat – entsprechend seinen Vorstellungen, nicht denen von Bruder Stumbo – sein Erscheinungsbild so grundlegend verändert, dass Jeremiah seinen Bruder für einen Rockstar mit dunklem Teint gehalten hätte, wäre er nicht selbst Zeuge der Verwandlung geworden.

Daraufhin gelangten sie in den Bauch des Ungetüms – ein gewaltiger, brodelnder Klumpen aus hundert Restaurants. Noch nie zuvor Hatte Gabriel solche Mengen Essen gesehen. Oder solche Mengen von Menschen, die Essen in sich hinein schaufelten und kauten und schluckten und rülpsten und schaufelten und kauten und schluckten und rülpsten, als nähmen sie an einem apokalyptischen Abendmahl teil. Die Welt war ein einziger riesiger, weit geöffneter Schlund, der ketchuptropfende Hamburger verschlang, fettglänzende Pommes frites, Hot Dogs, Chicken Chop Suey, Spaghetti mit Fleischklößchen, Käsecracker, Coca-Cola, Root Beer, 7-Up, Eiscreme, Roastbeef, Kartoffelpüree und noch mehr Hamburger, Pommes frites ... Das lärmende Kauen erstickte jedes andere Geräusch und war so übermächtig, dass sich die Brüder der schmatzenden Menge anschlossen, noch ehe die Uhr zwei schlug.

»Warum hat Weesageechak den Weetigo getötet?«, fragte Gabriel und spülte einen Brocken blutiges Rindfleisch mit einem Schluck eisgekühltem Orangensaft hinunter.

»Ich erinnere mich nur noch daran, dass der Weetigo getötet werden musste, weil er Menschen aß«, entgegnete Jeremiah über ein Stück Pizza hinweg. »Weesageechak kaute die Eingeweide des Weetigo zu Brei. Von innen nach außen.«

»Igitt«, sagte Gabriel mit gespieltem Ekel und biss in ein sahnebeladenes Stück Schwarzwälder Kirschtorte.

Sie aßen so viel, dass ihre Bäuche zu platzen drohten. Sie tranken so viel, dass ihre Blasen durchhingen. Bestimmt gab es in diesem Restaurant auch irgendwo eine versteckte Toilette. Gabriel machte sich auf die Suche.

Im gleißenden Licht, inmitten schneeweißer Fliesen und dem Geräusch tropfenden Wassers, das aus fernen Winkeln kam, stand ein Mann. Er war gut eins achtzig groß, kräftig gebaut, hatte braunes Haar, braune Augen und helle Haut. Ergriffen von Gabriel Okimasis' kühler Schönheit stand er da, und hielt in der Hand eine Weidenröschenblüte, so leuchtend hellrosa und blasslila, dass Gabriel den Blick nicht abzuwenden vermochte, und was er sah, war Verlangen. Denn Odysseus' Sirenen hatten begonnen, »*Love Me Tender*« zu singen, und der indianische Adonis konnte auf den Knospen seiner Zunge warmen Honig schmecken.

Die Brüder Okimasis stürzten sich in das bronzefarbene Licht des Spätnachmittags.

»›Mein Mantel!‹, jammerte das Wiesel. ›Mein schöner weißer Mantel ist voller Scheiße!‹« Gabriel setzte die Legende von Weesageechak fort, während das Bild eines bestimmten Mannes mit einem leuchtenden Weidenröschen in der Hand mit angenehmer Beharrlichkeit vor seinen Augen tanzte.

»Da Gott Mitleid mit dem glücklosen Schwindler hatte«, sagte Jeremiah bedächtig, »tunkte er ihn in den Fluss, um seinen Mantel zu waschen. Doch er hielt ihm am Schwanz fest, so dass die Spitze schmutzig blieb.«

»›Und bis zum heutigen Tag‹, wie Tantchen sagen würde«, kam Gabriel seinem Bruder zuvor, »›ist der Mantel des Wiesels weiß bis auf die Schwanzspitze.‹« Voller Freude, dass sie sich noch immer an die zensierten Cree-Legenden ihrer boshaften Tante Black-eyed Susan erinnern konnten, tanzten die Brüder Okimasis auf dem Bürgersteig.

Hinter ihnen ragte grau und seelenlos das Einkaufszentrum in den Himmel, das Hinterteil eines Ungetüms, das seine Exkremente ausstößt, nachdem es sich selbst verschlungen hat.

15

»Gegen Ende des fünfzehnten Jahrhunderrrts« – Jeremiah fand Herrn Schwarzkopfs deutschen Akzent derart unerträglich, dass er dem alten Mann am liebsten das Maul gestopft hätte – »setzten Spaniens Könige, Ferrrdinand und Isabella, jene Bewegung in Gang, die den katholischen Glauben – und den chrrristlichen Glauben im Allgemeinen – nach Amerika brrrachte.« Jeremiah saß an einem Holztisch neben dem Fenster und beobachtete die wabbelnden Hängebacken des grauhaarigen, kauzigen Lehrers. »Allerdings ging zu jener Zeit in der katholischen Kirrrche nicht alles mit rrrechten Dingen zu«, räumte Herr Schwarzkopf ein, wie eine Klatschbase, die verleumderische Gerüchte verbreitet, »denn selbst als die Missionare tiefer und tiefer in die Neue Welt eindrrrangen ...«

»Eindringen der Missionare«, schrieb der siebzehnjährige indianische Schüler in sein Notizheft, »1492.«

»In ganz Europa zeichnete sich ab, dass die Kirrrche bald in zahlrrreiche diverrrgierende und verfeindete Splittergrrruppen zerrrfallen sollte. Marrrtin Luther machte nur den Anfang.« Herr Schwarzkopf hielt inne, holte ein riesiges rotes Taschentuch aus seiner Brusttasche hervor, hielt es an seine stattlichen hanseatischen Nasenlöcher und schnäuzte sich mit einer Lautstärke, die vor Jeremiahs Augen das Bild einer ganzen Schiffsflotte im Hafen von Danzig heraufbeschwor.

Geräuschlos ging die Tür auf, und ein Mädchen mit glatten, schwarzen Haaren, die bis hinab zu ihrer schlanken Taille reichten, schlüpfte herein. In einer Hand hielt sie einen Packen Schulbücher, und über ihrer Schulter hing eine perlenbesetzte Hirschlederhandtasche mit Fransen. Unter all den blassen Gesichtern im Klassenzimmer wirkte sie dunkel wie Schokolade. In Jeremiahs Innerem zog sich etwas zusammen. Mit einem kaum wahrnehmbaren Nicken dirigierte Herr Schwarzkopf das Mädchen zu dem einzigen freien Sitzplatz und setzte seinen Unterricht fort.

»Deshalb ist es kein Zufall, dass auch die Hexenverbrrrennungen in diese Epoche fallen.« Speichel tropfte von seinen Lippen. »Jede Frrrau, die man der Ketzerrrei verrrdächtigte, wurde bei lebendigem Leib auf dem Scheiterhaufen verbrrrannt. Neun Millionen Frrrauen – sssst! Wie Hot Dogs.« Je schauriger die Fakten, desto mehr Gefallen schien Herr Schwarzkopf daran zu finden. Dass hin und wieder auch ein Mann wegen Hexerei verbrannt worden war, ignorierte er und erwartete das offensichtlich auch von seinen Schülern. »Die spanische Inquisition war ein mächtiges Werkzeug der katholischen Kirrrche, die ...«

Zu hören – und zu spüren –, wie sich der Neuankömmling nicht weit hinter ihm auf dem freien Stuhl niederließ, versetzte Jeremiah in Alarmbereitschaft: Lag es daran, dass dieses junge – und ohne Zweifel indianische – Mädchen ihn mit seiner Herkunft konfrontierte, die er schlichtweg verleugnete, seit er Woche für Woche vom Bus aus die Betrunkenen in der North Main Street sah, und dass er sich schon seit geraumer Zeit einbildete, seine Haut sei weiß wie Pergament? Wie sehr hatte er daran gearbeitet, sich in einen perfekten »verpflanzten Europäer« zu verwandeln – nur um zu überleben. Plötzlich spürte er Wut in sich aufsteigen, sah sich aus dem Gleichgewicht gebracht, und um seine Ängste zu zerstreuen, kritzelte er gedankenlos, empfindungslos in sein Notizheft: »Neun Millionen Frauen verbrannt. Lebendig. Und sie hatten es verdient.«

Der Kadaver lag blutig schimmernd auf Gabriels Tisch, die Gliedmaßen ausgebreitet, als hätte man ihn ans Kreuz genagelt, die Eingeweide Ekel erregend zur Schau gestellt. Täuschte er sich oder schlug das Herz des Ferkels noch leicht? Gabriel rümpfte die Nase und stocherte mit seiner Pinzette in dem Organ herum. Als er sie wieder herauszog, hing an der Spitze aus rostfreiem Stahl ein Tropfen geronnenen Blutes.

»Die Prostata«, erklärte Mr. Armstrong, dessen breite Schultern in einem weißen Hemd steckten, und beantwortete damit eine Frage, die irgendjemand im Raum gestellt hatte, »ist die größte der vier Drüsen des Fortpflanzungssystems im männlichen Körper. Ihre Hauptaufgabe ist es, eine Flüssigkeit zu produzieren, die, zusammen mit anderen Substanzen, die Samenflüssigkeit bildet.« Dreißig fünfzehnjährige Jungen und Mädchen rutschten in gespannter Erwartung hörbar auf ihren Stühlen hin und her. Was würden sie als Nächstes über Samenflüssigkeit erfahren? Was gab es noch über das so überaus wichtige Sperma zu sagen? »Die Prostata befindet sich unmittelbar unter der Blase und umschließt die Harnröhre, auch Urethra genannt, wie ein Ring. Auch wenn sie noch so klein und armselig aussieht – bei diesem Exemplar ist sie allerdings auch noch nicht vollständig ausgebildet –, hat sie eine komplexe Funktion und ist daher unentbehrlich. Ohne sie wäre ein männliches Wesen nicht männlich.«

Gabriel, dessen Hände in Latexhandschuhen steckten, nahm den kleinen Klumpen aus Fleisch, Blutgefäßen und Knochen genauer unter die Lupe und machte sich auf die Suche nach dieser Drüse, der solch mystische Bedeutung nachgesagt wurde. Er stocherte in der Umgebung der Blase, der Harnröhre und der Genitalien herum und war verblüfft, dass etwas so verschwindend Kleines eine so wichtige Rolle spielen konnte.

»Und wir alle«, fuhr Mr. Armstrong mit Bedacht fort, »das heißt, die Männer unter uns, haben eine Prostata.«

Gabriel stocherte weiter im Blut herum.

Und das ist es, dachte er, was sie trinken, die Priester, wenn sie ihre heilige Kommunion zelebrieren. Männliches Blut. Er wandte den Blick ab. Das ist es, was sie essen, meine Mutter und mein Vater, wenn sie den Leib Christi in den Mund nehmen. Geballte Männlichkeit. Er stellte sich vor, wie er den toten Schweinefötus im Ganzen in den Mund nahm und hinunterschluckte. Bei dem Gedanken würgte es ihn.

Um sich abzulenken, richtete er den Blick auf Mr. Michael Armstrong – er war um die dreißig, hatte rostrotes Haar und haselnussbraune Augen – und sah ihm dabei zu, wie er mit geübter Hand die

Kreide über die Tafel gleiten ließ. Und er dachte an die Prostata dieses Mannes, an seine geballte Männlichkeit. Diese war beträchtlich, vor allem die frivole und doch anmutige Wölbung seines Gesäßes, die sich weiter unten in seinen muskulösen und doch grazilen Schenkeln fortsetzte – ein Anblick, der ihn so ablenkte, dass es sich auf seine Biologienoten auswirken würde.

Was stimmte nicht mit der geballten Weiblichkeit, die das Dutzend junger Frauen um ihn herum mit solcher Dreistigkeit zur Schau trug, dass sie ihn vollkommen kalt ließ? Er konnte Pater Bouchards Worte durch die sonnendurchflutete Kirche von Eemanapiteepitat schweben hören: die Einheit von Mann und Frau, die Einheit von Christus und seiner Kirche.

Wie ein Stiefel, der gegen eine verschlossene Tür tritt, trampelte ein schreckliches Schuldgefühl auf seinem Herzen herum. *Mea culpa, mea culpa, mea maxima culpa.* Mit einem Mal überkam ihn das heftige Bedürfnis, in die Arme seiner Mutter zu laufen und sich zu verstecken, in ihren Schoß zurückzukriechen und noch einmal von vorne anzufangen. Er hörte, wie sein Vater ihn nach Hause rief: »*Weeks'chiloowew!*«

Nachdem die Glocke geläutet hatte, herrschte im Klassenzimmer ein Durcheinander aus Bewegung und plappernden Stimmen.

Gabriel schlüpfte lustlos in seine Baseballjacke und schlurfte den Korridor hinunter. Auf was konnte einer wie er sich freuen? Er hatte keinen Freund, keinen einzigen Bekannten, außer Jeremiah, der nichts anderes tat als Klavier spielen. Schnatternde Teenager rannten mit ihren Schulbüchern an ihm vorbei, die Türen von Kleiderspinden knallten. An einer Tür hing ein knallorangerotes Plakat mit dicken, schwarzen Lettern. In einem Boot stand in Mann mit Hut und tauchte eine Stange in etwas, das aussah wie Wasser.

Gilbert und Sullivan: *Die Gondolieri*
Vorsprechen am 12. und 13. November

»Was ist los?« Gabriel, völlig überrumpelt, hatte keine Antwort parat. »Hast du was auf dem Herzen?« Mit jedem Monat verschwand die indianische Sprachmelodie mehr und mehr aus Jeremiahs Englisch.

Unter den letzten Nachzüglern war die dunkelhäutige neue Schülerin mit der Wildlederhandtasche. Sie warf den Brüdern einen kurzen Blick zu, und die Brüder warfen ihr einen kurzen Blick zu. Dann war sie verschwunden.

»Jeremiah, ich will nach Hause.«

»Gut, ich begleite dich.«

»Nein. Nach Hause. An den Mistik-See.«

»Gabriel, ich habe zwei Jahre gebraucht, um mich daran zu gewöhnen. Du kannst dich nicht einfach aus dem Staub machen wie ...«

»Wir gehören nicht hierher«, erwiderte Gabriel scharf. »Zweitausend Kinder und ...«

»Spiel Fußball, Basketball, mach Bodybuilding, irgendwas. Versuch einfach, dir die Zeit zu vertreiben, sonst gehst du noch an Einsamkeit zu Grunde. Städte sind nun mal so.«

Gabriel stand schweigend da und wäre am liebsten in Tränen ausgebrochen.

»Komm mit, Gabriel. Ich kaufe dir was zum Naschen.«

16

Tick-tock, tick ... pochte das Metronom auf Mrs. Bugachskis altem, braunem Klavier. Jeremiah saß aufrecht an den Tasten und war, wie jeden Tag, ins Üben vertieft. Gabriel hatte es sich in einem Sessel bequem gemacht und starrte mit leerem Blick auf Jesus an der Wand über seinem Bruder. Polnische Ikonographie ergeht sich in grotesker Übertreibung, dachte er. Wunden und Dornenkrone waren blutüberströmt, das offen gelegte Herz war dick angeschwollen wie eine Eichel. Das Tick-tock, der Herzschlag Christi, die Standuhr in Pater Bouchards Salon in Eemanapiteepitat ...

Gabriel musste daran denken, wie er an jenem Abend im April neben seinem Vater auf der lackierten Kiefernholzbank saß und der Priester dem Jäger taktvoll klarmachte, dass seiner jüngeren Schwester, der hitzigen, halsstarrigen Black-eyed Susan Magipom, ein Platz in der Hölle gewiss war, weil sie ihren Mann, auch wenn er sie misshandelt haben mochte, verlassen und es gewagt hatte, mit einem anderen Mann zusammenzuziehen. Umgang mit dieser Frau zu haben, ehe sie zu ihrem rechtmäßigen Gemahl zurückgekehrt war und Buße getan hatte, kam einer Billigung ihrer Sünde gleich, erklärte der Priester dem Jäger, während er einen kräftigen Zug an seiner geschwungenen, schwarzen Pfeife tat. Gabriel war gerade fünf Jahre alt, als Abraham Okimasis, dieser beispielhafte Vater, Ehemann und Weltmeister, aufhörte, mit seiner Schwester zu sprechen. Da sie in einer von der Außenwelt abgeschnittenen Gemeinde mit sechshundert Einwohnern lebten, waren Mariesis und ihre Kinder gezwungen, die eine oder andere List anzuwenden, um den Kontakt mit ihr aufrecht zu erhalten: hier ein verstohlenes Lächeln und ein geflüstertes Wort, dort eine Tasse Tee hinter verschlossenen Türen. Ausnahmen waren, wann immer Abraham mit seinem ältesten Sohn, William William, auf die Jagd ging, die nächtlichen, tabakseligen Pokerpartien.

Gabriel sah das silberne Kruzifix auf der schwarzen Soutane des Priesters baumeln. Was war dran an diesem nackten, an Holzbalken genagelten Mann, das ihn so unruhig werden ließ?

Tick-tock, tick ...

Das Biologiebuch lag aufgeschlagen auf Gabriels Schoß, ungelesen, der Fernsehschirm war leer, Jeremiahs endlos wiederholte C-Dur-Tonleiter verhallte ungehört. Gabriel fand einfach keine bequeme Sitzposition; sein Körper schrie nach Bewegung, wollte diesem erdrückenden, überladenen Zimmer entfliehen. Jeremiah hatte keine andere Unterkunft gefunden, wo er Tag für Tag fünf Stunden lang in die Tasten hämmern konnte, ohne die Vermieterin in den Wahnsinn zu treiben – Mrs. Bugachski war so gut wie taub. Warum sollte er seinen Bruder am Freitag abend besuchen, wenn dieser ihm keinerlei Beachtung schenkte? *Tick-tock, tick ...*

Der orange-silberne Bus, in dem nur noch fünf Fahrgäste saßen, hielt gegenüber der Jubilee Concert Hall und ließ eine einsame Gestalt auf dem Bürgersteig zurück. Das Theater glitzerte wie der Stirnreif einer kosmischen Königin.

Gabriel schaute die North Main Street entlang. Ihre sechsundzwanzig Bars – dreizehn auf jeder Straßenseite – lockten ihn mit ihren Lichtern, die im abendlichen Novembersturm flackerten wie die hundert Augen eines rauchspeienden Ungeheuers. Verwahrloste, gesichtslose Gestalten verschwanden hinter Eingangstüren, andere wurden wieder ausgespuckt. Eine rot-gelbe Glocke blinzelte Gabriel zu, versuchte vergeblich zu läuten, ihr Schwingen war eine groteske Sequenz von elektronisch choreographiertem Neonlicht. »The Hell Hotel« stand auf einem Schild darüber; aufgrund eines technischen Defekts war das *B* von *Bell* offensichtlich zu einem *H* verkommen. Die Aufforderung war überdeutlich.

In dem kleinen Eingang wartete er neben einer mit getrocknetem Blut verschmierten Wand, bis eine Horde weißer Männer mit

Baseballkappen lärmend an ihm vorbeistürmte, mogelte sich dazwischen und schlüpfte unbemerkt, wie er hoffte, in die Spelunke.

Das Lokal war das reinste Tollhaus. Die Gäste scharten sich in Zweier- und Dreierreihen um eine Viezahl von Tischen und schütteten Bier und Schnaps in sich hinein, als ginge die Welt um Mitternacht unter. Inmitten einer Knäuels verlotterter Gestalten, die kaum noch als Menschen zu erkennen waren, ließ er sich auf einen Stuhl fallen, als sei das für ihn ganz normal. Vom Teppich glotzte ihn noch ein eingetrockneter Blutfleck an.

»Wo ist deine Mama, Kleiner?«, grölte eine zahnlose Hexe mit verfilzten Haaren. »Du solltest mit deinem Teddybären im Bett liegen, statt bei uns müden, alten Salteaux-Indianern rumzuhängen«, sagte sie und lachte meckernd.

»Halt die Fresse und hol ihm ein Bier«, lallte eine jüngere dunkelhäutige Frau. »Der ist doch echt süß. Hey, weißt du das eigentlich? Du bist süß.«

»Was hast du denn heute noch vor, Süßer?«, wollte eine Dritte wissen.

»Lasst ihn in Ruhe«, befahl ein Mann mit einem Gesicht voller Narben. »Er ist viel zu jung für euch.«

»Hol ihm ein Bier, verdammt noch mal! Er ist einer von uns. Er ist Indianer, Mann.« Und so kam das Besäufnis in die Gänge. Gabriel trank gehorsam ein Bier nach dem anderen, bis die Welt in einem warmen Abendrot erstrahlte, sich Schwindel erregend zu drehen begann und überschäumte. Leute kamen, Leute gingen. Gabriel lachte, wenn man ihn lachen hieß, sprach, wenn man ihn sprechen hieß, und schwieg, wenn man ihn zum Schweigen aufforderte. Und ehe er sich's versah, saß er neben einem Mann mit leuchtenden Augen und einem dichten, schwarzen Haarschopf, hörte: »Wie heißt du?« und »Was führt dich hierher?«, und warf seine Antworten unbekümmert in das tosende Gelächter und die klagende Musik. Schließlich lehnte er sich auf seinem Stuhl zurück, durchbohrte den Mann mit Blicken und aalte sich in dem Machtgefühl, das ihn überkam. Die Zeit zerrann zu einem wohlig verschwommenen Pulsen, und Gabriel stolperte hinter Wayne? Dwayne? – wie hieß er gleich wieder? – durch eine dunkle Gasse.

Ganz am Ende der Gasse meinte er – bis zu dem Tag, an dem er starb, war er sich nicht sicher – einen Berg von Körpern zu sehen, Männer, so glaubte er, junge Männer mit Baseballkappen, die einen engen Kreis bildeten um ... ja was? Aus dem Kreis drang das Ächzen eines Mannes an sein Ohr, das Wimmern und Stöhnen einer Frau; das Auf und Ab in ihrer Stimme ließ keinen Zweifel an ihrer indianischen Herkunft. Gabriel hastete an dem keuchenden, pulsierenden Haufen vorüber, um seinem neuen, geheimnisvollen Freund zu folgen.

Er glaubte, ein entblößtes Frauenbein gesehen zu haben, Jeans, die bis zum Knöchel hinuntergeschoben waren, das nackte Hinterteil eines Mannes, das sich hob und senkte. Und schon kamen Gabriel und sein Freund mit der karierten Jacke an eine Ecke und in eine andere dunkle Gasse.

Und dann spürte der Sohn des Karibujägers Lippen, die nach Stadt schmeckten, eine feuchte, lebendige Zunge auf seinem Mund, in seinem Mund, Atem, der nach Bier und Zigaretten roch. Seine Jacke war offen, sein T-Shirt nach oben geschoben, sein Hosenschlitz geöffnet, seine Männlichkeit offenbart. Die kalte Novemberluft fühlte sich an wie ein Nagel, der die Hand durchbohrte, seine Füße schienen über dem Boden zu schweben, und er sah das Blasslila und Rosa und Violett von Weidenröschen und schmeckte warmen Honig auf den Knospen seiner Zunge.

Zwei Tage später sahen die Brüder Okimasis auf der Rückseite der *Winnipeg Tribune* das Foto von Madeline Jeannette Lavoix, ehemals wohnhaft am Mistik-See. Ihre entblößte Leiche war in einer Gasse in der Nähe der North Main Street hinter einem verrufenen Hotel gefunden worden. Tief in ihrer blutüberströmten Vagina steckte wie eine Rose ein Schraubenzieher mit rotem Griff. Voller Wut musste Jeremiah an eine gewisse Rose McCrae denken. Gabriel schwieg.

Tock, tick-tick ... pochte das alte, braune Metronom, und die Finger von Jeremiahs rechter Hand gehorchten jedem Tick und Tock – C ... D ... E. Immer wieder hatte Lola van Beethoven ihm versichert, dass er durch hingebungsvolles Üben seiner Fingertechnik den magischen Anschlag eines Serkin, eines Gilels, ja sogar eines Vladimir Ashkenazy, dessen Namen er sich liebend gern auf der Zunge zergehen ließ, erreichen könne. Also, G ... F ... E ...

Nachdem er die Hälfte seines tagtäglichen Marathons hinter sich gebracht hatte, fand Jeremiah, dass er sich eine Pause mit einem eisgekühlten Ginger Ale und ein oder zwei Schokoladenkeksen verdient hatte. Die Augen von einem Heer blutender Heiliger in Mrs. Bugachskis Wohnzimmer starrten ihn an. Aus Terrakotta-Statuen, von Bildern, Untersetzern, Platzdeckchen, ja sogar von bestickten Spitzendecken und mit Schnitzereien verzierten Möbelstücken. Die weißen Satinengel auf dem Weihnachtsbaum schienen für ihn zu singen. Wenn sie doch fliegen könnten, dann würde er sie mit Säcken voller Geschenke nach Norden schicken. Schließlich hatten Gabriel und er Weihnachten zum letzten Mal vor zwölf Jahren mit ihren Eltern verbracht. Kostete es fünfhundert Dollar, die achthundert Meilen nach Hause zu fliegen? Oder gar tausend Dollar für zwei halbwüchsige Jungen? Jesus an der Wand über dem Klavier blinzelte ihm zu, und es fiel ihm wie Schuppen von den Augen. Vor lauter Aufregung bekreuzigte sich Jeremiah und verneigte sich vor dem Herrn.

Vielleicht erreichte sein Geschenk Eemanapiteepitat nicht mehr vor dem Heiligen Abend, aber er konnte zumindest versuchen, es noch rechtzeitig zu Silvester zu schicken.

17

Ein Gewehrschuss durchbohrte die sternklare Nacht und hallte dreimal nach. Die Einwohner von Eemanapiteepitat, die das Krachen gehört hatten – man konnte diesen Lärm einfach nicht überhören, es sei denn, man so war taub wie die ehemalige Hebamme Little Seagull Ovary seit einigen Jahren –, duckten sich in ihren Häusern.

»Schießt euch ruhig über den Haufen«, sagte Mariesis Okimasis, als sie den geblümten Vorhang ein Stück zur Seite zog und hinaus in die nächtliche Schneelandschaft spähte. »Hoffentlich bringen sie sich gegenseitig um, diese Idioten. Dann bleibt uns wenigstens dieses gottverdammte Silvester erspart.« Nachdem der tragische Zwischenfall, den sie zu sehen gehofft hatte, ausgeblieben war, ließ sie den Vorhang wieder los und wollte sich gerade auf den Weg in die Küche machen, entschloss sich dann allerdings, doch noch einen Blick hinauszuwerfen.

»Dann sag mir bitte, warum du aus dem Fenster schaust?«, erkundigte sich Abraham mit der gespielten Entrüstung, die er so gern immer dann an den Tag legte, wenn ein Fest im Reservat außer Kontrolle zu geraten drohte und sie den Spion spielte, um der berittenen kanadischen Polizei, die am Ende doch so gut wie nie erschien, von Kindesmorden, Ehefrauenmisshandlungen und Brandanschlägen berichten zu können. »Wenn sie sehen, dass du zum Fenster hinausschaust, schießen sie dir bestimmt deine neugierige Nase aus dem Gesicht, ho-ho-ho-ho-ho.«

Abraham stand neben dem armseligen Weihnachtsbaum, an dem Popcorn, Preiselbeeren und verknitterte Papierengel hingen, und hob einen Bleistiftstummel an den Kalender, der über dem bescheidenen braunen Sofa mit Reißnägeln an der Wand befestigt war. In allen Dezemberkästchen von 1969 mit Ausnahme des letzten befand sich ein wackliges X. In dem Moment, als der Jäger mit Genugtuung ein Kreuz in dieses letzte Kästchen malte, ertönte ein zweiter Schuss, und Mariesis huschte mit angstverzerrtem Gesicht durchs Zimmer.

»*Nimantoom!*«, zischte sie. »Die haben's auf uns abgesehen! Schnell, versteck dich im Schlafzimmer, mach das Licht aus und tu so, als wären wir nicht zu Hause!«

»Wir setzen uns jetzt einfach auf dieses alte, braune Sofa«, erwiderte Abraham scharf und trampelte über die Einwände seiner Frau hinweg wie ein Elch in der Brunftzeit, »genau, wie wir es vorhatten. Und wir hören uns noch einmal das Tonband an, das Jeremiah uns geschickt hat, weil uns seine Musik gefällt und weil wir den beiden Jungen an Silvester wohl nie mehr näher sein werden, bis wir den letzten Atemzug tun.« Mit einer majestätischen Handbewegung drückte er eine Taste des Kassettenrekorders, der auf dem Couchtisch stand und den er sich eigens zu diesem Zweck vom Priester geliehen hatte, und ließ sich aufs Sofa fallen. Dünn, blechern, wie ein Kind, das im Dunkeln nach seiner Mutter weint, drang »Auld Lang Syne« aus dem Gerät. Aber wenigstens spielte Jeremiah Okimasis für seine Eltern Klavier.

Kabumm! Ein weiterer Gewehrschuss ertönte, diesmal genau vor ihrer Tür. Mariesis schrie auf. Vier schnelle, polternde Schritte auf der Holztreppe, und die Küchentür flog auf; ihre Angeln heulten vor Schmerz. Und da stand er, der Weihnachtsmann, zwar mit einer Woche Verspätung, aber immerhin.

»Schnell«, krächzte der Weihnachtsmann, »gebt mir mein Gewehr!«

»Kookoos Cook! Bis Mitternacht sind es noch vier Stunden!« Und schon entbrannte ein Streit zwischen dem Jäger und dem sturzbetrunkenen Kookoos Cook, dem das Whisky-getränkte Weihnachtsmannkostüm aus Baumwolle und billigem rotem Filz nach den siebenundzwanzig Weihnachtsfesten, die bislang in diesem Reservat getobt hatten, in Fetzen vom Leib hing. Währenddessen spielte Jeremiahs »Auld Lang Syne« getragen wie ein altes Kirchenlied weiter. Und auf höchst mysteriöse Weise für all jene, die in Cree träumen, begannen die Papierengel am Weihnachtsbaum zu singen: »Should auld acquaintance be forgot ...«

»In Eemanapiteepitat lädt Kookoos Cook gerade sein Gewehr für das große Mitternachts-Geballer«, seufzte Jeremiah. Er und Gabriel schlenderten ziellos und niedergeschlagen die schummrige, fast menschenleere Portage Avenue entlang, die mit Fichtenzweigen, bunten Lichtern und breiten, roten Kunststoffbändern geschmückt war. Aus den klobigen Lautsprechern über dem Eingang eines Geschäfts, an dem sie vorbeigingen, schallte eine holprige Orcheserversion von »Auld Lang Syne«. Es war so bitterkalt, dass sich die Brüder nicht gewundert hätten, wenn die hohen Bürogebäude in Stücke gebrochen wären.

»Es tut mir Leid, dir mitteilen zu müssen, dass Pater Bouchard diesem wilden Treiben letztes Jahr ein Ende gesetzt hat«, sagte Gabriel in pastoralem Ton, bemüht, ihre Stimmung zu heben.

»Woher willst du das wissen?«

»Hat Dad mir erzählt. Seit sie diesen kleinen Flughafen in Betrieb genommen haben, seit ...«

»... die Zivilisation?«

»... einmal täglich mit dem Flugzeug von Eemanapiteepitat aus zu erreichen ist, fließt der Alkohol wie das Blut geschlachteter Karibus, wie Dad sagen würde. Also schießen sie jetzt nicht mehr in die Luft, um das neue Jahr zu begrüßen, sondern sie erschießen sich gegenseitig.«

Das heimatlose Gespann bog in die North Main Street ein und ging Richtung Norden. Gabriel hatte sich überlegt, Jeremiah ins Hell Hotel zu locken – nein, nicht ins Hell Hotel, schließlich gab es noch fünfundzwanzig andere Bars. Egal, wo sie landeten, auf jeden Fall würden sie sich betrinken, wie das die Menschen in der Stadt am schönsten Abend des Jahres eben taten. Ein Stück rechts vor ihnen zog der riesige Konzertsaal seine prächtige Braue hoch. Doch bevor Jeremiah sich daran weiden konnte, musste sein Blick an den Lichtern des indianischen Vergnügungsviertels vorbei, ein Anblick, der ihn bis in seine Träume verfolgte.

»Mom sperrt Onkel Kookoos' Winchester jedes Jahr an Silvester so lange in ihren Schrank, bis er sich wieder beruhigt hat«, fuhr Gabriel mit seiner Erzählung fort. »›Ich werde auf gar keinen Fall zulassen, dass Kookoos Cook diese abscheuliche, verlotterte Jane Kaka vor meiner Haustür umbringt‹, sagt sie.« Er hüpfte über einen festgetretenen Schneehaufen.

Wie eine Galeone auf dem nächtlichen Meer tauchte, zunächst nur als Silhouette, eine Gestalt aus dem silbrigen Zwielicht auf und stieg die Betontreppe hinauf, die sich zum Eingang des Theaters emporschwang. Sie trug einen prächtigen, pelzbesetzten Umhang aus schwarzem Samt, der in Falten bis zum Boden fiel, und Diamanten funkelten, als sie ungeduldig die Straße entlangsah. Wartete sie auf einen Ehemann, einen Freund, einen Geliebten?

»Also.« Gabriel holte tief Luft. »Gehen wir was trinken?« Er hoffte inständig, dass seine Frage so beiläufig klang wie ein schlichtes »Wie geht's?«

Doch Jeremiah stand wie angewurzelt auf dem Bürgersteig und starrte auf den Eingang des Leland Hotels auf der anderen Straßenseite. An der Wand lehnte eine Frau, fast noch ein Kind, einsam, verlassen. Über ihrem Kopf schwebte ein Heiligenschein aus blutrotem Neonlicht. Sie trug eine dünne, blaue Windjacke, und zwischen ihrem Minirock und den braunen Wildlederstiefeln waren ihre nackten Beine zu sehen. Die blassblaue Rose in ihrem Haar schien zu beben, so zitterte sie. Sie war schwanger, im fünften oder sechsten Monat. Als ein Schrotthaufen von einem Auto anhielt, dessen Federn unter dem Gewicht junger weißer Männer auf der Suche nach einem Abenteuer ächzten, taumelte sie ein wenig. Konnte das auf dem Fahrersitz Rob Bailey sein, der Footballstar aus seiner Klasse?

»Hey, Süße«, ertönte Rob Baileys durchdringende Stimme schmeichelnd in dem Strudel aus Licht. »Du siehst aus, als könntest du ein paar Streicheleinheiten gebrauchen.« Evelyn Rose McCrae und Madeline Jeanette Lavoix erschienen und hielten Wache bei ihrer minderjährigen Schwester mit der erbärmlichen Plastikrose. Jeremiah überkam das Verlangen, über die Straße zu rennen, das Bedürfnis zu schreien: »Geh weg! Geh zurück in die Bar! Geh nach Hause, geh irgendwohin, aber bleib nicht hier!«

»Jeremiah!« Das war Gabriels Stimme. »Was ist los, Jeremiah?« Kaum ging Gabriel einen Schritt auf ihn zu, rauschte die Frau im nachtschwarzen Samtumhang wie ein Windstoß die Treppe herunter.

In eine Parfumwolke gehüllt, blieb sie direkt vor Gabriel stehen, und ihre haselnussbraunen Augen leuchteten. In ihrem glühenden Blick lag Bewunderung. Für seine Schönheit? Seine Anmut? Dann kam eine schlanke Hand aus ihrem Umhang hervor und steckte Gabriel einen kleinen rosafarbenen Umschlag zu.

»Was zum Teufel sollte das?« Jeremiah stand jetzt neben ihm. Gabriel riss den Umschlag fast mittendurch. Er enthielt zwei Streifen aus glitzerndem Papier. »Zeig her!« Jeremiahs Stimme glich einem Bellen. Im Halbdunkel lasen sie: »Silvestergala mit dem Royal Winnipeg Ballet, 31. Dezember 1969, 22 Uhr.«

Noch ehe die Brüder Okimasis ans Weiteratmen dachten, glitten sie aufgeregt und noch ganz fassungslos durch die großen, gläsernen Eingangstüren der Jubilee Concert Hall.

»Einen Moment, bitte, meine Herren«, hielt eine strenge Männerstimme von hinten sie auf. »Es tut mir Leid, aber Sie brauchen Eintrittskarten, um da hineinzugehen.«

»Ganz recht.« Spöttisch hielt Gabriel dem Türsteher die Karten unter die Nase.

Auf seinen pfirsichglatten Wangen breitete sich heftige Röte aus. Gabriel hätte ihn am liebsten auf die kirschroten Lippen geküsst.

18

Jeremiah stand im Foyer im zweiten Stock und starrte auf einen Bösendorfer-Konzertflügel, auf dem sich das Licht eines Kronleuchters von der Größe eines Raumschiffs spiegelte. Davor saß mit steifem Rücken ein wachsbleicher, wie ein Priester aussehender Herr, dessen knochendürre, mit Leberflecken übersäte Finger zitternd über die Tasten flogen, als wäre er an Parkinson erkrankt. Wie dem auch sei, dachte Jeremiah, Chopins »Harfenetüde« klang trotzdem wie ein plätscherndes Bächlein im Mondlicht einer Frühlingsnacht.

Hinter ihm stand Gabriel und starrte mit offenem Mund auf die Tische, die unter der Last von Speisen ächzten. Da er noch nie Garnelen probiert hatte, wollte er damit anfangen. Umgeben von Satinrascheln, dem Klirren von Champagnergläsern, dem Gelächter und Geplauder der Anwesenden – alle taten, als existierte er gar nicht –, bediente er sich. In der nächsten halben Stunde kostete er, ohne auch nur eine Sekunde Pause zu machen, geröstetes Weißbrot mit Büffelfleischpaté und Wildterrine, geräucherte Forelle mit Roten Beten und Maisbrot, mit Kaninchenfleisch gefüllte Frühlingsrollen und süßsaure Birnen sowie marinierte Wachteln vom Grill.

»Der Norden von Manitoba?« – ein Gesprächsfetzen, der die Aufmerksamkeit der Brüder irgendwann fesselte. »Reif für die Ernte«, sagte eine Stimme mit gekünsteltem südlichem Akzent.

»Die letzte Grenze!«, posaunte ein Nachbar. »Unbewohnt.« Die Brüder wechselten verstohlen einen fassungslosen Blick. »Oder so gut wie unbewohnt.«

»Kieran-Watson hat bereits in Diamanten investiert«, warf ein Dritter ein. »Die suchen nördlich des Mistik-Sees doch schon seit drei Jahren nach Bodenschätzen, oder?« Das also hatten sie auskundschaften wollen, diese aufgeblasenen, behaarten Kerle, die der Familie Okimasis in diesem Sommer am Nameegoos-See über den Weg gelaufen waren.

»Diamanten?«, meinte der erste Gentleman kichernd. »Nach Uran sollte man suchen oder nach Erdgas ...«

Das nördliche Manitoba des Geschäftsmanns im Smoking verwandelte sich auf wundersame Weise: Minen am Nordende des Nameegoos-Sees spukten Diamanten aus, an den Ufern des Kasimir-Sees sprudelten Ölquellen, und am Mistik-See gab es Uran in Hülle und Fülle – im Vergleich dazu waren die Nickel-, Gold- und Kupfervorkommen in Smallwood Lake, Thompson und Flin Flon geradezu lächerlich. Es wimmelte von Pipelines, Wolkenkratzern und Autobahnen, und der Churchill River war ein Leviathan, der halb Nordamerika mit Licht und Wärme versorgte. Die Träume der Jungen überschlugen sich: Vor ihren Augen erschienen Cree-Indianer, die so reich waren, dass sie jedes Wochenende nach Las Vegas zum Blackjack-Spielen fahren konnten, nach Rio de Janeiro zum Karneval oder von heute auf morgen nach Disneyland, um Mickey Mouse »*Kimoosoom Chimasoo*« beizubringen, Kookoos Cooks Lieblingslied; Chopins Arpeggien waren belanglos geworden, und aus Gabriels heißhungrigem Schlingen gedankenverlorenes Kauen – die Familie Okimasis lebte in einem Palast mit siebenunddreißig Zimmern, Abraham besaß eine ganze Flotte von Yachten, Mariesis schwamm in Pelzen und Perlen, Jeremiah war stolzer Besitzer eines Bösendorfer-Konzertflügels und Gabriel fuhr im Cadillac zum Konzertsaal in Eemanapiteepitat, wo er nach Herzenslust Kaviar aß (eigentlich konnte er ihn nicht ausstehen, aber er war eben in Mode). Das einundzwanzigste Jahrhundert, glorreich und golden, war in ihrer Heimat, dem Land ihrer Väter, bereits angebrochen.

Plötzlich bemerkten die Jungen, dass sie beide ein Champagnerglas in der Hand hielten und das Foyer fast leer war. Aus ihren Träumen gerissen, stießen sie auf die glänzende Zukunft ihrer Heimatstadt an: »Fröhliches Jahr! Fröhliches Jahr! wie Kookoos Cook sagen würde.« Dann rempelten und stolperten sie in den riesigen Konzertsaal.

Die Brüder Okimasis hätten freie Sicht auf die Bühne gehabt, wäre nicht ein Haarschopf im Weg gewesen, hoch aufgetürmt und so erbarmungslos mit Haarspray gefestigt, dass man ihn für einen Brocken Lavagestein hätte halten können. Doch welche Rolle spielte das schon, wo sie doch wie Prinzen in ihren roten Plüschsesseln thronten, ganze sieben Reihen von der Bühne entfernt!

Als knapp unterhalb des Bühnenrands eine hostienförmige Glatze auftauchte, nahm Gabriel an, dass hier ein Handwerker oder Hausmeister in letzter Minute noch Hand anlegte. Aber der Hausmeister trug einen Smoking, und als er sich vor dem Publikum verneigte, wurde er mit geziertem Applaus und Beifallsrufen überschüttet. Jeremiah klatschte lautlos mit und murmelte vor sich hin, um möglichst wenig Aufmerksamkeit zu erregen. Als Gabriel seinen Bruder raunen hörte, brummelte er ebenfalls höflich. Als der kleine, glatzköpfige Mann ein Stöckchen den Kopf hob, rechnete Gabriel fest damit, dass er jeden Moment einen Zaubertrick vorführen werde, aber er zog keinen weißen Hasen aus einem Zylinder. Stattdessen herrschte mit einem Mal ehrfürchtiges Schweigen.

Als sich das Stöckchen wieder senkte, ertönte die verschlungene, durchdringende Klage eines Fagotts. Dann setzte das Vibrato von Streichern ein und legte sich wie Tau auf das hinreißende Legato des Holzblasinstruments. Jeremiah ahnte, dass sich unterhalb der Bühne ein Orchester verbarg, und beugte sich zu Gabriel hinüber, um ihn über diese neuen Umstände zu unterrichten. Gerade wollte er ihn über die genaue Instrumentierung der Anfangstakte von Ludislav Buchynskis *Prism, Mirror, Lens* aufklären, als die beleibte Matrone vor ihm den Kopf drehte, Jeremiah über ihre Otter-Stola hinweg mit einem stählernen Blick erdolchte und gereizt aufseufzte. Dabei grinsten die niedlichen Gesichter der Tiere die Jungen an, als wären sie sich schon einmal begegnet. Der rote Vorhang ging auf.

Zunächst lag die Bühne im Dunkeln. Nachdem sich das Gurren einer Altflöte um das gehaltene As des Fagotts geschlungen hatte, enthüllte wässrig schimmerndes Licht eine Traube von Tänzern, die mit gesenkten Köpfen und leblos herabhängenden Armen dastanden. Als Pauken und Kontrabässe wie ein fernes Gewitter zu donnern begannen, geriet die in Grau gehüllte Masse in Bewegung. Ein

Paar Arme nach dem anderen richtete sich auf, die Körper lösten sich voneinander und der Tanz begann. Dann hob sich der blaue Dunstschleier, und Sterne sprenkelten den Himmel; die Polarlichter hatten ihren Weg in den Saal gefunden. Unter ihnen, zwischen ihnen, mit ihnen schwärmten fünfzehn Tänzer aus, gruppierten sich neu, schwärmten aus und gruppierten sich neu. Ihre Füße trotzten der Schwerkraft, ihre Schritte waren so unberechenbar wie der Wind.

Jeremiah fand die Darbietung bald eintönig, da sich die Tänzer ihrer Schönheit zu sehr bewusst waren und zu großen Wert darauf legten, bewundert zu werden. Das Spiel des Lichts an einem Himmel voller Sterne war eher nach seinem Geschmack. Doch letzten Endes zog ihn die Musik in ihren Bann. Er schloss die Augen, um sie besser genießen zu können. Doch was dann wie ein Traum aus der tiefen Finsternis seiner Blindheit auftauchte, war das Neonlicht über dem Leland Hotel und das »o«, das über dem hochschwangeren indianischen Mädchen schwebte. Herabfallender Schnee ließ sie durchsichtig erscheinen, ätherisch, und der voll entwickelte Fötus in ihrem Bauch schimmerte. Das Kind löste sich aus ihrem Schoß und purzelte, scheinbar endlos, hinab auf ein Bett aus zerbrochenen Bierflaschen und spitz zugefeilten Schraubenziehern. Die Scherben kamen näher und näher. Und plötzlich bohrten sie sich Jeremiah in die Leisten, immer und immer wieder.

Aufgewühlt und angewidert öffnete er die Augen und verdrängte die Vision. Dann schielte er zu Gabriel hinüber, darauf gefasst, dass dieser ungeduldig hin und her rutschte oder schon eingenickt war. Doch sein Bruder war hellwach.

Takt für Takt, Schritt für Schritt hatte der Tanz Gabriel zuerst verführt und dann umarmt. Die Tänzer lösten sich aus ihrem Kreisel, wirbelten herum und beschrieben mit den Armen kunstvoll Figuren in der Luft, alle zusammen ein lebendiges Ganzes.

In einem atemberaubenden Glissando erhob sich eine Oboe über das Orchester und sang eine Folge flackernder Halbtöne, die klangen wie das Wehklagen alter Cree-Indianerinnen bei der Totenwache. Während Trompeten mit arhythmischem, disharmonischem Kreischen die Luft durchbohrten, setzten Pauken und Bässe zu einem bebenden Donnern an.

Die Arme wurden zu einem wogenden Meer aus Geweihen. Der dreijährige Gabriel Okimasis kauerte auf einem moosbewachsenen Felsen, und das Durcheinander von Geweihstangen und der warme Atem von tausend tosenden, trampelnden Tieren stupste ihn an, küsste ihn wie die Zunge eines Liebenden. Und sie flüsterten: »Komm mit uns, Gabriel Okimasis, komm mit uns ...«

»Und«, fragte Jeremiah, »was meinst du?«

Gabriel, der in seinem Sitz versunken war, starrte mit glänzenden Augen auf den geschlossenen Vorhang.

19

Stolz wie ein Pfau thronte Marie Antoinette, Königin von Frankreich, auf einem Stuhl und sah in ihrem rosaroten, mit weißen Rüschen gesäumten Reifrock aus, als säße sie in einem Schaumbad. Um die Schultern trug sie einen Hermelin, und ihr ausdrucksloses Gesicht verschwand fast unter einer gepuderten Perücke und einer Krone, die an einen Klipper unter vollen Segeln erinnerte. Hinter ihr stand die legendäre Guillotine, daneben ein verängstigter Referent.

»Und diese Frau, die mit ...«, Jeremiahs Zunge war dick und schwer, als wäre sie betäubt worden, »die mit ... äh, die mit dem größten Silberlöffel im Mund geboren wurde, den es in der westlichen Welt je gegeben hat« – für diesen Anlass hatte er seine kanadisch-englische Aussprache so lange geübt, bis ihm die Zunge weh tat – »wollte diese Theorie beweisen.« Niemals zuvor hatte er vor einem ganzen Raum voller weißer Menschen sprechen müssen. Er konnte hören, wie sie betreten auf ihren Stühlen hin und her rutschten, was zweifellos an seiner hinterwäldlerischen Unbeholfenheit lag.

»Während Frankreich am Verhungern war, aß die Königin Kuchen. Wenn ich ... wenn ich ...« Er verfluchte den sadistischen Herrn Schwarzkopf wegen seiner extravaganten Vorliebe für das, was er *Teatro-Verismo*-Referate nannte. »Äh, wenn ich Kuchen essen würde, während ihr Stroh und gekochte Sch-Sch-Schuhsohlen essen müsstet und nicht einmal eure Miete be-bezahlen k-k-könntet, was würdet ihr dann machen? Mit mir?«

Herr Schwarzkopf hatte endlich Erbarmen und richtete seinen eisigen deutschen Blick auf die zwölfte Klasse, in der er Geschichte unterrichtete.

»Also?«

»Dir den Kopf abschlagen«, erwiderte der Sportler Rob Bailey mit unverhohlenem Desinteresse.

»Genau.« Jeremiah steckte den Kopf der Königin von Frankreich in die Miniatur-Guillotine und zog heftig an der Schnur. Die mit Magneten und Radiobatterien beschwerte Rasierklinge sauste herunter und schlug mit einem dumpfen Geräusch auf. Der dürre Hals der unseligen königlichen Puppe platzte auf, und Blut schoss heraus. Zwei Spritzer landeten auf Jeremiahs Stirn. Schallendes Gelächter ertönte. Und hielt an.

»Theorie bewiesen: Auch auf Silberlöffel ist nicht immer Verlass.« Letztlich war Jeremiahs Referat doch noch zu dem erheiternden Spektakel geworden, das er so gewissenhaft und sorgfältig vorbereitet hatte. Es gab Beifall. Rob Baileys hämisch gestottertes »Krie-Krie-Kriegsbemalung!« ging unter. Dafür holte der Sohn des Karibujägers, dessen Selbstbewusstsein aufgeblüht war, zu einem letzten Schlag aus. »Und sie war nicht die Einzige.« Seine Aussprache hatte sich in den letzten Wochen deutlich verbessert, und er wollte, dass alle es mitbekamen. »Denn Hunderte von Köpfen rollten, während ...«, er wischte sich über die Stirn, spürte den Schweiß, und seine Stimme begann zu beben, »während der sicherlich grausamsten und blutigsten Epoche ...«, er senkte die Hand, sah den Ketchup und beneidete Marie Antoinette plötzlich, »der blutigsten Epoche in der Ge ... schichte. Der Welt.« Seine erste Inszenierung war eine einzige Blamage.

»Da bin ich anderer Meinung«, durchschnitt eine tiefe, sonore Stimme den Lärm. Das Gelächter verstummte. Köpfe drehten sich blitzartig.

»Ja, Amanda? Und inwiefern stimmen Sie mit Mister Okimasis' interrressantem Vorrrtrag nicht überein?«

Amanda Clear Sky, ein dunkelhäutiges indianisches Mädchen, achtzehn Jahre alt, erhob sich von ihrer Bank, so dass jeder sie sehen konnte.

»Es gab viele blutige Epochen in der Geschichte der Menschheit.« Ihre unerschrockene Stimme hatte einen wütenden Unterton. »Etliche davon haben sich direkt hier in Nordamerika zugetragen.«

Nachdem Jeremiah den Mut aufgebracht hatte, ihren Blick zu erwidern, spürte er ein Brennen in den Augen. »Zum Beispiel?«

»Zum Beispiel der ›Zug der Tränen‹ der Cherokee.« Ihr Englisch war lupenrein, nicht die Spur eines Akzents. »Zum Beispiel das Massaker bei Wounded Knee, die Pockenepidemien, alle möglichen Gräueltaten, die am indianischen Volk verübt wurden. War denn die Kolonisation Nordamerikas nicht ebenso blutig wie die Französische Revolution?«

»Schon, Miss Clear Sky«, eilte der tattrige Lehrer Jeremiah zu Hilfe, »aberrr das ist norrrdamerikanische Geschichte. Wir befassen uns hierrr mit europäischerrr Geschichte ...«

»Hugh! Prinzessin Pocahontas hat gesprochen.« Vorne in der zweiten Reihe gab Rob Bailey den Ton an. Derselbe Rob Bailey, der, wie Jeremiah glauben wollte, in dem Auto gesessen hatte, das an Silvester vor dem Leland Hotel angehalten hatte. Die Glocke läutete.

Zwischen Wut und Verlegenheit hin und her gerissen, kauerte Jeremiah vor seinem Spind und wühlte ziellos darin herum, als Amanda Clear Sky aus dem Klassenzimmer stolzierte, in dem Herr Schwarzkopf seine Geschichtsstunde gehalten hatte.

»Also, du willst damit sagen ...« Amanda zuckte zusammen, als ihr der warme Sprühregen seiner Worte ins Gesicht schlug. »Du willst damit sagen, dass Indianer nichts über den Rest der Welt erfahren sollten, stimmt's?«

»Nein«, erwiderte Amanda, ohne stehen zu bleiben. Ihre Wildlederhandtasche schaukelte heftig hin und her.

»Dass sich ihre Geschichtskenntnisse auf ihr eigenes Volk beschränken sollten?«, fuhr Jeremiah fort.

Amanda blieb so plötzlich stehen, dass Jeremiah fast mit ihr zusammengeprallt wäre. Ihre Augen befanden sich nur wenige Zentimeter tiefer als seine, und ihr Atem roch nach Kaugummi, rosa und mit Kirschgeschmack.

»Du solltest nur nicht vergessen, dass auch wir eine Geschichte haben, das ist alles.« Sie ging weiter. »Ich hab dir einen Gefallen getan. Glaub mir.«

»Einen Gefallen? Ach, komm. Du hast doch nur versucht, mich lächerlich zu machen.«

»Hör zu.« Amanda drehte sich abrupt um. »Welchen Sinn hat es, jemand sein zu wollen, der man nicht ist? Du und ich und dein kleiner Bruder, wir sind die einzigen Indianer an einer Schule mit zweitausend Kindern weißer Eltern. Wir dürfen uns von ihnen nicht alles gefallen lassen.«

»Was meinst du damit?«

»Verstehst du denn nicht? *Die* haben dich lächerlich gemacht, nicht ich. Du hast so ...« Ihre Stimme wurde mit einem Mal sanft. »So ...«

»So was?«

»Hilflos gewirkt.« Sie drehte sich um und ging.

Sollte er diesem Mädchen hinterherlaufen und sich für ihre freundliche Unterstützung bedanken oder sollte er sich irgendeine unblutige Rache ausdenken? Er begann wieder herumzuwühlen, konnte sich aber nicht mehr erinnern, wonach er suchte. Da hörte er Schritte.

»Bis später!«, rief Gabriel ihm im Vorbeilaufen zu.

»Gabriel! Warte, Gabriel!«

Gabriel hob eine billige Sporttasche hoch. »YMCA.«

»Ich muss mit dir reden.« Ich muss mit irgendjemand reden, hätte es genauer getroffen. Und mit wem hätte er sonst reden sollen? Mit Mrs. Bugachskis Klavier?

Gabriel drehte sich nervös, ja beinahe ängstlich lächelnd um. »Bodybuilding«, zirpte er, spannte seinen Bizeps und verschwand.

20

»Und zweite Position und zwei und *plié* ...« Miss Churleys stählerne Stimme durchschnitt die Luft wie eine Rasierklinge. Im hinteren Teil des Tanzstudios befolgte Gabriel ihre strengen Kommandos; er griff an die Stange, drückte das Becken nach vorn, beugte die Knie und war überrascht, wie überaus schmerzhaft eine so einfache Bewegung sein konnte. Dennoch war er froh, nicht mehr nur zuzusehen, sondern tatsächlich teilzunehmen.

Die Streifenhörnchen vor ihm waren so niedlich, dass er am liebsten durch ihre Reihen getrippelt wäre und in jede kleine, runde Backe gekniffen hätte. Doch neben der Tür saßen die Mütter und sahen ihren Töchtern mit nickenden Köpfen und verklärten Augen zu. Und so hielt er die rechte Handfläche nach oben, als wollte er herausfinden, ob es regnete, und streckte den Hals so weit, dass er sich fragte, wann sein Kopf an der Decke anstoßen würde.

»Und dritte Position und zwei und drei ...«

In ihren rosafarbenen Gymnastikanzügen und Ballettschuhen sahen die Miniatur-Ballerinen aus wie Zuckerwatte, und die Haarknoten auf ihren Köpfen glichen umgedrehten Eicheln. Sie streckten sich bis ins Unendliche, und die verspiegelten Wände verhundertfachten ihre Zahl. Gott sei Dank waren es nur vierundzwanzig, dachte Gabriel schaudernd, denn sein männliches Selbstwertgefühl hatte noch nie einen so demütigenden Tiefpunkt erlebt. So sehr er sich auch bemühte, sein Spiegelbild zu meiden, es änderte nichts an der Tatsache, dass ihm die wenigsten dieser fünf- und sechsjährigen Mädchen bis zum Nabel reichten, weshalb er nicht nur aussah wie ein Weetigo, sondern sich auch so fühlte. Als ihm eine Mutter zulächelte, las er in ihrem Blick beißenden Spott; das schwarze Trikot, in dem seine gewölbte, bebende Leistengegend deutlich zutage trat, hätte einen Priester gewiß »*Weeks'chilowew!*« jubeln lassen. Dennoch machte er tapfer weiter, befolgte Miss Churleys unerbittliche Anweisungen, so gut es ging, und bewegte seinen rechten Fuß, der in einem zierlichen schwarzen Ballettschuh steckte, von der dritten Position zurück in die erste.

Die gespenstisch blasse, muskulöse, junge Frau in Jeans und weißer Bluse begann durch die wippenden Reihen zu schreiten, während die starre alte Frau am Klavier den farblosesten Walzer, den Gabriel jemals gehört hatte, endlos weiterspielte. Miss Churley blieb immer wieder stehen, um hier einen kleinen Arm oder dort ein kleines Bein zurechtzurücken, hier eine Taille, dort einen Hals, überzeugt davon, dass ihre Korrekturen eine reiche Ernte an kanadischen Pawlowas zur Folge haben würde. Je näher sie kam, desto höher reckte Gabriel den Brustkorb; es erschien angebracht, eine solche Pose einzunehmen, als die Gefahr nahte.

»Zu verkrampft, Mr. Okimasis, viel zu verkrampft! Entspannen Sie sich, das ist schließlich nicht Kung Fu.« Sie stupste seinen rechten Fuß nach innen und drehte seine Hand um. »Und Ihre Handfläche zeigt nach unten und nicht nach oben. Zum *Gitche Manitou* können Sie nach dem Unterricht beten.« Mit einem Griff wie ein Schraubstock packte sie seine Hüften und drehte sie nach außen. »Puh!«, keuchte sie, als wäre sie soeben von einem unsichtbaren Schlag getroffen worden. »Starr wie eine Matratzenfeder.« Sie schüttelte seine Arme und schlug ihm auf die Schenkel, wie eine schwedische Masseuse.

Gabriel holte tief Luft und zwang sich, eine gummiartige, elastische Stellung einzunehmen. Seine linke Hand ruhte auf der Stange, die rechte schwebte nach oben, sein Hals wuchs, seine Hüften hatten nichts mehr von Matratzenfedern. Die kleinen Mädchen in Rosa waren nur noch das Gefieder auf den Flügeln einer sagenhaften subarktischen Kreatur. Als er im Studio B der königlichen Ballettschule von Winnipeg diese neuentdeckte Sprache ausprobierte, die ihn ansprach wie bisher noch nie etwas, überwand er die Schwerkraft.

»Und zurück zu eins und drei und *plié* ...«

21

»Und jetzt eine langsame Gavotte. Reiche ihr mit einer gewissen Noblesse die Hand und nimm dabei eine nicht zu stolze, aber dennoch würdevolle Haltung ein«, leierte eine schmierige geschwätzige Männerstimme, während Streicher, Holzbläser und ein verstimmtes Klavier gegeneinander ankämpften.

Na ja, dachte Jeremiah, der sich in der Schulturnhalle mit dem müden Instrument abmühte, wenigstens haben sie mich genommen. Denn trotz der Missklänge und des amateurhaften Spiels der anderen Musiker war er begeistert, bei einem richtigen Musical mitspielen zu dürfen. Auch wenn es nur eine von der Anderson Highschool inszenierte Aufführung der *Gondolieri* war – Jeremiah hatte das Gefühl, am Broadway zu spielen. Könnte ihn Onkel Kookoos ihn jetzt bloß sehen! Er beendete die zweite Strophe mit einem kräftigen Akkord und stürzte sich in den Refrain.

Der ausgemergelte Mr. Long stach mit seiner klauenartigen linken Hand in seine Partitur und blätterte mit solchem Übereifer zurück, dass das Papier beinahe zerriss. Während er die Rechte im Viervierteltakt bewegte, als dirigierte er die Wiener Philharmoniker, streckte er die Linke so hoch in die Luft, dass Jeremiah befürchtete, sein Stützkorsett könnte entzweibrechen, und gab damit den Einsatz für den wilden Ansturm seiner noch wilderen Querflötistinnen. Die drallen Zwillinge mit ihren aschblonden Milchmädchenzöpfen und ihren rüschenärmligen bayerischen Bierzelt-Dirndln blähten die Backen wie Dizzy Gillespie und schürzten ihre Wurstlippen. Heraus kam ein Ton, der einer Luftschutzsirene alle Ehre gemacht hätte.

In dem heillosen Durcheinander der Handlung ließen sich zumindest zwei Dinge klar und deutlich erkennen: Erstens, der Pianist des Orchesters war so indianisch wie Sitting Bull, und zweitens, einer der beiden fürstlichen Gondoliere, die sich sonst glichen wie ein Ei dem anderen, war weiß wie Milch, der andere braun wie Schokolade.

Gabriel Okimasis strahlte wie eine Laterne. Er war im siebten Himmel, seine Zehen kribbelten, und sein Herz flatterte. Niemals hätte er sich erträumt, eines Tages ein Star in einer Live-Aufführung mit Beleuchtung und Strumpfhosen und Perücken und Musik und Choreographie zu sein. Instinktiv wusste er, dass das, was er tat, revolutionär, vielleicht sogar geschichtsträchtig war, mit Sicherheit aber Aufsehen erregend. Als er zum erstenmal die Bühne betrat, ging ein Raunen wie ein Stromstoß durchs Publikum. Jeremiah berichtete ihm später, dass Amanda Clear Sky die Hand vor den Mund geschlagen hatte und nur knapp einem Herzinfarkt entgangen war.

Alles war alles so schnell gegangen, dass die Gedanken in Gabriels Kopf noch immer durcheinander wirbelten wie Flocken in einer Schneekugel. Er hatte davon geträumt, im Chor mitzuwirken, die Rolle eines gewöhnlichen venezianischen Gondoliere übernehmen zu dürfen. Er hatte vier Monate lang elementaren Tanzunterricht genommen. Er war zwar kein indianischer Caruso, aber es hatte sich herausgestellt, dass er mit seiner Tenorstimme einen einfachen Ton halten konnte. Und da die Anderson Highschool nicht die Scala war, wurde Gabriel Gondoliere.

Dann erkrankte der fabelhafte, selbstverliebte Alex Brisbane an Bronchitis und stürzte Mr. Long, der die Hauptrolle des fürstlichen Gondoliere Giuseppe Palmieri jetzt innerhalb einer Woche neu besetzen musste, in einen Strudel der Verzweiflung. Mr. Long erging sich in langwierigen, nervenaufreibenden emotionalen Verrenkungen, doch Gabriel Okimasis ging taktisch äußerst geschickt vor.

In der vagen Hoffnung auf eine derartige Entwicklung hatte er von da an täglich Tanzstunden genommen, dazu einmal in der Woche Gesangsunterricht, hatte die Rolle des Marco Palmieri und auch die des Giuseppe Palmieri gelernt und sich darüber hinaus von einer Frau namens Annabella Bombolini aus der Croydon Avenue die Grundbegriffe der italienischen Sprache beibringen lassen. Und all das klammheimlich. Selbst Mr. Whiting vom Bildungsreferat des Büros für Indianische Angelegenheiten, dem Gabriel die Gebühren für diese Unterrichtsstunden abluchsen musste, hatte versprochen, niemandem etwas davon zu sagen, mit Ausnahme eines anonymen Vorgesetzten im fernen Ottawa, der ungewöhnliche Ausgaben dieser Art genehmigen musste. Die letzte Hürde hatte darin bestanden, Mr. Long im Halbdunkel seines Zimmers unter vier Augen davon zu überzeugen, dass er, Gabriel Okimasis, jüngster Sohn eines Karibujägers aus dem hohen Norden, ebenso italienisch sein konnte wie Giuseppe Palmieri. Bei dieser entscheidenden Unterredung hatte sich Gabriel, der wusste, dass er ebenso fürstlich auftreten konnte wie ein Maharadscha, von seiner besten Seite gezeigt. Mr. Long hatte nachgegeben.

Nachdem durchgesickert war, dass die Besetzung aufgrund der beschränkten Auswahl äußerst unkonventionell war, herrschte beim Vorverkauf rege Nachfrage. Bereits am Abend der Premiere waren die fünf weiteren Vorstellungen restlos ausverkauft. Schon der indianische Pianist hatte unter den Kartenkäufern für Aufsehen gesorgt und Anlass zu Spekulationen gegeben, doch ein indianisch-italienischer Gondoliere oder ein indianisch-spanischer Prinz, je nachdem, was letztlich der Fall sein mochte, überstieg ihre Vorstellungskraft.

Gabriel putzte sich heraus und strahlte, denn in diesem Moment war er der König von Barataria, der König von Spanien, der König von Manitoba, der Weltmeister.

Er schwebte zum Bühnenrand, verbeugte sich, legte den Kopf schräg und zwinkerte seinem Bruder zu. Jeremiah fing das Blinzeln auf und beantwortete es mit einem warmherzigen Lächeln. Die betagte Herzogin von Plaza-Toro packte Gabriel am Arm und wirbelte mit ihm in den hinteren Teil der Bühne, zu den Stufen des Papp-Palasts von Barataria, der sich ebenso beängstigend zur Seite neigte wie der legendäre Turm von Pisa.

Das Orchester kam kratzend beim Schlussakkord des Tanzes an, die Herzogin und ihr fürstlicher Gondoliere legten ein mehr oder weniger würdevolles Finale hin, und der Herzog von Plaza-Toro klatschte taktvoll und rief: »Bravo!«

22

»Wo hast du denn diese flotten Schritte gelernt?« In der Hoffnung, mit einem Scherz die Spannung abzubauen, die sich auch nach der Aufführung noch nicht gelegt hatte, stellte Jeremiah diese seiner Meinung nach völlig harmlose Frage.

Gabriel war jedoch noch nicht bereit, sein kleines Geheimnis mit irgendjemandem zu teilen.

Er wich aus, indem er vor dem Spiegel eine Grimasse schnitt, in schallendes Gelächter ausbrach und sich das Gesicht mit einem Taschentuch abzuwischen begann, an dem Creme und Schminke wie Marmelade und Erdnussbutter hängen blieben.

»So«, meinte er, »die Maske ist gefallen.« Er sah, an der vibrierenden Hornhaut vorbei, in die Tiefen seiner Pupillen und entdeckte dort den anderen Gabriel, der ihn ansah, ihm zuwinkte, ihn rief.

Jeremiah stand hinter seinem Bruder und zerrte an dem Knoten der zweiten Krawatte, die er je getragen hatte. Im Spiegel erschien ein Gesicht über dem anderen.

»Und?« Jeremiah meinte die Spannung dadurch entschärfen zu können, dass er den fürstlichen Gondoliere aus Manitoba neckte. »Willst du es mir nicht verraten?«

»Was denn?«

»Wo du gelernt hast, so zu tanzen.«

»Hier ... hier und da.« Seine Wut unterdrückend, wischte sich Gabriel mit einem Wattebausch das Ohrläppchen ab. »Mr. Long war sehr hilfsbereit.«

Jeremiah fuhr sich mit einem Kamm nachdenklich durchs Haar. Warum brachte eine einfache Frage Gabriel so aus der Fassung? Was war das für ein Flackern, das er gerade in seinen Augen hatte aufblitzen sehen?

»Kommst du zur Party, Gabriel?« Barry Sexton, der blonde, blauäugige Großinquisitor von Barataria, war der Gastgeber bei den Premierenfeierlichkeiten.

»*Neee, nimantoom!*« Gabriel spuckte die Worte aus wie einen Fluch. »Einer von ihnen hat uns tatsächlich zu sich nach Hause eingeladen. Oder habe ich mich verhört?«

»*Tapwee*«, bestätigte Jeremiah.

»Was war das, Gabriel?« Duncan Rileys mit Sommersprossen übersäte Nase tauchte im Spiegel neben ihm auf.

»Nichts«, schnauzte Gabriel ihn auf Englisch an. »Ich habe nur... mit mir selbst geredet.«

»Er hat gesagt, dass er kommt«, entschuldigte Jeremiah ihn unbeholfen. »Und ich komme auch.«

»In Ordnung!«, krähte Barry Sexton, und der Rest seiner Antwort ging in einem Schwall von Geplapper unter. Im Spiegel lächelten die Münder der Brüder, doch aus ihren Augen sprach unbeschreibliche Einsamkeit.

Gabriel streifte sie ab, indem er in sein Hemd schlüpfte und seine Socken anzog.

»*Maw neetha niweetootan*«, sagte er, das Gesicht zwischen den Knien verborgen.

»Du gehst nicht hin?« Jeremiah war so überrascht, dass er völlig vergaß, auf Cree zu antworten. Sein Englisch klang wie das eines weißen Jungen.

»Nein.«

»Du weißt doch, wie selten wir eingeladen werden.« Angenehmerweise übertönte der Lärm im Zimmer ihre abgehackte Unterhaltung. Zumindest hofften sie es.

»Er kommt nicht?«, hörte Gabriel jemanden hinter sich mit gespielter Überraschung ausrufen, dann: »Ach, das ist aber schade.«

»Warum kommst du denn nicht mit?«

»Ich gehe ...« Gabriel konnte seinen Ärger nicht länger verbergen. »Ich habe was vor. Was anderes.« So. Das klang weniger aggressiv. Er durfte sein Vorhaben keinesfalls gefährden.

»Da lässt du dir aber einiges entgehen, Gabriel«, rief Barry Sexton.

Gabriel schlüpfte in seine Jacke und ging den Korridor hinunter. Sein Körper schrie nach der Nacht, wie nach einer Droge, die er brauchte, um auch nur eine Stunde weiterleben zu können.

»Du willst mir also nicht sagen, wohin du gehst?« Jeremiah lief ihm nach.

Gabriel ging mit ausdruckslosem Gesicht weiter und knöpfte seine Jacke zu. »Ich treffe einen Freund.«

»Welchen Freund? Warum bringst du ihn nicht mit auf die Party?« Jeremiah musste beinahe laufen, um Schritt halten zu können. Gabriel setzte schwungvoll seine Kappe auf. »Es macht mich wütend, Gabriel, wenn du mich lächerlich machst, wie gerade eben. Vor Duncan Riley, dieser segelohrigen Schwuchtel. Ich meine, muss das sein?«

»Ich kann ausgehen und mich treffen, mit wem ich will, und es geht dich einen verdammten Scheißdreck an.« Gabriels Worte überraschten ihn selbst.

Im Klassenzimmer begannen die Mitwirkenden auf die Tische zu klopfen und Marco Palmieris Liebeslied zu singen. »Nimm ein funkelnd Augenpaar, dessen Strahl ins Herz dir dringt ...«

Jeremiah packte Gabriel am Arm und brachte ihn mit einem Ruck zum Stehen. »Was zum Kuckuck soll diese verdammte Heimlichtuerei, Gabriel? Ich bin dein Bruder, du kannst mir doch alles ...«

»Genau. Du bist mein Bruder und nicht meine Mutter.«

Als sie einander anstarrten, war es, als schauten sie in einen Spiegel – die gleichen Augen, die gleiche Wut. In den Ohren der streitenden Brüder, die mit dem Dunkel rangen, das mit einem Mal vor ihrer Türschwelle lauerte, wurden die Geräusche aus dem Raum hinter ihnen plötzlich zu einem wortlosen Gesang, mit Basstrommeln unterlegt wie bei einem Ritual von Kriegern eines längst vergessenen Stammes.

»Gut.« Jeremiah gab auf. »Dann geh. Geh nur.«

Plötzlich hatte Gabriel das Bedürfnis, seinen Bruder zu umarmen. Doch er musste los.

»Geh nur«, flüsterte Jeremiah und drehte sich um.

Als Jeremiah die Tür seines Spinds öffnete, flatterte ein gelbgrünes Blatt Papier heraus und landete vor seinen Füßen. Ein fotokopiertes Bild sprang ihn an: Auf dem Rücken des Mannes breiteten sich zwei üppige Reihen Federn, eine über der anderen, wie Sonnenstrahlen aus, auf seinem Kopf spross ein Hahnenkamm, der an eine Bürste erinnerte, um die Handgelenke trug er Armreifen und seine Beine und Füße steckten in wildledernen Leggins und Mokassins, die mit Blumenmustern aus Perlen übersät waren. So wie sich der Mann nach vorne beugte, hätte man denken können, er suche einen kleinen Gegenstand im Gras, doch mit einer Hand hielt er den Flügel eines großen Vogels empor – eines Falken oder vielleicht eines Adlers? –, als wollte er sich vor einem unsichtbaren Geist schützen, der über ihm schwebte.

Jeremiah schreckte zurück. Die Abbildung hatte etwas ... Heidnisches an sich, etwas Primitives und – bei dem Wort begannen seine Augen zu brennen – etwas Satanisches.

Entsetzt über seine Reaktion konzentrierte er sich auf den Text: »Pow Wow, Indianisches Freundschaftszentrum, Ballantyne Avenue 371, Winnipeg, Samstag, 16. Mai 1970.« Sein Blick fiel auf die handschriftliche Notiz am unteren Blattrand: »Lass dich ja blicken!« Darunter die elegante Unterschrift: »A. Clear Sky, Ojibwa.«

»Nervensäge.« Er knitterte den Zettel zusammen und warf ihn weg. In dem Moment kamen einundzwanzig grölende, hellhäutige Highschool-Jungen aus ihrem behelfsmäßigen Umkleideraum und gingen johlend den Korridor hinunter. »Nimm ein funkelnd Augenpaar ...«

Er warf seine *Gondolieri*-Noten in den Spind, schnappte sich seine Jacke und eilte davon, um sich der Meute anzuschließen. Und er sang sogar, wenn auch nur leise: »Dessen Strahl ins Herz dir dringt, scheu und schalkhaft doch zugleich ...«

TEIL IV
Molto agitato

23

»Baby, Baby, whoa, whoa, whoa ...«, hörte Gabriel die Sirene nach ihm rufen. »Oh you can do-oh-anything, oh-anything you want with me tonigh-igh-ight ...« Schlagzeug, Gitarren und Blechbläser unterlegten ihren rhythm-and-bluesigen tiefen Alt. Es dauerte nur Sekunden, bis sich Gabriels Zehen, Knie und Hüften dem Rhythmus ergaben. Die Kirchen- und Volksmusik, mit der er aufgewachsen war, und die gelegentlichen Brocken weißer Popmusik aus Bruder Stumbos Radio erschienen ihm im Vergleich dazu bieder. Diese Musik klang nach der großen, weiten Welt.

Aber würden sie ihn hineinlassen? Er sah aus wie achtzehn, aber hier handelte es sich nicht um eine billige, mit Blut und Bier beschmutzte Spelunke in der North Main Street, deren Zukunft bestenfalls fragwürdig war. Das hier war das »Rose«, ein eingeführtes Etablissement, wie Gabriel sich hatte sagen lassen. Und er hatte in den Gängen und Duschen der Anderson Highschool gehört – unter anderem von Jeremiah: »Wenn du dir einen blasen lassen willst, dann versuch's mal bei den Schwulen im ›Rose‹.« Das Verlangen, das in dem übertriebenen, beinahe hysterischen Abscheu mitschwang, hatte Gabriels Sehnsucht nur noch geschürt.

»Wayne« hatte ihm gesagt, er wirke »reifer« als andere Fünfzehnjährige, hatte ihm versichert, dass er keine Probleme haben werde. Wo war Wayne eigentlich? Zum Teufel mit ihm. Gabriel setzte sein gewinnendes Lächeln auf, das für ihn bereits zur Gewohnheit geworden war, und stieß die Tür auf.

Augenblicklich merkte er, wie sich die Atmosphäre im Raum veränderte. Selbst ein Blinder hätte es gespürt. Die Unterhaltung verstummte, das Lachen versiegte, Zigaretten verglommen ungeraucht, Bierflaschen blieben ungetrunken stehen und Whiskygläser unangetastet. Selbst die Musik schien sich zu verflüchtigen, und die verschnörkelte, leidenschaftlich traurige Kadenz der Sängerin verhallte a cappella.

Hundert Augen umfingen Gabriel wie ein Chorhemd aus edlem Leinen. Ein Kribbeln schoss seine Wirbelsäule hinauf, bis er überzeugt war, dass seine Haarspitzen Feuer gefangen hatten und knisternde Funken sprühten. In weiches, wie durch Buntglas fallendes Licht getaucht, flatterte der bronzene indianische Engel durch den Raum. Das Schwirren seiner daunenweichen Flügel glich dem Rascheln von Taft, und er verbreitete den Duft von Lagerfeuern, Kiefernnadeln und regennasser Rentierflechte. Erst als er sich am hinteren Ende der Bar auf einem Hocker niederließ, kam wieder Leben in den Raum, Klirren um Klirren, Lachen um Lachen, Wort um Wort.

Der Barkeeper hatte seinen Auftritt verpasst, so dass Gabriel Zeit hatte, in seine Rolle zu schlüpfen. Er zog die Stirn in Falten und verbannte die Strenge aus seinem Blick, als machte ihn eine jammervolle Miene um die erforderlichen drei Jahre älter.

Hinter den Flaschen, die vor dem Spiegel aufgereiht waren, saßen Alt und Jung auf Hockern und an Tischen, in heisere, heitere Gespräche vertieft oder einsam und gedankenverloren. Auch Frauen waren darunter, obwohl man die wenigen ebenso gut für Männer hätte halten können. Hier herrschte eine heimliche, verführerische Lasterhaftigkeit, in der Außenseiter, Opfer der Launen von Mutter Natur und Todsünder Zuflucht vor ihren Peinigern suchten. Gabriels eine Hälfte verspürte den Drang davonzurennen, zu Barry Sextons Party und zu Jeremiah, die andere wollte eintauchen und sich schamlos suhlen.

»Ausweis?«, fragte ihn eine sanfte Stimme. Der Barkeeper, ein kleiner Mann mit buschigem Schnurrbart, war aus dem Nichts aufgetaucht. Gabriel wusste nicht, was er sagen sollte. »Ohne Ausweis gibt's nichts.« Der Mann machte ein undurchdringliches Gesicht, sagte: »Tut mir Leid«, und wartete darauf, dass Gabriel ging.

»Ach, lassen Sie ihn doch.« Als der Cowboy, der zwei Hocker weiter saß und randvoll mit Whisky war, taumelnd zum Leben erwachte, schob sich, wie auf ein Stichwort, Wayne mit seinen lachenden Augen und seinem schwarzen Haarschopf an die Bar.

»Schon gut, Jack, er ist mit mir da.« Und ehe zwölf Worte über den Tresen hinweg gewechselt worden waren, stand eine volle braune Flasche schäumend neben Gabriels Ellbogen.

Die Unterhaltung – mit Wayne, mit dem strahlenden Cowboy, mit verschiedenen anderen, die kamen und gingen – drehte sich um Gabriels heißblütige Schönheit, um seine Anmut. Und während das Gespräch dahinplätscherte, wanderten Gabriels Blicke und wurden von der kleinen Tanzfläche hinter Waynes linker Schulter gefangen genommen.

Eine große Gestalt, fast bis zum Skelett abgemagert, taumelte umher, als wäre er endgültig in die Hände der Charismatischen Bewegung gefallen. Zweierlei an dieser Person war in Gabriels Augen besonders markant und äußerst beunruhigend: Zum einen war sie die einzige indianische Person im Raum, zum anderen war sie weder Mann noch Frau. Vielleicht aber auch beides. Dieses Wesen war gesegnet oder verflucht, einer von Gottes boshaften Scherzen, die Seele einer Frau, gefangen im Körper eines Mannes. Er wünschte dieses Geschöpf weit weg; er/sie sollte verschwinden, unsichtbar werden, sich auflösen.

Stattdessen blieben Gabriels Blicke im Bann des Tänzers, der Stück für Stück eine zerschlissene weiße Federboa aus dem Ärmel zog, als sei sie allein für seine Augen bestimmt. Was hatte er im Sinn? Einen Striptease? Einen Zaubertrick? Wollte er sich erhängen? Vielleicht, denn das Zwitterwesen wickelte sich das hauchzarte Kleidungsstück um den Hals, hielt dann jedoch inne und schwenkte und schlenkerte theatralisch dessen Enden, als wollte er/sie Gabriel mit Weihwasser taufen – wie eine Hexe oder Priesterin, die heimlich ein Sakrament einer verbotenen Religion aufleben lässt. Hätte Gott in all seiner Macht und Weisheit nicht guten Grund, seine Erde mit solch verwegenen Eiferern zu bevölkern?

Der Sohn des Karibujägers fand sich in einem Wohnzimmer mit hölzerner Wandtäfelung wieder. Irgendwie war die Zeit an ihm vorübergegangen. Wie er feststellte, waren noch ein Dutzend Männer da. Jacken, Hemden, Jeans, Unterwäsche und Socken waren auf den Boden verstreut, hingen über Stuhllehnen, lagen auf Tischen. Wohin er auch sah, nackte Haut auf nackter Haut auf nackter Haut; eine endlose Domino-Reihe menschlicher Leiber, menschlichen Geruchs, menschlicher Körperflüssigkeiten. Whisky, Bier und Wein flossen, spritzten wie Blut, der Qualm von Marihuana stieg auf wie Weihrauch.

Und Gabriels Körper wurde gegessen, Zungen wickelten sich wie Schlangen um seine Zunge, und seine Körperöffnungen wurden immer und immer wieder wie von Nägeln durchbohrt.

Und über all dem, irgendwo am äußersten Rand seiner Wahrnehmung, tauchte verschwommen das silberne Kreuz auf und verschwand wieder, tauchte auf und verschwand, und der nackte Körper presste sich an seine Lippen, um in ihn einzudringen. Bis über die Knospen auf seiner Zunge warmer Honig floss wie das Wasser eines Flusses über Granit.

24

Die Stadtbücherei von Winnipeg bewahrte Jeremiah Okimasis in jenem Frühling davor, sich das Leben zu nehmen.

Wäre er nicht zufällig auf die Kabinen gestoßen, in denen man sich Schallplatten anhören konnte, hätte er nie das Gegengift gegen die Einsamkeit der Samstage in der Stadt gefunden, der er nur durch den Selbstmord entfliehen zu können glaubte. Dort hatte er an jenem ersten, von Träumen und Musik erfüllten Tag Stunden zugebracht, hatte von Zeit zu Zeit mit den Tränen gekämpft und war in Gedanken auf den Bühnen von Leningrad bis Rom aufgetreten. Wie konnte ihm eine solche Goldader so lang verborgen geblieben sein? Von da an verging kein Samstag ohne einen Besuch in dem Gebäude in der George Street.

An einem Tag, der so düster war, dass die Wolken die Form von Särgen hatten, machte er sich zum dritten Mal auf den Weg dorthin, um sich in den bittersüßen Melodien von Chopins Masurken zu ertränken. Einzig dem Weltmeister, dem Karibujäger Abraham Okimasis, zuliebe wollte Jeremiah seinen achtzehnten Geburtstag erleben. Die North Main Street zu meiden, war zur bitteren Notwendigkeit geworden. Als er durch eine ihm unbekannte Straße schlich, stieß er auf ein Geräusch, bei dem sich der verstorbene polnische Komponist im Grab umgedreht hätte.

In einer Kirche wurde wie verrückt auf einen Eimer eingeschlagen, Begleitung zu einem schauerlichen Jaulen. Hunde? In einer Kirche? Zwar handelte es sich nur um eine primitive, unausgegorene Melodie, aber offenbar brachte man im Süden den Stadttieren tatsächlich das Singen bei. Er stürmte die Betontreppe hinauf, nahm zwei Stufen auf einmal und übersah dabei völlig das Schild über dem Eingang.

Der Anblick traf ihn völlig unerwartet. Wo sich sonst Kirchenbänke befanden – auf denen Narren in Chorknaben-Aufmachung saßen, die den gütigen Gott im Himmel priesen –, wogte eine Schar Tänzer mit Federschmuck. Auf der Seite standen Indianer, die immerhin so weit zivilisiert waren, dass sie Jeans und T-Shirts trugen, und sahen ihnen zu.

War er in einer Westernrevue gelandet? In einem John-Wayne-Film? Wo waren die Pferde, die erschöpften Pioniere, die verstaubte Wagenburg? Und woher kam das Heulen und das Poltern? Aus der Mitte des Kreises, den diese bemalten Kriegshetzer mit ihrem sinnlosen Geschlurfe beschrieben? Oder war das vielleicht ein Jahrmarkt wie der am Red River, wo man für zehn Cent einen Medizinmann erschießen und einen Stoffhund von der Größe eines Elchs gewinnen konnte? Er sah sich im Altarraum nach einem Schießstand um, nach Spielautomaten und Glücksrädern, sogar nach einem Karussell oder einer Achterbahn. Aber nein, die Veranstaltung glich eher einem Begräbnis als einem Volksfest. Hätte es nicht den Stand mit Erfrischungen gegeben, wäre er sofort wieder gegangen; ein Schokoriegel war zumindest ein triftiger Grund, um auf zehn Minuten Chopin zu verzichten.

Jeremiah lehnte kauend an einer Säule in der Nähe des Süßigkeitenstands und beobachtete das Spektakel. Hätte das Orchester irgendwo in der windigen Prärie hinter einem grasbewachsenen Hügel mit einem Sonnenuntergang als Hintergrundbeleuchtung gespielt, hätte man diesem Schund vielleicht etwas abgewinnen können. Doch in den Mauern dieser heruntergekommenen Kirche, angestrahlt von Neonröhren und überschattet von dem riesigen Kruzifix, das hoch oben über der Stelle hing, wo der Altar hätte stehen sollen, wirkte das Spektakel geradezu pervers. Für wen hielten sich diese Leute eigentlich, dass sie glaubten, sie könnten mitten in der Stadt, am Vorabend des einundzwanzigsten Jahrhunderts, vergessenes Brauchtum wiederaufleben lassen? Gelangweilt vertilgte er seinen Riegel, warf die Verpackung auf den Boden und machte sich auf den Weg zum Ausgang.

»Oh, mein Gott, du bist es tatsächlich!«, sagte eine Stimme hinter ihm. Er drehte sich um. Und wäre in schallendes Gelächter ausgebrochen, hätte er den Mund nicht voll mit Schokolade, Karamell und Nüssen gehabt. Denn vor ihm stand Amanda Clear Sky, als Prinzessin Pocahontas verkleidet, und wurde von der entfesselten Menge hin und her geschubst. »Ich fasse es nicht! Ich fasse es ...«

»Amanda?« Jeremiah blickte die Erscheinung argwöhnisch an. »Bist du es? In diesem ... Aufzug?« Er verbiss sich gerade noch das Wort »lächerlich«.

»Was soll das heißen, ›in diesem Aufzug‹? Das ist mein Festkleid, mein Tanzkostüm. Ich bin es.« Gekränkt stemmte sie die Hände in die Hüften. »Und wo ist deine Aufmachung, Mr. Manitoba? Deine Mokassins, dein Federschmuck, dein ehrenwertes Cree-indianisches Erbe?« Ihr Lachen traf ihn mitten ins Herz, wo es wie eine Seifenblase zerplatzte.

»Disney-Indianer«, meinte er verächtlich, »Hollywood-Indianer kleiden sich so, tanzen so, singen so.« Sie verdrehte theatralisch die Augen. »Ach, vergiss es. Du hast meine Einladung bekommen. Du bist hier. Und Gott im Himmel lächelt auf sein Volk herab.« Dann lachte sie noch einmal, allerdings ein wenig verunsichert.

Er erinnerte sich wieder an die gelbgrüne Einladung und konnte es einfach nicht fassen, so absurd war das alles.

»Und?« Das dunkelhäutige Mädchen grinste frech und streckte ihm eine schmale Hand entgegen. »Möchtest du tanzen?«

»Ich?« Sein Unbehagen wich schamroter Verlegenheit. »Tanzen? Ich glaube nicht.«

»Komm schon!« Als sie seine Hand packte, bemerkte er, dass ihr Atem nach Zimt roch. Er befreite sich aus ihrem Griff.

»Du hast gerade gesagt, dass ich nicht passend gekleidet ...«

»Das macht nichts.« Sie packte ihn jetzt an beiden Händen und begann zu zerren. »Zumindest nicht beim Tanz aller Stämme.« Das war offenbar der Tanz, den eine tiefe Männerstimme gerade über Lautsprecher ankündigte. »Komm mit!« Die Leute glotzten sie nicht nur an, sie zeigten sogar mit den Fingern und lachten. »Komm mit, komm mit, komm mit!«

»Ich kann nicht tanzen!« Hau ab! wollte er eigentlich sagen.

»Was machst du denn mit diesem armen Jungen?«, fragte eine Frauenstimme gerade noch rechtzeitig. Als sich Jeremiah mit schweißbedecktem Gesicht umblickte, zwinkerte ihm eine winzige, dunkelhäutige Frau zu, die hübsch war wie eine Heidelbeere.

»Ach, Granny«, beruhigte Amanda sie mit gespieltem Abscheu, der für Jeremiahs Geschmack nicht genug gespielt wirkte, »das ist bloß Jeremiah, der Typ, von dem ich dir erzählt habe, der sich so rar macht. Du weißt ja, wie diese Cree sind.«

»Ach ja, die Cree.« Die Greisin sah ihn ausdruckslos an, seufzte und fächelte ihrem zerfurchten Gesicht mit dem Flügel eines dunklen Vogels – eines Falken? eines Adlers? – Luft zu. »Manchmal wünsche ich mir, es gäbe mehr von uns lebenslustigen, munteren und unermüdlichen Ojibwa.« Sie nickte Jeremiah zu. »Findest du nicht?«

Tja, nein, nicht unbedingt, hätte Jeremiah ihr antworten sollen. Ich weiß nicht einmal, ob ich gern ein Cree bin, durfte er nicht sagen. Dass aus seiner Verlegenheit heftige Abneigung geworden war, missfiel ihm. Aber weshalb hätte er diesen Ort, dieses geschmacklose Treiben, dieses besiegte Volk nicht verabscheuen sollen?

»Ann-Adele Ghostrider.« Die alte Frau schüttelte Jeremiah zweimal kräftig die Hand. »Aber ich habe auch einen Cree-Namen: Poosees.« Sie klimperte mit ihren spärlichen Wimpern.

»Ha!« Jeremiah ließ sich das auf der Zunge zergehen: eine Frau, die sich »Katze« oder vielmehr »Muschi« nennt.

»Ich reise zu viel«, seufzte Poosees. »Für ein Mädchen in meinem Alter? Viel zu viel. Puh! Na ja, jedenfalls hat irgendein so ein Cree, ein alter Sack namens Parliament Moose – kannst du dir vorstellen, dass jemand so heißt? –, oben in South Indian Lake ein Auge auf mich geworfen. Das ist jetzt fünf Jahre her. Er hat mir diesen Namen gegeben, weil ich so was ... Katzenartiges an mir habe. Behauptet dieser Parliament Moose. Jetzt frag ich dich: Was in Gottes Namen ist katzenartig an mir?«

»Ihre Schnurrhaare«, schlug Jeremiah vor, als plötzlich ein Sonnenstrahl eine Hecke aus feinen, weißen Borsten auf der verwitterten Oberlippe der fröhlichen alten Dame sichtbar werden ließ.

»Na, vielen Dank. Meine Enkelin hat mir erzählt, du spielst besser Klavier als zehn Weiße zusammen. Ist da was dran?« Auf ihrem weißen Stirnreif aus Hirschleder funkelten grüne und rosafarbene Perlen. »Oder führt sie mich bloß wieder an der Nase herum?«

Mit leuchtenden Augen wandte sich Amanda von ihrem Gefangenen ab. »Ich bringe dich schon noch dazu zu tanzen.« Und flinker als ein Spatz verschwand sie in der Menge und unter den Tanzenden. Jeremiah blickte ihr fassungslos nach. Was sollte er jetzt zu dieser greisenhaften Fremden sagen? Offenbar nichts, wie er erleichtert feststellte, da sie das Wort ergriff.

»Es ist jammerschade«, begann sie und seufzte wehmütig, »dass euch Leuten aus dem Norden all eure Tänze abhanden gekommen sind. All die wunderbaren Lieder. Die Bräuche aus Tausenden von Jahren ... Aber egal. Wir pflegen sie noch.« Auch sie sah jetzt dem Tanz zu. Das Trommeln und der Gesang schwollen an – pentatonische Gefühlsduselei, wie Jeremiah fand.

Und wovon zum Teufel schwafelte diese stumpfsinnige alte Schachtel überhaupt? Von welchen Tänzen? Welchen Liedern? »Kimoosoom Chimasoo«? Der Waldsteinsonate?

»Diese netten kleinen Priester«, fuhr Poosees beharrlich fort, »was die angerichtet haben. Puh! Kein Wunder, dass wir Indianer alle in der Scheiße stecken.«

Jeremiah wandte sich ab. Dann sah er sie, auf der Tanzfläche: die blaue Windjacke, die kniehohen Stiefel, die blassblaue Rose im Haar, mittlerweile im zehnten oder elften Monat schwanger, mit riesenhaft aufgeschwollenem Leib. Mitten in dem Kreis von Tänzern, die tiefrot, türkis und leuchtend orange funkelten, wirkte sie wie eine Hand voll Dreck. Doch das schien sie nicht zu kümmern, denn während sie sich mit kleinen Schritten vorwärts bewegte, spiegelte sich in ihrem glasigen Blick eine Besessenheit, als wohnte in ihrer Brust weder ein Herz noch eine Seele. Woher nahm sie die Kraft, sich auf den Beinen zu halten, geschweige denn zu tanzen? Wie hatte sie – wie hatten die beiden – diesen bitterkalten Silvesterabend überlebt?

»Teufelsanbetung«, sagte Ann-Adele Ghostrider, »so haben sie es genannt. Was bilden die sich ein!«

Ja, dachte Jeremiah, was bilden die sich ein. Und genau am richtigen Ort. Er murmelte eine Entschuldigung und ging. Chopins Masurken konnten nicht mehr länger warten.

25

Jeremiah und Gabriel knieten in der zehnten Kirchenbank, als hätte man sie kunstvoll dort platziert. Die frische Junisonne, deren Wärme von den Buntglasfenstern noch verstärkt wurde, fiel auf ihre Gesichter, Schultern und Arme. Gabriels Blick jedoch war auf die Reliefs zwischen den Fenstern gerichtet, die Blut, Leid und Gräuel zeigten und in seiner Fantasie von Bildern von der Birch Lake School überlagert wurden.

Die Kirche Unserer Lieben Frau von Lourdes musste einige solvente Gemeindemitglieder haben, wenn sie sich solch exquisite Plastiken leisten konnte. Sie waren alle mit großer Sorgfalt aus edlem dunklem Holz geschnitzt und wirkten so lebensecht, dass Gabriel hätte schwören können, er höre die Peitschen schnalzen und Jesus aufseufzen.

Keiner der wenigen bunt zusammengewürfelten Gläubigen wirkte besonders andächtig. Die Frauen mit ihren Blumenhüten mochten leidlich bei der Sache sein; einige von ihnen besaßen zumindest so viel Anstand, von Zeit zu Zeit mit ihren Rosenkränzen zu rasseln, wie Fische ihre Lippen zu bewegen oder die Hände an die Brust zu legen. Die Männer dagegen, deren Anzüge ebenso farblos waren wie das Fell von Bisamratten, erweckten zweifellos den Anschein, als befänden sie sich in Wirklichkeit beim Pferderennen oder in Fischerbooten auf dem Falcon-See.

Auf der Empore machte ein kleiner Chor Hackfleisch aus den Harmonien von Abraham Okimasis' Lieblingskirchenlied »Unsrer Väter Glaube«. Zum Glück stand die heilige Kommunion kurz bevor und bewahrte Jeremiah davor, noch lange zuhören zu müssen.

Bei den Worten »Wir sind dir treu bis in den Tod« ging er in sich und bereitete sich auf das Abendmahl vor.

Im Gegensatz zu Jeremiah, der schon ein Dutzend Mal in dieser Kirche gewesen war, schwelgte Gabriel fröhlich in Erinnerungen. Was sollte man auch sonst tun, wenn man das erste Mal hier war? Der Gottesdienst war langweilig, zog sich endlos hin und war, alles in allem, überflüssig. Er betrachtete eine Schnitzerei, auf der Jesus dargestellt war, wie er ausgepeitscht wird. Er beneidete diesen Mann. Ja, Vater, bitte lass mich bluten!

Jeremiah erhob sich und trat in den Gang. »Und?«, flüsterte er.

»Und was?«, flüsterte Gabriel zurück.

»Kommst du?«

»Ich habe nicht gebeichtet« – ein Vorwand; Gabriel wollte nichts mit der Kommunion und ähnlichen Dingen zu tun haben –, »also kann ich nicht gehen.«

Jeremiah kniete sich wieder hin. »Man muss heutzutage nicht mehr beichten.«

»Ich gehe trotzdem nicht.«

»Wir haben es versprochen.«

»Versprochen? Wem haben wir es versprochen?« Als sich verschiedene Köpfe zu ihnen umdrehten, wurde Gabriel plötzlich so wütend, dass er dem untersetzten Mann vor ihm am liebsten seine buschigen Augenbrauen ausgerissen hätte.

»Mom. *Und* Dad.« Wären sie nicht in der Kirche gewesen, hätte Jeremiah ihn geohrfeigt.

»*Du* hast es Mom und Dad versprochen. Ich nicht.«

»Komm schon, Gabriel. Nur dieses eine Mal.«

Jeremiahs Anblick war derart Mitleid erregend, dass Gabriel nachgab. Was kümmerte es ihn? Er würde damit bloß ihrer Mutter einen Gefallen erweisen, weiter nichts.

Auf der Kommunionbank waren die Brüder zwischen zwei wohlgenährten, schwarz gekleideten italienischen Witwen eingekeilt und hatten so wenig Platz, dass sie nur abwechselnd atmen konnten. Der Priester kehrte dem Tabernakel den Rücken zu und schritt mit dem goldenen Kelch in der einen Hand und der hauchdünnen Hostie in der anderen die Stufen vom Altar herab.

Jesus saß in einem schmucken roten Umhang und knöchellangem weißem Gewand aufrecht und majestätisch an der Stirnseite der Tafel. Judas beugte sich zu ihm hinüber, um ihm das Brot zu reichen, das er in der Schulküche gestohlen hatte. Der sechsjährige Sohn Gottes nahm eine Scheibe, wandte sich seinen Jüngern zu – den Schülern des Birch-Lake-Internats, sechs zu seiner Linken, sechs zu seiner Rechten, unter ihnen auch Jeremiah-Judas – und erklärte der Hunger leidenden Truppe, dass jeder ein Stück bekommen werde, allerdings nur unter der Bedingung, dass sie kein einziges englisches Wort in den Mund nahmen. Daraufhin ergoss sich ein derart gotteslästerlicher Cree-Wortschwall über die Tafel – kräftig untermalt von dem lasterhaften Liedchen »*Kimoosoom Chimasoo*« –, dass das Abendmahl völlig aus dem Ruder gelaufen wäre, hätte Bruder Stumbos durchdringender Pfiff nicht an die Schlafenszeit erinnert.

Die kleinen Cree-Apostel machten sich eilig auf den Weg, vorbei an dem Stück Pappe am Zaun, auf dem stand: »Die Brüder Okimasis präsentieren ›Das letzte Abendmahl‹.«

Die Reihe der Gesichter auf der Kommunionbank war endlos und bot dem Betrachter Nasen jeder Größe und Form. Gabriel stellte sich vor, wie ihre Besitzer in Erwartung des großen Ereignisses die Zungen anfeuchteten. Allein der Gedanke ließ seine Geschmacksknospen hart werden. Die Zungen schossen hervor, eine nach der anderen, als der Priester vertraulich murmelnd die Hostien auf sie legte. Und sie verschwanden, eine nach der anderen, während ein strohblonder Messdiener die abtrünnigen Krümel mit seinem vergoldeten Hostienteller geschickt auffing.

Der Priester war ein gut gewachsener Bursche, fand Gabriel, höchstens vierzig, mit kräftigen Schultern, breiter Brust, markantem Kinn und graublauen, von einer Brille halb verdeckten Augen. In einem Superman-Trikot hätte er bestimmt keine schlechte Figur abgegeben. Als der murmelnde Diener Gottes bei Jeremiah angekommen war, bat dieser Gott hastig, Mariesis Okimasis nach ihrem Tod Einlass in sein Königreich zu gewähren. Voller Ehrfurcht stellte er fest, dass ihm das Gebet bereits in fertiger Form in den Sinn gekommen war. Sein Mund öffnete sich, seine Zunge schob sich vor.

»Der Leib Christi«, sagte der Priester und gab ihm die Hostie.

»Amen«, erwiderte Jeremiah, schluckte und erhob sich.

Der Schritt des Jesuitenpriesters war nun auf Gabriels Augenhöhe, doch das grünseidene Messgewand verwehrte so eifersüchtig jegliche Aussicht, dass sich ihm nur wenig Ergötzliches bot. Enttäuscht ließ Gabriel den Blick nach oben wandern, über Bauch, Brust und Hals bis zum Gesicht des Geistlichen, und bemerkte das kurze Auflodern in dessen Augen. Gabriel schürzte seine volle Oberlippe und beobachtete mit Genugtuung, wie Zölibat und Fleischlichkeit miteinander rangen.

Im Kampf um die Erlösung seiner Seele streckte der Priester eine behaarte, bebende Hand aus. Und auf wundersame Weise erschien in seiner Hand ein Stück rohes Fleisch. Was blieb dem Sohn des genügsamen Karibujägers anderes übrig, als sich zu offenbaren? Und so labte er sich an dem herabtropfenden Blut, als es auf seine Zunge traf, an jenen Tropfen, die nicht auf den Hostienteller des Engels fielen.

»Der Leib Christi«, sprach der Zauberer. Doch in dem Moment, als Gabriel mit dem Fleisch in Berührung kam und »Amen« hätte erwidern sollen, entfuhr ihm ein so wieherndes Lachen – die Situation war grotesk, die Heuchelei bitterböse –, dass sämtliche Statuen in der Kirche, von der heiligen Theresia über den heiligen Dominikus bis hin zur heiligen Bernadette von Lourdes, ja sogar der Sohn Gottes, ihre Augäpfel bewegten, um den Ursprung dieses Lärms ausfindig zu machen.

»*Madre di Dio!*«, raunte die Witwe zu Gabriels Linken, bekreuzigte sich und drückte den Rosenkranz an die bebende Brust. Der Priester wurde bleich, machte jedoch unermüdlich weiter; ein Dutzend hungriger Mäuler wartete noch.

Gabriel bahnte sich rempelnd und trampelnd den Weg durch den Gang, Blut spuckend, während seine aufgedunsenen Gedärme wiederkäuten und seine Speiseröhre prall mit Eingeweiden gefüllt war. Bei jedem Schritt sprangen gespenstisch weiße Masken mit aufgerissenen Mündern hervor und kreischten: »Tötet ihn! Tötet ihn! Nagelt den Wilden ans Kreuz! Hängt ihn auf! Hängt ihn auf! Tötet ihn! Tötet ihn! ...«

26

»Was spricht dagegen, in die Kirche zu gehen?« Jeremiah stellte Gabriel die Frage auf Cree.

»Nur alte Leute gehen in die Kirche«, erwiderte Gabriel leichthin, »wenn sie merken, dass ihnen die Zeit davonläuft. Schau dir doch Onkel Kookoos an.« Jeremiah, der damit beschäftigt war, seine Gedanken zu ordnen, gab keine Antwort. Sie entfernten sich langsam von der Kirche. »Wie viele Schüler von der Anderson Highschool sind religiös? Wie viele von ihnen glauben überhaupt an irgendwas?«

»Das kann man nicht wissen«

»Die Kirchen bleiben leer, und die Einkaufszentren werden größer.« Mit jedem Wort blühte sowohl Gabriels Selbstvertrauen als auch sein Cree auf. »Eines Tages wird die Welt ein Einkaufszentrum haben, das so groß ist wie ganz Manitoba, und dann werden alle glücklich sein. Mag sein, dass die Leute zu Hause ihre Religion todernst nehmen. Aber wir sind jetzt Stadtkinder, Jeremiah. Uns sollte sie nichts bedeuten.«

»Das ist deine Meinung.«

»Dann sag mir doch, was er dir bedeutet, dieser ... katholische Glaube.«

So sehr Jeremiah auch mit sich rang, er fand einfach nicht die richtigen Worte, um zu erklären, woran er glaubte.

»Diese Kirchgänger« – Gabriel fühlte sich verpflichtet, die Schweigepause zu füllen – »sprechen von Achtung und Liebe und Frieden und diesem ganzen Sums, und kaum sind sie aus der Kirche raus, sind sie genauso schlecht und rücksichtslos wie zuvor. Als würde ihnen das In-die-Kirche-Gehen das Recht geben, sich zu benehmen wie, na ja ... wie Arschlöcher. Verstehst du, was ich meine?«

»Nicht alle sind so«, schrie Jeremiah beinahe zurück. »Schau dir unsere Eltern an. Sie sind Katholiken, und sie sind gute Menschen.«

»Ja, das sind sie, aber was ist mit all den Katholiken und Protestanten in Nordirland? Die schießen sich vor lauter Liebe zu Jesus Christus gegenseitig über den Haufen.«

»Das ist eine politische Angelegenheit«, sagte Jeremiah. Wie kindisch Gabriel sich doch anhörte, wie primitiv seine Argumente waren. »Das hat nichts mit Religion zu tun oder ... oder ... mit dem Glauben an einen Gott.«

»Doch, hat es schon. Jeder Krieg in der Geschichte dieser Welt hatte seine Wurzeln in der Religion. Und was ist mit den Kerlen, die ihre Frauen windelweich prügeln, während auf ihrer Zunge noch die Hostie zergeht? Da muss man doch jede Achtung vor der organisierten Religion verlieren.«

»Und was wäre die Alternative?«

»Eine indianische Religion. Die Religion der Indianer Nordamerikas.«

»So was gibt es nicht«, zischte Jeremiah.

»Und ob es die gibt«, konterte Gabriel. »Das ist eine Religion, die viel, viel älter ist und ...«

»Woher willst du das wissen?«

»... viel sinnvoller als dein katholischer Hokuspokus. Woher ich das weiß? Amanda Clear Sky hat es mir gesagt.«

»Amanda Clear Sky hat doch keinen blassen Schimmer. Wie kann irgendwas sinnvoller sein als die christliche Religion? Das ist Gotteslästerung, Gabriel, und du sagst das nur, um mich auf die Palme zu bringen.«

Als Gabriel herumwirbelte, um einem Falken nachzuschauen, erblickte er den Priester, der mit einer Tasche aus seiner Kirche kam.

»Amanda hat gesagt, dass die indianische Religion auf den Rhythmus der Trommeln hört, auf den Herzschlag von Mutter Erde.«

»Das ist heidnisch, Gabriel. Wilde sehen das so. Warum hörst du auf das, was Leute wie ...?«

»Die christliche Religion verlangt von den Menschen, das Fleisch Christi zu essen und sein Blut zu trinken ... Scheiße, Jeremiah, Menschenfleisch essen, das ist Kannibalismus. Gibt es was Primitiveres?

»Jesus war kein Mensch. Er war der Sohn Gottes.«

»Hah! Und du wunderst dich, warum die Welt voller Blut, Krieg und Hass ist, wenn sie als zentrales Symbol ein Folterwerkzeug hat.«

»Das Kruzifix ist ein Symbol der Hoffnung, verdammt noch mal, Amanda, ich meine, Gabriel! Es ist ein Werkzeug der Liebe!«

»Klar. Ein Werkzeug der Liebe. Wenn man auf Peitschen und Ketten und Schmerz steht. Was glaubst du denn, wie die Priester zu ihrem Vergnügen kommen?«

Gabriel spürte, dass der Geistliche nur noch zehn Meter hinter ihnen war. Er senkte die Stimme. »Wie, glaubst du, reagieren sie sich ab? Was ist mit all der klebrigen, weißen Flüssigkeit? Sag es mir, Jeremiah. Was passiert damit?«

Der Priester schüttelte Gabriel zum Abschied lange die Hand, nickte Jeremiah freundlich zu und ging lächelnd davon, hinein ins grelle Licht des Mittags.

»So«, meinte Gabriel, als sie auf Mrs. Bugachskis Pension zugingen, »wir waren in der Kirche. Jetzt sind wir gewappnet, um nach Norden fliegen.« Er warf einen verstohlenen Blick auf die siebenstellige Zahl in seiner Hand und steckte das weiße Kärtchen wieder in die Hosentasche. Schon jetzt konnte er warmen, tropfenden Honig schmecken.

Am Vorabend des Trans-Air-Flugs 273 nach Oopaskooyak, Thompson und Zielen weiter nördlich, tätigte Gabriel einen Anruf. Im Pfarrhaus war viel los – Gäste von auswärts, entschuldigte sich Pater Vincent Connolly mit gedämpfter Stimme, worauf ihn der stets gewitzte Cree beherzt zum Tee in sein Quartier einlud, das sich derzeit im Haus des Rechtsanwalts Stuart H. Everett und seiner Frau Diane befand. Dort, in seinem Kellerzimmer, während die Everetts oben vor dem Fernseher saßen, lernte Gabriel Okimasis den entzückenden Pater Vincent Connolly von einer Seite kennen, die ihn um neun Uhr an jenem Abend »*Weeks'chilowew!*« jubeln ließ.

27

Träge wie eine Wetterfahne an einem windstillen Tag hing Christus silbrig weiß am Himmel. Sein Körper, das Kruzifix, der Kirchturm – alles schien Gabriel vom Fenster des Flugzeugs aus zum Greifen nahe. Auf dem Sitz vor ihm beugte sich Jeremiah nach vorne, um festzustellen, wie weit sich der Ort nach Norden ausgedehnt hatte, seit er vor drei Jahren das letzte Mal zu Hause gewesen war. Der baumlose Süden, wo ihre Tante Black-eyed Susan Magipom und ihr schrecklicher Ehemann, Happy Doll, sich gefetzt hatten wie die Beutelteufel, sah im Vergleich dazu wie eine Wüste aus. Tatsächlich war nicht eine einzige Blockhütte übrig geblieben. Über die Schulter des Piloten erspähte er die von Gabriel so bejubelte neue Landebahn, die ihre Ankunft erwartete.

Neben Gabriel auf der anderen Gangseite lümmelte ein schnarchender Kookoos Cook und holte den Schlaf von sieben Nächten nach, die er damit verbracht hatte, billigen Whisky zu trinken, Zigaretten zu rauchen und zur Musik aus der Jukebox zu tanzen. Das Smallwood Lake Motel, die Legion Bar, der Schnapsladen – alle hatten ihre Pforten bis auf weiteres geschlossen, denn Kookoos Cook hatte die kleine Bergarbeiterstadt vollkommen leer getrunken.

Als sie sich im Landeanflug über der gelblich braunen Ausfallstraße befanden, die sich vom See durch die Stadt bis zur Rollbahn schlängelte, sahen die Jungen einen kleinen Lieferwagen zum Flugplatz holpern. Jeremiah war überwältigt – nie hätte er sich träumen lassen, dass eines Tages ein Lieferwagen sein heimatliches Reservat zieren würde. Menschentrauben folgten ihm zu Fuß wie Ameisen auf dem Weg zum Picknick. Wie nahe ihr Heimatort an der Baumgrenze lag! Wenn die übermenschlich große Magimay Cutthroat zwölf Zentimeter hohe Absätze tragen würde, so die Theorie die Einheimischen, sähe der umliegende Wald aus wie eine Wiese.

Als sich das Flugzeug ein letztes Mal vor der Landung schräg legte, zählte Jeremiah die schmucken neuen Häuser entlang der Straße; die pastellfarbenen ebenerdigen Häuschen aus Sperrholz, die sich glichen wie ein Ei dem anderen, sahen aus wie Kuchen für Riesen. Dazwischen sah man Fahrräder mit zwei und drei Rädern hin und her rasen – früher ebenso undenkbar wie ein Lieferwagen –, auf deren Sätteln, Gepäckträgern und Lenkern vier, fünf ... einundzwanzig Kinder wie Akrobaten balancierten. Auf einem Dach hockten Männer und brachten eine Fernsehantenne an, während gleich daneben der verrückte Salamoo Oopeewaya mit Gott rechtete. Worüber beklagte sich Crazy Salamoo Oopeewaya heute? Dass der Weetigo letzten Endes in Gestalt des Fernsehens nach Eemanapiteepitat gekommen war, um seine Seele zu verschlingen, zu verdauen und wieder auszuscheiden?

Das Flugzeug legte eine perfekte Landung hin. Die Staubwolke war so groß, dass es, wie Jane Kaka McCrae anschließend kräftig übertrieb, in Eemanapiteepitat eine Minute lang so dunkel war wie in Hiroshima an jenem schwarzen Tag. Durch einen Schleier hindurch, der dem dampfenden Atem der Pelzkönigin glich, konnten die Brüder erkennen, dass sich zahlreiche Menschen wie die Mücken um das Sperrholzterminal scharten. Als Gabriel auf das Nebengebäude deutete, welches das dritte von Annie Moostoos' angeblichen neun Leben gefordert hatte, spürten sie vor Begeisterung ein Kitzeln im Hals, als hätten sie Streifenhörnchen verschluckt. Ohne den Ekel erregenden Gestank erkalteter Zigaretten und drittklassigen Fusels, der von der anderen Seite des Gangs herüberzog, wäre der Augenblick vollkommen gewesen. Zum Glück kam die rote Twin Otter just in diesem Moment zitternd zum Stehen.

»Da sind sie. Da drüben sind sie!« Und wirklich kamen der majestätische Weltmeister und seine kleine, dunkelhäutige Frau die wacklige Treppe des Terminals herunter und blieben breit lächelnd am Maschendrahtzaun stehen.

Hinter ihren Eltern kam Annie Moostoos angestapft. Der einsame Zahn in ihrem Mund glänzte wie eine Perle, da sie ihn, wie sie den Brüdern augenblicklich mitteilte, eigens zur Feier ihrer Heimkehr »tagelang, wochenlang!« in Bleichmittel getränkt hatte. Soweit man sich erinnern konnte, ging sie mittlerweile auf die Achtzig zu, war aber immer noch so lebhaft wie »zehn junge Karibus zusammen«.

Ganz Eemanapiteepitat stürzte sich jetzt geschlossen auf das Flugzeug, denn seitdem im Jahr 1929 das erste *p'mithagan* auf dem Mistik-See gelandet war, hatten es sich die Bewohner nie verkneifen können, wie die Bienen auszuschwärmen, wann immer sich ein Flugobjekt näherte, selbst wenn es sich nur um einen Drachen handelte. Der dunkelgrüne Lieferwagen kam angerumpelt, die Tür flog auf, und Pater Bouchard stieg aus. Gabriel hatte inzwischen seinen Onkel in die Schnapsnase gekniffen, die an einen Granatapfel erinnerte, und ihn auf diese Weise geweckt. Als der Pilot die Passagierluke öffnete, hatte die schnatternde Meute bereits Aufstellung genommen. Gabriel ging die Leiter hinunter, dicht gefolgt von Jeremiah. Plötzlich stolperte Kookoos Cook und landete mit einem dumpfen Knall auf Jeremiah, dieser landete auf Gabriel, der wiederum auf Pater Bouchards Weichteilen landete, worauf der alte Herr das Gleichgewicht verlor und zwischen Annie Moostoos' Brüsten landete. Daraufhin stoben die Anwesenden mit so schrillem Kreischen auseinander, dass Choggylut McDermotts nagelneuer Stomabeutel angeblich ein Leck bekam. Im Sand lag ein Sandwich aus Menschenleibern mit einem ächzenden Kookoos Cook als oberster Schicht.

»Kookoos Cook«, stieß Annie Moostoos mit ihrem letzten Rest Puste hervor, »du gottverdammtes, verfluchtes Karibu-Arschloch!« Ihrer verbalen Attacke folgte ein schallender Furz. Hatten die himmlischen Mächte Annie am Ende vielleicht doch von ihren giftigen Gasen erlöst? Wie Jahre später durchsickerte, soll der sanfte Wind aus tieferen Lagen nicht der demütigen einzahnigen Annie entfleucht sein, sondern dem erhabenen, gelehrten Hochwürden.

»Dein Vater meint, du könntest im Laden Arbeit bekommen, *nigoosis*«, sagte Mariesis in ihrem ausgefeilten Cree zu Jeremiah, »jetzt, wo du mit der Schule fertig bist.«

Jeremiah schauderte. Was sollte er darauf antworten? Ich bin doch noch gar nicht mit der Schule fertig? Oder: Ich gehe zurück, um Chopins Musik zu spielen, wie sie noch kein Cree vor mir gespielt hat? Was hieß überhaupt »Konzertpianist« auf Cree?

Gabriel, bebend in die Umarmung seines Vaters versunken, schlug sich bei der üblichen Begrüßung – »Hallo, wie geht's dir? – Gut, und dir?« – noch recht wacker, geriet jedoch prompt ins Stocken, als ihn der Jäger in seinem makellosen Cree fragte: »Betest du noch, *nigoosis?*« Gabriel hielt die Luft an. Er sah seinem Vater tief in die Augen, während sich seine Pupillen vor Entsetzen weiteten.

»*Eehee*«, log er, »*eehee, Papa, keeyapitch n'tayamiyan*«, aber seine Stimme konnte Scham und Schuldbewusstsein nicht verbergen. Angenommen, dieser wunderbare Mann konnte in Gabriels dunklen Augen sehen, wie sich Waynes nackte Haut an der seines Sohnes rieb. Angenommen, dieser liebenswerte alte Jäger konnte darin die hundert anderen Männer sehen, mit denen sein Letztgeborener ... ja, was eigentlich? Angenommen, dieser frömmste aller Männer konnte darin sehen, wie sein Jüngster auf und unter einem jungen, leidenschaftlichen Jesuiten mit graublauen Augen gelegen hatte.

Pater Bouchard, dessen Schulter ein prall gefüllter Postsack zierte, kam auf die versammelte Familie zu. Die Staubpartikel, die ihn umschwirrten, glichen der zarten Aureole eines Heiligen, und er setzte gerade zum Sprechen an, als Jeremiah ihm ins Wort fiel.

»So, so, Pater«, schnaubte er in möglichst vertraulich klingendem Cree, »wie ich höre, denken Sie daran, sich zur Ruhe zu setzen.« Ob das nun stimmte oder nicht, er brauchte unbedingt einen Vorwand, um die schmerzlichen Bitten seiner Mutter abzuwenden.

»Wieso?«, erwiderte der Priester in derart holprigem Cree, dass es sich ebenso gut um Deutsch, Chinesisch oder Suaheli hätte handeln können. »Hast du vor, mein Nachfolger zu werden?« Er gab Jeremiah die Hand.

»Ho-ho!«, tönte Abraham. »Dann kaufe ich der Kirche ein Klavier und werfe Ihre alte Orgel in den See. Die pfeift doch sowieso schon auf dem letzten Loch.« Der Scherz des Vaters ging unter, denn eine Schlucht, so unüberwindlich wie die Hölle, trennt das

Cree vom Englischen, wie sich die Brüder schweren Herzens eingestehen mussten.

»Was Pater Bouchard vorhin gesagt hat«, begann Abraham nachdenklich, als sie sich auf den Weg in den Ort machten, »dass Jeremiah ihn ablösen könnte, ist doch gar nicht so abwegig, oder?«

»Ganz und gar nicht!« Mariesis' Antwort kam wie aus der Pistole geschossen, und ihr mütterlicher Stolz spannte die Nähte ihres handgearbeiteten Kittels. »Unserem Sohn würde so ein langer, schwarzer Rock hervorragend stehen, meinst du nicht?«

»Selbst bei Wind würde man dabei nur auf die frömmsten Gedanken kommen«, pflichtete der Jäger ihr bei, allerdings nur halb im Scherz. Die Brüder gingen mit ihrem Gepäck voraus, gefolgt von den Eltern. Hinter dem ausgelassenen Quartett trotteten Annie Moostoos, Jane McCrae, die zittrig gewordene Little Seagull Ovary und ein Chor jaulender Promenademischungen her. Kookoos Cook würde sich in ein paar Wochen zu Hause einfinden, sobald er seine zwanzig Kisten Whisky geleert hatte.

Einer der Hunde rülpste, worauf Annie Moostoos ihm einen Tritt versetzte. Das Tier kippte um und tat seinen letzten Atemzug.

Jeremiah versuchte sich vorzustellen, wie er in einer Soutane durch den Ort schwebte, die Menschen links und rechts segnete, den Worten kleiner, dunkelhäutiger Jungen in finsteren Beichtstühlen lauschte und ihnen am nächsten Morgen den Leib Christi darreichte, der sich auf einem Teller stapelte. Er war überrascht, dass ihn diese Vorstellung keineswegs abstieß, sondern ihm einen erregenden Schauder über den Rücken jagte. Wenn die Welt eine singende Nonne bejubelte, konnte sie nicht ebensogut einen Klavier spielenden Priester bejubeln, auch wenn dieser einer Indianer war?

»Was heißt ...« Das Englische hatte für Jeremiah heute einen metallischen Beigeschmack. »Was heißt ›Universität‹ auf Cree?« Das glasklare, knochentrockene Sonnenlicht über dem Norden Manitobas, angereichert mit dem Duft von Rentierflechte, Kiefernnadeln und Lagerfeuern, strich über die Haut der Brüder.

»*Samen*-ar«, antwortete Gabriel, so gut es ihm in seiner Muttersprache möglich war. Das Wort ergoss sich über seinen Gaumen wie ein Schwall Honig.

28

»Nimm ein funkelnd Augenpaar, dessen Strahl ins Herz dir dringt ...« Gabriel und Jeremiah beugten sich singend links und rechts über den Bug des blauen Kanus ihres Vaters. Unter ihnen blitzten ihre Ebenbilder auf – der See war ein perfekter Spiegel –, während das Boot das dunkle Wasser durchschnitt. Am Heck drückte Abraham Okimasis den Griff des Außenborders nach links, worauf das Kanu nach rechts schwenkte und kleine Wellen zum Kiesstrand von Awasis Point sandte. Der Fischerhafen kam in Sicht: Anlegesteg, Lager- und Kühlhaus und ein Stück hinter den Holzbauten ein Trio aus weißen Zelten, die gespenstisch zwischen den Wipfeln von Fichten, Birken und Pappeln hervorlugten.

Der schwache Motor erstarb, und das Kanu glitt lautlos dahin. Dann durchbohrte der Schrei eines Eistauchers die Stille, so nah und so rein, dass er das Blut in den Adern zum Singen brachte.

Abraham reichte Gabriel, der auf dem Steg stand, eine Kiste mit ausgenommenem Fisch und bückte sich nach der nächsten. In dem knapp fünf Meter langen Boot befand sich noch ein Dutzend Kisten mit Forellen, Hechten und Weißfischen, und keine davon wog weniger als dreißig Kilo. Gabriel stapelte sie hinter sich, eine nach der anderen.

Der Jäger warf Jeremiah, der untätig dastand und eine Zigarette rauchte, einen Blick zu. »Willst du uns nicht helfen, mein Sohn?«

»Er tut keine schwere Arbeit, Dad.« Gabriel machte keinen Hehl aus seiner Verachtung. »Das ist schlecht für seine Hände.« In der Luft hing der feuchte Geruch von Fisch, von frischen, schillernden Eingeweiden.

»Schlecht für seine Hände?«, wiederholte Abraham mit gerunzelter Stirn und rackerte nachdenklich weiter. Die Anzeichen waren ihm nicht entgangen: Besuch um Besuch, Wort um Wort, entfernten sich seine Söhne von ihren subarktischen Wurzeln, von ihrer indianischen Vergangenheit. Doch er wusste, dass das Schicksal mit dem Leben der Menschen spielt; ein Vater konnte nicht mehr tun, als die Richtung weisen. Er reichte Gabriel die siebte Kiste.

Liszts Oktaven galoppierten durch Jeremiahs Kopf, als er den Steg verließ und den Hügel hinauf, am Nest ihrer jungen, zahmen Adler Achak und Peesim vorbei, auf das mittlere Zelt zuging. Welchen Sinn hätte es gehabt zu erklären, dass seine Arpeggien und Appogiaturen darunter litten, wenn er ein Dutzend Mal, fünfzehn Mal, fünfzig Mal am Tag dreißig Kilo Fisch stemmte? Sollten sie ihn doch für einen Snob halten, für eingebildet, für unerträglich egoistisch – ihm war das egal. Sein Vater hatte die Chance bekommen, sich eine Trophäe zu holen. Und er würde sie ebenfalls bekommen.

Die Nadel in Mariesis' Hand bewegte sich mit solcher Geschwindigkeit, mit solch unfehlbarer Präzision, dass jede Nähmaschine vor Neid erblasst wäre. Neben ihrem Kopf, am Zeltgestänge, hing ein herrlicher Polarfuchspelz, noch weißer als Schnee. Obwohl er als Verzierung für Hüte, Handschuhe und Mokassins dienen sollte, wirkte er aufgrund der unversehrten Beine fast lebendig. Der Teppich aus Fichtenzweigen, der Mariesis umgab, war mit Scheren, Fingerhüten, Garnrollen und buntem Stoff übersät, auf ihrem Schoß lag eine halb fertige Steppdecke. Da sie darauf bedacht war, das letzte Tageslicht zu nutzen, kam Jeremiahs Stimme für sie völlig überraschend.

»*Neee, ballee sleeper chee anima?*«, fragte er sie vom Eingang des Zelts aus. Wie sonst hätte man in dieser Sprache, die in eine Welt aus Rentierflechte und Weidenröschen gehörte und deren gotteslästerlicher Humor Weiße gelegentlich schockierte, einen so vagen Begriff wie »Ballettschuh« erklären sollen?

»Ich habe zwar keine Ahnung, was *ballee sleeper* sind, aber die Mokassins, die ihr Stadtmenschen tragt, sind wirklich eigenartig«, erwiderte Mariesis und schnitt von dem Schuh in ihrer Hand einen Faden ab. »Soll ich dir auch ein Paar nähen?«

Jeremiah wollte ablehnen, bemerkte dann aber die auffällige Plastiktüte neben ihren ausgestreckten Beinen, aus der – wie sollte es anders sein? – noch mehr höchst befremdliches Schuhwerk herausragte. War Vaclav Nijinskij gekommen, um Elche und Bären und wilde Karibus zu jagen? Hatte sich Rudolf Nurejew in die arktischen Wasserstraßen im Norden Manitobas verirrt? Was zum Teufel ging hier vor?

»Mach du Feuer, *nigoosis*«, sagte Mariesis, »dann habe ich das Abendessen schneller zubereitet, als du *ballee sleeper, neee* sagen kannst.« Mit vorgehaltener Hand dämpfte sie ein prustendes Lachen und steckte den abgewetzten, schwarzen Schuh in die undurchsichtige Plastiktüte.

Als sich der Okimasis-Clan zu gegrilltem Weißfisch und frisch gebackenen Hafermehlkuchen niedersetzte, war es fast Mitternacht. Das einzige Licht kam von einer Kerosinlampe, die einzigen Geräusche von Messern und Gabeln und heiß geschlürftem Tee. Am Fuß des Hügels, auf einem See, der ins Licht eines riesigen Halbmonds getaucht war, schrie der Seetaucher ein letztes Mal. Sogleich wurde sein Gesang beantwortet, erst von Wölfen in fünf Meilen Entfernung, dann von den Schlittenhunden des Jägers, die sich auf eine Insel in der Nähe zurückgezogen hatten.

»Und, was ist nun mit diesen ... Ballettschuhen?« Jeremiahs Frage auf Cree brach das Schweigen.

»Sprich englisch, *nigoosis*«, meinte Mariesis. »Das versetzt mich zurück in die Zeit, als ich diese Sprache zum erstenmal in Pater Thibodeaus Radio gehört habe. Natürlich musste uns der alte Priester alles übersetzen – dass sich die Menschen auf der anderen Seite des Ozeans gegenseitig getötet haben. Die Geschichte war schrecklich, aber die Worte klangen in meinen Ohren damals wie Musik. ›Weltkrieg, Weltkrieg‹, sang ich hüpfend – ich war fünf Jahre alt –, bis mir mein Vater, euer Großvater Muskoosis, befahl, den Mund zu halten, weil dieses Wort ›Tod‹ bedeutete.«

»Pah!«, unterbrach sie ihr Mann: »Diese Weißen tun doch nichts anderes, als sich gegenseitig umzubringen. Kein Wunder, dass sie ihre Koffer gepackt haben und herübergeschwommen sind, um uns einfachen, gewöhnlichen Indianern Gesellschaft zu leisten, ho-ho-

ho-ho.« Glucksend stopfte er sich ein Stück Fisch von der Größe einer Hostie in den Mund.

Gabriel lächelte Jeremiah höhnisch zu und biss in ein dreieckiges Stück Hafermehlkuchen.

»Was ist denn jetzt mit den *Ballettschuhen*?«, fragte Jeremiah, dieses Mal auf Englisch. Mariesis zuckte zusammen, als so wohltuend empfand sie diesen Klang. »Du nimmst doch nicht etwa Ballettunterricht, oder?«

Gabriel ließ sich Zeit mit seiner Antwort. Wenn Jeremiah sein Geheimnis schon enthüllen musste, wollte er es ihm wenigstens schwer machen.

»Also?«

»Was soll ich denn sonst mit meiner Zeit anfangen, nach der Schule?«, fragte Gabriel, den Mund voll mit quellender Stärke. »Außer in der North Main Street herumzuhängen.« Am liebsten hätte er seinem Bruder den Tee ins Gesicht geschüttet, ihm sein überhebliches Grinsen weggebrannt.

»Ja, aber ausgerechnet Ballett?« War sein Bruder etwa eine von diesen verweichlichten Schwuchteln?

»Du lernst Klavier. Ich lerne tanzen. Was dagegen?«

»Warum machst du dann ein so großes Geheimnis daraus?«

»*Mati siwitagan*«, bat der Jäger leise, weil er das englische Wort für »Salz« nicht kannte. Jeremiah reichte ihm die kleine Blechdose, ohne Gabriel aus den Augen zu lassen.

»Ich wollte nicht, dass mich die Jungs an der Schule ...« – Gabriel rang nach Worten – »du weißt schon ... Schwuchtel, Waschlappen, Weichling nennen. Also habe ich gelogen. YMCA. Bodybuilding. Genau, wie du mir gesagt hast.«

»Ich habe nicht gesagt, dass du lügen sollst ...«

Die Jungen hatten gelernt, den Zorn ihres Vaters nicht zu reizen, seit sie miterlebt hatten, wie er Chichilia mit einem Kanupaddel den Schädel brach, nachdem sie schlecht über Pater Bouchard gesprochen hatte.

»Wieso?«, fragte Gabriel. »Bist du neidisch auf meinen Körper?«

Jeremiahs Wangen liefen leuchtend rot an. Er wusste nicht, was er sagen sollte.

Der weiße Fuchs über dem Kopf des Jägers zwinkerte im seidigen Licht. Als Gabriel sein schiefes Grinsen sah, musste er an die heimtückische Chachagathoo denken.

»Vor hundert Jahren, als diese Mission gegründet wurde ...«

Achak und Peesim, die beiden braunen Adler, kreisten würdevoll über dem Kruzifix, das grau und trist im peitschenden Regen aufragte. Gabriel und Jeremiah saßen, wie Krieger auf geflügelten Pferden, rittlings auf den inzwischen ausgewachsenen Tieren, die sie im Sommer aufgezogen hatten. Der bitterkalte Septemberwind bedeckte ihre Gesichter mit einer Eisschicht, und Gabriel zog den weißen Fuchspelz seiner Mutter bis über die Ohren.

»Es gab hier eine Frau, die sich über die Kirche hinwegsetzte, die nicht den wahrhaftigen Gott anbetete, die Hexerei ausübte ...« Noch immer ließ Pater Bouchards Predigt die Erde erbeben wie grollender Donner. »Die Umgang mit dem Satan pflegte. Die von Gott bestraft wurde«, hatte der Priester von der Kanzel gewettert. »Diese Frau wurde nach Süden ins Gefängnis geschickt, wo sie einen einsamen Tod starb ...«

Mariesis hatte bei den Frauen auf der linken Seite gesessen, Gabriel und Jeremiah mit ihrem Vater auf der rechten. Die Predigt hatte sie ausnahmsweise gefesselt: Wer war dieser Satan, der gepflegt werden musste? Wie sah er aus? Und wer war diese Frau – Chachagathoo –, mit der er Geschäfte gemacht hatte?

Die rote Twin Otter jagte mitten durch eine pechschwarze Wolke in Richtung Süden.

»Fern von ihren Freunden, ihrer Familie, ihrer Gemeinde. Und fern vom Himmelreich, denn die Seele dieser Frau kam in die Hölle ...«

Wo genau befand sich diese Hölle?

29

Wie ein Falke im Sturzflug packte ein strahlender junger Mann ein graziles Mädchen und schleuderte es so hoch in die Luft, dass es schwerelos einen graublauen Bogen beschrieb. Dann fing er es blitzschnell wieder auf und setzte es schwungvoll neben den fünf anderen ab, die wie Krebse auf dem verschrammten Kiefernholzboden herumkrochen. Bei jeder Wiederholung der Figur riss Gabriel die Augen auf wie ein Kind im Zirkus und vergaß fast zu atmen.

Der Mann in Schwarz verfügte über diese Tänzerinnen, davon war Gabriel überzeugt. Wie hätte er sonst mit einem Wink oder Kommando ihre Glieder dirigieren, ihre Körper modellieren, ihre Atmung kontrollieren können? »Ja, Eric, hoch, zwei, drei ...«

Wer war dieser Mann, fragte sich Gabriel, dieser Gebieter über das Studio D mit der Haltung eines Turners, einer Stimme wie Honig und einem Willen wie Stahl? Später, als Gabriel allein im Umkleideraum war und vor dem Spiegel stand – nackt, mit schwellenden Muskeln –, dachte er an den Fremden.

»Und drei und vier und deeehnen ...«, ertönte eine slawische Altstimme, während halbwüchsige Mädchen in Strumpfhosen zum mitreißenden Rhythmus einer Polonaise in einer geordneten Reihe quer durchs Studio C stürmten. Gabriel stand schüchtern in einer Ecke hinter den einzigen anderen männlichen Ballettschülern: zwei Jungen mit rosiger Haut, die so schlaksig waren, dass sie ständig zu schwanken schienen.

»Los, Gabriel, jetzt!«, rief Olga Ichmanova, und Gabriel sprang, wobei sein massiger Körper wie ein Panzer über das Parkett donnerte. Zum Glück war er nach dem fünften *grand jeté* auf der anderen Seite des Raums angelangt. Was hatte er hier zu suchen? Weshalb strapazierte er hier seine Leisten, wo er eigentlich am Mistik-See hätte sein und mit dem achtunggebietenden Fischer Abraham Okimasis Forellen hätte ausnehmen sollen? Madame Ichmanovas Missfallen haftete an seinem Rücken wie die Schuppen eines Weißfischs.

Beim zweiten Durchgang ließen Gabriels hundertvierzig Pfund das ganze Gebäude erzittern. Die alte Frau am Klavier verpatzte einen Akkord, und aus Olga Ichmanovas Augen schossen böse Blitze. Der Gedanke, Jeremiah ans Priesterseminar zu folgen, war äußerst verlockend.

Als der dritte Durchgang nahte, erblickte er am Eingang einen schwarz gekleideten Mann mit kastanienbraunem Haar, der mit einer Tasche in der Hand dastand und ihn anstarrte. Heilige Mutter Gottes, jetzt hatte er Publikum! Er holte tief Luft und setzte erneut zum Sprung an.

»Diese Muskeln müssen sich deeehnen, Mr. Okimasov, sie müssen sich deeehnen!«, trillerte die matronenhafte Olga Ichmanova, und – *wumm, bumm, bumm!* – war Gabriel mit drei Sätzen an der verspiegelten Wand auf der anderen Seite, schweißgebadet und so verlegen, dass er sich beinahe in sein Trikot gemacht hätte.

»Und drei und vier und deeehnen ...« Stunden später stand Gabriel an der Ballettstange – die rachsüchtige Reinkarnation einer Kommunionbank? – und hatte einen Oberschenkel darübergelegt, auf den der Schweiß von Brust und Stirn tropfte. Wie konnte er seine Leiste noch weiter dehnen, ohne zu zerreißen? »Und eins und zwei ...«, keuchte er. Bis auf ein gelegentliches Poltern von oben – eine späte Probe im Studio darüber – herrschte eine Stille im Raum wie bei einer Andacht.

»Darf ich etwas vorschlagen?« Wie lange hatte ihm Gregory Newman, Gastchoreograph und Ballettlehrer, schon kritisch zugesehen?

Ohne Mantel und Tasche, nach einem schweren, maskulinen Parfum duftend, stand er dicht neben Gabriel, Gesicht an Gesicht, und ließ seine fleischigen Finger über die Wirbelsäule des jungen

Cree wandern, über seinen Hals, seine Schenkel, seine Knie, seine Füße, seine Arme, seine Handgelenke und wieder über die Schenkel.

»Stell dir vor«, schlug Gregory vor, »dein Becken ist ein Teller, auf dem du etwas servierst.«

Als Gabriel zu einem weiteren *grand jeté* ansetzte, spürte er, wie sich seine gesamte Leistengegend öffnete, zu atmen begann. Und plötzlich hatte er das Gefühl, verschlungen zu werden.

30

»Hier entlang.« Gabriels Stimme klang gedämpft und unterwürfig in dem sterilen, weißen Flur.

Was soll das? war Jeremiah versucht, ihn zu fragen. Geisterstunde? Waren sie an eine Friedhofspforte angelangt? »Mein Gott«, rief er stattdessen, »wie viel Miete zahlt er dafür?« Sie wateten durch einen blutroten Teppich, der so tief war wie ein Sumpf. Jeremiah wagte nicht zu atmen; bestimmt würde jeden Moment uniformiertes Wachpersonal aus einer verborgenen Nische ausschwärmen.

»Er zahlt überhaupt keine Miete«, murmelte Gabriel entschuldigend, aber auch stolz. »Es gehört dem Tanzensemble.« An der Tür mit der Nummer 2204 drückte er auf den Klingelknopf.

Wie oft, schoss es Jeremiah durch den Kopf, war dieser verschlossene junge Mann schon hier gewesen?

»Du bist gekommen!« Vor Gabriel, ganz in bestrickendem Weiß, erschien Gregory Newman, in silberverziertes Schwarz gekleidet. Aus dem Raum hinter ihm drang überschäumendes Gelächter, das stilvoll von schwermütigen Jazzklängen untermalt wurde. Der Choreograph umarmte seinen Gast und schloss dabei die Augen, so freute er sich, ihn zu sehen.

Gabriel verhielt sich reserviert. Wenn sich Jeremiah schon über die Ballettschuhe aufgeregt hatte, wie würde er dann erst auf Gregory reagieren? Er war ein Freund, nichts weiter, ein Mentor, ein Kollege, der ihm neue Möglichkeiten eröffnete.

Als der Gastgeber langsam die Augen öffnete und über Gabriels Schulter blickte, sah er eine große, dunkle Gestalt. Augenblicklich ließ er Gabriel los.

»Ich …«, Gabriel räusperte sich, »habe jemanden mitgebracht.« Warum war er bloß mit Jeremiah zusammengezogen? Damit dieser sein Nachtleben überwachen, dokumentieren und der Nachwelt überliefern konnte? Ganz zu schweigen davon, dass er ihn, genau wie Mrs. Bugachski mit dem Klavier, das *Sooni-eye-gimow* unüberlegt für dieses Dreckloch gemietet hatte, in den Wahnsinn trieb.

Der Choreograph ließ den indianischen Pianisten schmählich links liegen, was zur Folge hatte, dass dessen Hodensack auf die Größe einer Rosine zusammenschrumpfte.

Immerhin gurrte er: »Ahh, hereinspaziert, die Party kommt gerade in Schwung.«

Wie Schilfrohre an einem Flussufer standen dreißig wogende, taumelnde Gestalten in einem geschmackvollen Wohnzimmer, das in seidiges Licht getaucht war. Gerahmte Poster, *objets d'art*, Skulpturen von nackten Körpern, Tänzern – die reinste Kunstsammlung; man müsste Eintritt verlangen, dachte Jeremiah. Kerzen, Grünpflanzen und Blumen in so verschwenderischer Fülle, dass nur noch die Witwe fehlte, die sich in ein klammes Taschentuch schnäuzte. Wo war der Sarg, der wächserne Leichnam, der ein letztes Mal grinste?

Gabriel nahm all seinen Mut zusammen: Er schüttelte seinen Groll ab und konzentrierte sich auf das Schöne. Auf die gedämpfte Musik, auf die erlesene Gesellschaft, auf das, was sich dem Auge bot – das pure Gegenteil des misstönenden Chaos bei Jane Kakas Festen.

Jeremiah lehnte an der Wand und spielte mit einem leeren Bierglas. Was sagte man in diesen Kreisen, um nachgeschenkt zu bekommen? Pfiff man einem Kellner? Röhrte man wie ein Elch?

»Komisch, ihr seht gar nicht aus wie Brüder.« Gregorys Stimme schnitt durch den Sandelholzdunst. Was für ein kaum wahrnehmbarer Akzent war das? Britisch? Australisch? Skandinavisch? Er zog an einer selbst gedrehten Zigarette, deren Rauch bittersüß und intensiv roch. Der zurückhaltende Gastgeber reichte Jeremiah die Zigarette und schwebte in Richtung Küche davon. Was blieb dem demütigen Ureinwohner anderes übrig, als sich dem Gegenstand zu widmen, den er in den Fingern hielt?

Mit einem Mal geriet die Luft um ihn herum in Wallung, der Perserteppich glitt davon, wogte, flatterte. Menschen, Pflanzen, sogar tote Gegenstände erwachten zum Leben. *Oh, mein Gott!* Er hatte Marihuana geraucht! Was sollte er tun, wenn sein Gehirn nun völlig verschmort war? Zu spät.

Zu einem südamerikanischen, vielleicht auch brasilianischen Rhythmus sang ein violett gekleideter Mann von Kindern, die für immer verloren, und von Eltern, die tot waren. Drei Frauen in schulterfreien Kleidern, denen Huskyköpfe und Krähenflügel wuchsen, gesellten sich zu dem Sänger und verspotteten Jeremiah. Ein Ringelreihen von Schüsseln kam klappernd aus der Küche, schrie »*eematat!*« und schwebte zu Bossa-Nova-Klängen zum Fenster hinaus. Eine Meile über der Stadt öffneten sich ihre roten Münder, und Schlangen schossen daraus hervor, die sangen: »Jeremiah, du bist nicht, du bist nicht, Jeremiah, du bist nicht.«

Nicht was? Nicht wie dieser Hohepriester der Kultur und seine Galerie erotischer Leiber?

»Richtig«, sang Jeremiah lautlos und trotzig zurück. »Meine Nasenlöcher klaffen wie Gräber, mein Kopf ist groß wie ein Kürbis, mein Gesicht vernarbt und vergilbt, und meine Hüften sind breit genug, um zwölf Kinder zu gebären!«

»Richtig!« Die Schlangen glitten in eine bluesige verminderte Septime. »Richtig, Jeremiah, *eematat, eematat!*«

Gabriel war von Mündern umgeben, Mündern ohne Köpfe, ohne Körper, nur mit Armen und Händen, einer Hängematte aus Adern und Blut, die seinen Körper aufnahm und schaukelte, ihn schaukelte wie ein Neugeborenes in der Wiege, während die Münder Schlaflieder sangen, in Sprachen, die er noch nie gehört hatte. Er streifte alles irdische Gewicht ab wie eine Haut und badete nackt in den Wogen der Lieder.

Jeremiah sah Gabriel als Dreijährigen lachend umhertollen. Wie wunderschön sein kleiner Bruder war – überirdisch, rein, unbefleckt. Wie konnte irgendein Sterblicher hoffen, ihn berühren zu dürfen?

Im Mondlicht wurden Gabriels Gesicht und Hals in heißem, nach Minze duftendem Männeratem gebadet, bis sich der silbrige, nackte Jesus, der an der Halskette des weißen Mannes hing, kalt und hart auf seinen Hals legte. Er sah Jeremiah an der Tür vorbeigehen.

Während Jeremiah seine Jacke anzog, kämpfte er gegen seine Verzweiflung. Er hielt die Luft an, blieb jedoch nicht stehen. Denn dort an der Schlafzimmerwand hing Gregory Newman an seinem Bruder, Mund an Mund, wie ein schwarzer Christus am weißen Kreuz.

Durch die Wände des Aufzugs hindurch hörte Jeremiah die Stimme, dem Atmen eines Leichnams gleich: »Er ist groß, was? Er ist groß.«

Er presste die Augen zu, schluckte und wollte sterben. Sein Körper existierte nicht mehr; von dem Tag an bestand er nur noch aus Gedanken – reinen, unverfälschten, klaren Gedanken.

31

Schon im Flur fiel Gabriel auf, dass Jeremiahs Tonleiter an diesem Morgen ungewöhnlich steif und schwerfällig klang: c-moll, die Tonart, die – so hatte ein gewisser Cree mit intellektuellen Ambitionen ihn belehrt – auch Beethoven verwendet hatte, um seiner tragischen Todessehnsucht Ausdruck zu verleihen.

»Wo warst du?« Jeremiah drehte sich weder um, noch unterbrach er sein Üben; die Noten – und das unerträgliche Metronom – tröpfelten weiter wie bei einer raffinierten Foltermethode.

»Ich ... ich bin über Nacht geblieben«, sagte Gabriel und blieb in der Tür stehen.

»Wo?«

»Bei Greg.«

Die Tonleiter und das Ticken verstummten. Jeremiah wirbelte herum. »Wann nimmst du dein Leben endlich ernsthaft in die Hand?«

Gabriel legte Falschheit, Ausflüchte und Lügen mit seinem Parka auf dem müden, alten Sofa ab.

»Du willst nicht, dass ich tanze. Du willst nicht, dass ich mich in der North Main Street herumtreibe. Du willst nicht, dass ich Freunde finde. Was soll ich denn machen?«

»Wer ist dieser ... Gregory Newman?«

»Wer bist du? Das FBI? Mariesis Okimasis? Pater Lafleur?«

Gabriel war gerade erst siebzehn, zum Kuckuck, fast noch ein Kind – dieser Kinderschänder! »Mom und Dad haben mich gebeten, auf dich aufzupassen«, log Jeremiah.

»Du bist zu ehrgeizig. In jeder Beziehung. Du und deine lilienweißen Finger. Das ist es doch, was du willst, oder? Ein Weißer werden.«

Jeremiah schlug Gabriel so fest auf die Wange, dass für einen Moment alle Farbe daraus wich.

»Was hast du gestern Abend gemacht ... mit diesem Typ?«

»Nichts ...«

»Du ... du hast ihm die Zunge in den Mund gestreckt, verdammt ...«

»Na und? Es ist schließlich nicht deine Zunge.«

Jeremiah stieß Gabriel gegen die Wand. Das Metronom fiel vom Klavier und landete senkrecht in einer Ecke: *tick-tock, tick* ...

»Wie kannst du bloß zulassen, dass irgendjemand das mit dir macht, was dieser widerliche alte Priester gemacht hat? Wie kannst du dir bloß solche ... Freunde suchen?«

»Und du?« Gabriel packte seinen Bruder am Handgelenk und riss so kräftig daran, dass Jeremiah taumelte. »Du würdest doch lieber deinem Klavier einen runterholen als dir selber. Du bist tot, Jeremiah. Mein Körper lebt wenigstens noch.«

Als das Dröhnen in Jeremiahs Ohren nachließ, lag er am Boden, und Gabriel stand mit blutverschmiertem Gesicht über ihm.

Jeremiah presste beide Hände auf seinen Bauch und seufzte: »Was würde Dad dazu sagen?« Sein Körper wurde schlaff, seine Stimme düster. »Krank. So würde er das nennen.«

Gabriel warf sich mit seinem ganzen Gewicht auf seinen Bruder. Er würde ihm die Augen ausstechen. Wo war ein Messer, ein Schraubenzieher, ein Bleistift? Gut, dann würde er es eben mit bloßen Händen tun. »Und du«, er spuckte die Worte aus, während er auf Jeremiah einschlug, »wie kannst du dir bloß ihre kranke Propaganda anhören? Nach all dem, was sie uns angetan haben?«

Mit seinem letzten Funken Wut zerrte Jeremiah an Gabriels Hals, bis er ihm beinahe das Genick brach, und fauchte ihm ins Ohr: »Er ist groß, was? Er ist groß.«

»Neeeeein!« Gabriel rammte Jeremiah den Ellbogen ins Gesicht. »Ich breche dir den Arm. Du wirst nie mehr auch nur eine Scheißnote auf diesem verdammten Klimperkasten spielen.«

Vom Klavier lächelte die Pelzkönigin herab.

32

Gabriel beobachtete den Seifenschaum, der von seiner Brust über seinen Bauch bis zu der bewaldeten Insel hinabrann, auf der ein bebender Turm aufragte – höchst majestätisch, wie Scharen von Pilgern bestätigt hatten. Er war seit drei Monaten nicht mehr in der Wohnung seines Bruders gewesen.

»Gabriel?« Durch die doppelte Wand aus Tür und Wasserrauschen war Gregory Newman fast nicht zu hören. »Telefon!«

»Und?« Jeremiahs Stimme trug noch immer die Narben tiefer Verletzung. »Kommst du?«

»Wie könnte ich mir das entgehen lassen?« Ohne den pflaumengroßen Kloß im Hals hätte Gabriels Stimme wie ein Zwitschern geklungen. »Aber danach muss ich gleich wieder weg.«

»Weg?« Das war neu. »Du kommst nicht zur Siegerehrung?« Falls ich gewinne, wollte Jeremiah hinzufügen.

»Ich ziehe nach Toronto. Ich fliege morgen. Um acht Uhr abends.« So. Hatte er ihm das mit der nötigen Lässigkeit unterbreitet? »Mit Gregory.« Gabriel schloss die Augen und wartete auf die Explosion.

»Gabriel! Das Konzert ist morgen Abend, nicht morgen Nachmittag!«

»Mein Gott, Jeremiah ...« Seine Wangen liefen purpurrot an.

»Hast du denn meine Nachricht nicht bekommen?«

Welche Nachricht? War eine gekommen? Wenn ja ... Zeit. Gabriel brauchte Zeit.

»Gabriel«, flehte Jeremiah, »ich hab fünfzehn Jahre darauf hingearbeitet. Mom und Dad und der Rest sind tausend Meilen weit weg. Du bist der Einzige aus der Familie, den ich habe ...«

»Wart mal kurz«, sagte Gabriel und hielt eine Hand auf den Hörer. »Greg, es ist Jerem ...«

»Ich weiß.« Gregory schob sich eine Gitane zwischen die Lippen.

»Es geht um diesen Wettbewerb ... Ich hab mich in der Zeit geirrt und ...«

»Auf den Flugtickets steht morgen Abend, Viertel nach acht. Ich habe am nächsten Morgen Termine.«

»Bitte, Greg. Wir könnten zumindest mein Ticket umtauschen.«

Eine Wolke Zigarettenrauch hüllte Gabriel ein, verschluckte ihn, löschte ihn aus.

33

Sosehr sich Jeremiah auch bemühte, nur an die technischen Schwierigkeiten von Sergei Rachmaninows »Präludien« zu denken, hatte er doch nichts anderes als Flughäfen, Flugzeuge und Taxis im Kopf. Selbst der lange, rote Teppich, der zur Bühne führte, und die zwei Reihen winziger Bodenlampen sahen für ihn aus wie eine Rollbahn. Gut, dann war er eben ein großer, dicker Jumbojet, der in unbekannte Gefilde startete.

Blasse weiße Gesichter betrachteten ihn, taxierten ihn, beurteilten ihn. Für wen hielt sich dieser unverschämte dunkelhäutige Kerl eigentlich, der mit so wenig Anmut, so unmusikalischem Schritt ins Rampenlicht trottete? Seit er vor einer Woche durch einen glücklichen Zufall in die Endrunde gelangt war, gab es heftige Diskussionen.

Unter den Preisrichtern – da sie aus England stammten, musste man ihnen ihre Unkenntnis in Bezug auf die Urbevölkerung nachsehen –, kursierte das Gerücht, er sei ein Komantsche, dessen Vorfahren in den Verfolgungsszenen in dem Spielfilm *Höllenfahrt nach Santa Fé* mitgewirkt hatten. Andere wiederum behaupteten, er sei Apache und somit ein Vetter von Geronimo, diesem versoffenen Flegel. Manche waren aber auch der Meinung, er stamme aus einem der entlegensten und unzivilisiertesten Winkel des Landes, wo sein Vater wilde Tiere abschlachtete und ihr Blut trank, um irgendeine übellaunige heidnische Gottheit zu besänftigen. Und das alles nur, weil dieser junge Indianer – Apache, Komantsche, Kickapoo – im Smoking und mit wallendem Haar gleich Rachmaninow spielen würde.

Als sich Jeremiah an dem Bösendorfer-Konzertflügel niederließ – der Hocker war noch heiß von den glühenden Hinterteilen zukünftiger Starpianisten wie John H. Smith, Mary Perkins und der ukrainischen Senkrechtstarterin Inka Radnychka –, herrschte eine so eindrucksvolle Stille, dass ein Reporter der *Winnipeg Tribune* sie für die Ausgabe vom nächsten Tag auf einem Foto festhielt. Jeremiah freilich hatte nur seinen Bruder vor Augen, wie er, mit Koffern beladen, das Mayfair Towers Hotel verließ und auf ein wartendes Taxi zuging. In zwei Schritten Abstand folgte ihm ein Herr in Nachtschwarz, wie bei einem kirchlichen Ritual.

Jeremiah hob die linke Hand, spreizte die Finger, ließ sie herabfallen und schlug eine Oktave an: B-Dur.

Anfangs war alles sehr mühsam. Das linke Handgelenk tat ihm noch immer weh, obwohl Gabriel, dem Himmel sei Dank, es ihm nur ausgerenkt hatte. Dank seiner kräftigen Konstitution – die nach Ansicht des Arztes der eines Athleten oder Fischers entsprach – war es in Windeseile in seine ursprüngliche Position zurückgekehrt. Die beste Behandlungsmethode, hatte der Arzt am Ende der Unterredung fröhlich gemeint, sei »zum Beispiel Klavier spielen, am besten täglich«.

Nachdem sich Jeremiah schon auf eine Amputation eingestellt hatte, war er auf dem Rückweg zur Universität in die Kirche Unserer Lieben Frau von Lourdes gehuscht, um rasch zehn Ave-Maria zu beten.

Er wechselte von B-Dur nach g-moll.

Gabriel, der auf dem Rücksitz eines eleganten schwarzen Taxis saß, glich einem Svengali mit kastanienbraunem Haar und smaragdgrünen Augen. Mit einem kraftvollen, sonnendurchfluteten D-Dur-Akkord jagte Jeremiah das Trugbild taumelnd wie einen Betrunkenen ins Reich der Schatten.

Dezibel um Dezibel baute er sein Crescendo auf der Rollbahn des internationalen Flughafens von Winnipeg auf. Der Pianist spielte mit einer solchen Wut im Bauch, dass sich die drei weißhaarigen Preisrichter veranlasst sahen, bei der anschließenden Siegerehrung sein wahrhaft animalisches Temperament hervorzuheben. Ein so furioses Spiel hatten sie noch nie erlebt.

Die DC-10 der Air Canada bohrte ihre Krallen in das Herz des Pianisten, während ihre Positionslichter blinkten, ihre Räder sich schneller drehten, der Gummi den Kontakt zum Asphalt verlor.

Jeremiah spielte ein seines Gabriel Okimasis beraubtes Manitoba, er spielte den Schrei des Eistauchers, die Wölfe bei Einbruch der Nacht, das Polarlicht über dem Mistik-See; er spielte den Wind, der durch die Kiefernwälder weht, das Violett des Sonnenuntergangs, den Zickzackflug von tausend weißen Seeschwalben und Felder mit malvenfarbenen Weidenröschen, die auf und ab wogten wie ein freigelegtes Herz.

Gabriel saß auf dem Rücken seines braunen Adlers Achak und zog über den Bürohochhäusern von Winnipeg traurig seine Kreise. Die Jubilee Concert Hall glich einer mit Kerzen beleuchteten Basilika, die Oktaven seines Bruders den Hufen von tausend Karibus, die sich um ihn scharten und riefen: »Gabriel, bitte, bitte, verlass mich nicht!«

Jeremiah klammerte sich an die elfenbeinernen Tasten, bis seine Fingerknöchel so weiß waren wie sie. Die Tastatur des Flügels wurde zu einem gebogenen, entrindeten Stück Fichtenholz, zum Handgriff eines Schlittens. Nebel stieg auf, Stille lähmte die Luft. Wo war er? Was war das? Das Knirschen des Eises auf dem Mistik-See im Frühling?

Das waren keine Hunde, die seinen Schlitten zogen, sondern nackte junge Männer mit Engelsflügeln, die am Geschirr zerrten und Dampfwolken ausstießen. Und an der Spitze, wo Tiger-Tiger sich hätte abmühen müssen, schoss sein kleiner Bruder durch Wolkenfetzen, am Mond vorbei, zum Jupiter. Die Städte der Welt funkelten zu seinen Füßen – Toronto, New York, London, Paris: Der Schlund des Weetigo, des unersättlichen Menschenfressers, des Kannibalen, folgte in Jeremiahs Traum tanzend seinem Bruder.

Dann sah Jeremiah ihn, oder glaubte es zumindest: den Umhang der Pelzkönigin – die Polarlichter – die Ziellinie! Und da war sie, die Pelzkönigin persönlich, lächelte von der Kuppel des Kosmos herab und hielt den sagenhaften silbernen Pokal.

Hände streckten sich nach ihm aus, umklammerten seine Arme, seine Schultern, legten sich auf seinen Rücken. Champagnergläser,

Kameras, Mikrofone waren auf ihn gerichtet. Männer mit Notizblöcken und Bleistiften wandten sich ihm zu, Frauen mit Kugelschreibern und großen und lebhaften roten Mündern, die in der harten, abgehackten, kantigen Sprache der Engländer Fragen stellten. Etwas sagten von »Jeremiah Okimasis, zwanzig Jahre alt«. Von »Jeremiah Okimasis aus dem Indianerreservat Eemanapiteepitat«. Etwas von »Jeremiah Okimasis, dem ersten Indianer in der siebenundvierzigjährigen Geschichte dieses aufreibenden Wettbewerbs, der als Sieger hervorgegangen ist ...«

»Dein heuchlerisches Herz ...«, klagte Hank Williams' melancholischer Tenor.

Wo war Gabriel? Kam er nicht an den Samstagabenden mit seinem heuchlerischen Herzen hierher, auf der Suche nach ... Ablenkung? Erkenntnis? Gott Vater? Dem stolzen König Luzifer?

Der Tisch war ein Schlachtfeld aus Biergläsern, die einen silbernen Pokal umringten, die Crookshank Memorial Trophy, das Sprungbrett für so manchen Konzertmusiker. Jeremiah starrte sein Spiegelbild im Pokal an und war derart betrunken, dass nur noch der gestärkte Kragen seines Smokings – verschmutzt und von einer Zigarette durchlöchert – seinen Kopf hielt. So sehr er sich auch wünschte, Gabriel möge ihm in diesem verrauchten Universum Gesellschaft leisten, sein Ebenbild blieb hoffnungslos allein. Hinter ihm im Raum betrunkene Indianer, so weit das Auge reichte.

Er hatte es versucht. Er hatte versucht, seine Vergangenheit mit allem, was sie bedeutete, zu ändern, die Wurzeln seiner Haare, die Farbe seiner Haut, aber er war einer von ihnen. Was sollte er mit Chopin anfangen? Auf dem Hügel von Eemanapiteepitat ein Konservatorium eröffnen? Die Einwohner zwingen, Mitglieder des Philharmonieorchesters von Eemanapiteepitat zu werden?

Hoppla. Ein zerbrochenes Bierglas. Hey! Gab es ein geeigneteres Werkzeug, um dem edlen Instrument Lebewohl zu sagen? Er legte die linke Hand auf den Tisch und nahm eine Scherbe in die rechte. Als Erstes würde er sich in den Daumen schneiden.

»*Oogimow! Oogimow!*« Die Stimme war schrill und doch seltsam wohlklingend. »*Tantee kageegimootee-in anima misti-mineeg'wachi-*

gan?« – »Wo hast du diese große Tasse geklaut?« Cree? In Winnipeg? Warum nicht? Schließlich war er im Hell Hotel.

Evelyn Rose McCrae, die längst verlorene Tochter vom Mistik-See, torkelte zwischen den Tischen und Stühlen umher und lächelte ihr Zahnlückenlächeln, den aufgeschwollenen Leib voller zerbrochener Bierflaschen. Um die Schultern trug sie einen weißen Pelzumhang, auf ihrer Stirn funkelten die sieben Sterne des Großen Bären.

»Den habe ich dafür bekommen, dass ich Klavier gespielt habe«, lallte Jeremiah. Er zeigte ihr die blutende Schnittwunde an seinen linken Daumen. Evelyn Rose taumelte auf ihn zu und lachte. Jetzt war sie Madeline Jeannette Lavoix, einst zu Hause am Mistik-See, der man mit einem Schraubenzieher mit rotem Griff sechsundfünfzig Mal in die Vagina gestochen hatte.

»Darf ich ihn anfassen?«, fragte Madeline Jeannette. »Darf ich damit spielen?« Sie lachte noch einmal und knallte auf den Tisch, an dem Jeremiah saß.

»Du kannst sogar reinpinkeln, wenn du willst«, lallte Jeremiah. »Tu dir keinen Zwang an.« Madeline Jeannette und Evelyn Rose lachten, und ihre Stimmen verschmolzen zu einer.

Und plötzlich stand die Madonna der North Main Street vor ihm. Zwischen den Sternen auf ihrem Stirnreif lugte die erbärmliche Plastikrose hervor, die sie im Haar trug. Mittlerweile war sie im siebenundzwanzigsten Monat schwanger. In ihrem durchscheinenden Bauch, der drei Meter vorstand, wütete, um sich stechend und schlagend, ein Wesen, von dem nur der Schädel entfernt an einen Menschen erinnerte.

»Hey, Luce!«, rief sie jemandem am anderen Ende des Raumes zu. »Du verdammter Scheißkerl! Komm her und mach ein Foto.« Mit einem Seufzer, der so tief war wie der Manitoba-See, hob sie die Trophäe an ihre geschwollenen Brüste und nahm Jeremiah in den Arm. »Du machst mich ungeheuer stolz darauf, eine beschissene Indianerin zu sein, weißt du das?«

TEIL V

Adagio espressivo

34

»Weißt du«, begann Jimmy Roger Buck und es klang kehlig, gurgelnd und, wie sich Jeremiah vorstellte, nach grünlich gelbem Schleim, »wenn wir Indianer tatsächlich das dreizehnte Volk Israels sind« – der pausbäckige, dunkelhäutige Saulteaux bewegte den Schleim im Mund – »dann sollten wir nach Israel zurückgehen.« Er spuckte aus. »Vor der Apokalitze, Jeremiah Okimasis. Wir müssen vor der Apokalitze dort sein.«

Jeremiah wäre in schallendes Gelächter ausgebrochen, wenn sein Kiefer nicht fast festgefroren gewesen wäre und in seinem Kopf nicht ein Kater getobt hätte, der ihn schon seit sechs Jahren verfolgte. »Soll das ein Witz sein?«, fragte er mit klappernden Zähnen. »Die Palästinenser würden uns auslachen und heimschicken.« Dampf stieg von den Gehsteigen, den Straßen, den Gebäuden auf und hüllte die schlafende Stadt in einen gespenstischen Nebel.

»Palastindianer!« Jimmy Roger Buck stürzte sich auf das Wort. »Siehst du? Ich hab dir doch gesagt, dass es in Israel Indianer gibt.« Jimmy Roger Bucks Humor hatte mehr Kraft als Chopin, Bach und Rachmaninow zusammen.

»Hoppla!«, rief Jimmy Roger Buck fröhlich. »Sieht aus, als hätten wir da schon einen.« Die zwei Männer schalteten ihre Taschenlampen ein und schlichen wie zwei Einbrecher auf Beutezug durch die dampfende Gasse.

»Freu dich nicht zu früh«, flüsterte Jeremiah. »Erinnerst du dich noch an diesen Typ vom letzten Jahr?«

»Mausetot«, bestätigte Jimmy Roger Buck, als sie sich dem großen Haufen näherten. »Vorsicht.« Vor kurzem nämlich war ein solcher Haufen aufgesprungen und hatte seinem Retter einen so zielsicheren Tritt verpasst, dass diesem ein Hoden geplatzt war, erzählte man sich jedenfalls bei der Straßenpatrouille.

Gerade als das Duo den Körper verstohlen mit den Zehen anstubsen wollte, feuerte dieser einen kolossalen Furz ab.

Der rundliche Jimmy Roger Buck tanzte in der Gasse. »Es lebt, es lebt, juhu, es lebt!« Der Gestank war so bestialisch, dass sich die beiden erst nach einer Weile bücken und einen genaueren Blick riskieren konnten.

Mit zerfetztem, fast bis zu den Hüften hochgerutschtem Rock lag die Frau neben einer umgestürzten Mülltonne, deren farbenfroher Auswurf unter anderem einen gefrorenen Rattenkadaver umfasste. Ein Gegenstand neben ihrem Kopf sprang Jeremiah ins Auge. Eine Blechdose. Leer. Desinfektionsspray.

»Los, aufstehen.« Jimmy Roger Buck rüttelte den Haufen; seine Hand steckte in einem dicken Handschuh. Keine Reaktion.

»Komm schon, Mädchen«, flehte Jeremiah, »du erfrierst hier draußen.« Die Frau war alterslos, ihr Gesicht breiig, ihre Augen Löcher.

»Los, komm, Jimmy Roger Buck. Hilf mir!« Und mit vereinten Kräften richteten die Männer das bewusstlose Häufchen Elend auf. »Schwer wie ein Grabstein«, tönte Jimmy Roger Buck später vor ihren Kollegen. Die zwei mühten sich bestimmt eine Minute lang ab, bis die Gestalt aufrecht stand und sie sie durch die Gasse zu ihrem alten Lieferwagen schleifen konnten, auf dem an der Seite »Indianisches Freundschaftszentrum, Winnipeg, Straßenpatrouille« zu lesen war. Jeremiah fand, dass darunter eigentlich stehen sollte: »Sie haben einen bewusstlosen Indianer gefunden? Rufen Sie uns an!«

Ächzend streckte Jimmy Roger Buck die Hand nach dem Griff der Schiebetür aus. Die Gestalt kippte nach vorn und landete röchelnd mit dem Gesicht auf Jeremiahs Brust. Was war das? Etwas Feuchtes? Auf seiner Jacke? Dann sah er es: weiße Klümpchen Stärke, halb verdaute Erbsen, verstümmelte Brocken, Roastbeef vermutlich, und alles schwamm in einer tomatenroten, eitrigen Brühe.

»Mmmm«, meinte Jimmy Roger Buck, »genau rechtzeitig zum Frühstück.«

Die Frau hatte mittlerweile zu stöhnen begonnen und stammelte etwas von *Machimantou* – Satan –, der im Hell Hotel auf sie wartete, mit dem sie Geschäfte gemacht hatte, dem sie etwas schuldete, von dem sie sich hatte vögeln lassen, bis ein Dutzend kleiner Teufel aus ihrer Möse gepurzelt waren.

Jeremiah starrte trübe auf die Schneeflocken. Wie lange würde er das noch ertragen, diese ... Hölle? Waren die sechs Jahre, die er damit verbracht hatte, Betrunkene von der Straße aufzulesen, noch nicht genug? Vor der imposanten Silhouette des dunklen Konzertsaals sah er die grauen Cree, Sioux, Salteaux – seine Brüder und Schwestern – mit eingesunkenen Schultern dahinschlurfen, aber wohin? Nach Israel zur Apokalitze?

Ein Bus brauste vorbei, der die ersten Werktätigen des neuen Tages beförderte – Aushilfsköche, Krankenschwestern, Radiosprecher, wer weiß, vielleicht sogar einen engagierten indianischen Schüler auf dem Weg zu Chopin.

Der Lieferwagen sprang an und nahm den Kunden Nummer 2647 mit in den dunklen Februarmorgen. Mit vor Kälte gekrümmten Fingern, die steif waren wie Klauen, nahm der sechsundzwanzigjährige indianische Sozialarbeiter einen Schluck aus dem Flachmann.

35

»Wir können nichts mehr tun, wir alten Leute«, drang die Stimme des Jägers durch das Kerzenlicht. Jeremiah hatte sich so beeilt herzukommen, war so plötzlich aufgebrochen, dass sich in seinem Kopf noch alles drehte und sein Körper noch immer im Flugzeug saß. Im zerfurchten Gesicht des alten Mannes schimmerte der eisbedeckte, mit Inseln übersäte Mistik-See, den ein verirrtes Karibu überquerte.

Warum war Gabriel nicht hier? Wie konnte er nur in diesem Scheiß-Tokio für die verdammten Japaner tanzen?

»In unseren Reservaten wird jetzt so viel gekämpft. Es gibt so viel Hass, so viel Zorn.« William William, der älteste Sohn des kranken Mannes, war bei einem von Jane Kakas Trinkgelagen mit siebenunddreißig einer Kugel zum Opfer gefallen. »Wer hilft uns aus diesem schrecklichen Schlamassel, hm? Wer?«

Über dem dichten silbergrauen Haar des trotzigen alten Mannes kletterte sein Letztgeborener zu den Sternen, einen Halbmond auf die blanke Brust geschnallt. Jeremiah, mit wilder Mähne und im Smoking, hämmerte auf einen Flügel ein, dessen Grollen das Familienoberhaupt nie zu hören bekommen würde. Neben den Porträts von den Brüdern stand ein drittes, mit dem majestätischen Tiger-Tiger zu Füßen des strahlenden Weltmeisters, der seine Trophäe entgegennimmt – und den Kuss.

»Du wirst nicht sterben!«, rief Jeremiah plötzlich. »*Papa*, du wirst nicht ...«

»*Ash! Kagitoo!*«, fauchte Mariesis. »Natürlich wird er nicht sterben!« Ihre Finger verhedderten sich im Rosenkranz. Die Ermahnung hatte ihr Ave-Maria unterbrochen.

Die siebenundneunzig Verwandten, die sich wie die Maden um das winzige Familienoberhaupt scharten, waren derselben Meinung: Sie wollten nichts vom Tod wissen. Und keiner biss die Zähne mehr zusammen als Kookoos Cook. »Ich bin zwar inzwischen sechsundachtzig«, predigte der grauhaarige Kauz allen, die einfältig genug waren, ihm zuzuhören, »aber schaut mich an! Munter wie ein Fisch im Wasser, schlau wie ein Fuchs.« Daraufhin eilte er so geschwind aus dem Zimmer, dass die Kerzenflammen um ihr Leben kämpfen mussten. Der Weetigo huschte über die Decke.

»*Astum*«, krächzte Abraham.

Jeremiah erschrak, als er den Schatten sah, und beugte sich zu seinem Vater hinunter. »*Keegway kaweetamatin*«.

Aber Kookoos Cook stürmte wieder ins Zimmer und schleifte Abrahams ramponiertes altes Akkordeon wie eine gefrorene Karibukeule hinter sich her. »Jeremiah Okimasis, du verdammter Grünschnabel«, keuchte Onkel Kookoos. »Wenn du eine Strophe von *Kimoosoom Chimasoo* auf der alten Quetschkommode deines Vaters spielst, wird er aufstehen und durchs Zimmer tanzen, ehe du dich's versiehst.« Der lebhafte Zwerg packte das Instrument an den Gurten und hielt es seinem Neffen hin.

Mariesis hätte dem lästigen Kerl am liebsten das Kruzifix ihres Rosenkranzes in die Rippen gerammt. »*Ash!* Kookoos Cook! Geh weg mit diesem *kitoochigan, seemak! Awus*, und zwar auf der Stelle!«

Die Menge teilte sich, und da stand, siebenundzwanzig, eine Tasche und einen schneebedeckten Filzhut in der Hand, mit blau angelaufenem Gesicht und Eiszapfen im Haar, Gabriel Okimasis. Da der Wind jeglichen Luftverkehr nördlich des fünfundfünfzigsten Breitengrades lahm gelegt hatte, war er auf einen Lastwagen aufgesprungen, der von Smallwood Lake nach Wuchusk Oochisk fuhr, und hatte einen Jäger dazu gebracht, aus dem Bett und in sein Schneemobil zu steigen, um ihn in der Nacht fünfundsiebzig Meilen weit über den See zu fahren, durch eine derart unbarmherzige subarktische Kälte, dass beide fast umgekommen wären.

»Ich hätte nicht gedacht, dass ich dich jemals wieder sehen würde«, flüsterte Abraham. Seine Stimme war so schwach, dass Gabriel befürchtete, sein Atem könne sie auslöschen.

Aus dem Wohnzimmer hörte man, wie die Frauen »bitte für uns Sünder, jetzt und in der Stunde unseres Todes« in solch halsbrecherischem Cree herunterratterten, dass aus Jane Kakas übel riechendem Mund die Funken flogen. Der Grund dafür war, dass Blackeyed Susan Magipom, die seit Pater Bouchards Anordnung vor dreiundzwanzig Jahren nicht mehr mit ihrem Bruder gesprochen hatte, sich schließlich doch in sein Haus gewagt und den anderen zugeraunt hatte, fünftausend schnell wie der Blitz aufgesagte Ave-Maria würden dem Tod garantiert »eine Heidenangst einjagen«.

»Ich hatte ... viel zu tun«, sagte Gabriel schließlich.

»Zu tun? Was?«

»Ich habe getanzt.«

»Getanzt? Hm. Bist du ... verheiratet?« Und noch ein schmerzhafter Stich: »Hast du ... Kinder?«

Die Worte stauten sich in Gabriels Hals. Er würgte.

Was blieb Jeremiah anderes übrig? Mit den Augen und dem Herzen nahm er Gabriel bei der Hand. Gemeinsam würden sie riskieren, den Tod des alten Mannes zu beschleunigen, gemeinsam würden die Brüder Okimasis ihren Vater töten.

»*Papa, kigiskisin na ...?*« Gabriels Cree war eingerostet, aber noch immer ganz brauchbar. »Erinnerst du dich ... als du uns ... auf diese Schule geschickt, als wir ...«

Die Tür hinter ihnen ging auf, der Geruch von Pfeifentabak breitete sich aus, und herein kam Pater Bouchard mit einer Ledertasche in der Hand. Sein Kruzifix steckte in der Schärpe seiner Soutane wie eine Pistole. Der Priester, der genau wusste, wie jemand aussieht, der im Sterben liegt, nickte. Das genügte, damit Mariesis und Annie Moostoos in Windeseile Kerzen und Fotos aus dem Schrank holten. Der Priester wühlte in seiner Tasche und im Nu war alles bereit: eine schwarze Stola und ein schwarzes Messgewand, ein Schultertuch mit goldenen Quasten über einem gestärkten weißen Chorrock, ein Altar mit drei geweihten Kerzen, Hostienteller und Kelch, ein Fläschchen mit Weihwasser und, in der linken Hand, ein schwarzes Missale.

Der Priester hielt inne, um Mariesis etwas zuzuflüstern, die zum Bett schlurfte, um Gabriel etwas zuzuflüstern. Gabriel schüttelte den Kopf. Sie zerrte an seiner Strickjacke. Er riss sich los.

»Aber mein Sohn«, platzte Mariesis heraus, »die Seele deines Vaters wird in der Hölle schmoren, wenn er nicht das letzte Abendmahl empfängt!«

»Er hat uns noch nicht alles gesagt«, fauchte Gabriel zurück, plötzlich voller Hass auf den Priester und auf die Macht, die er besaß.

Pater Bouchard wusste nur zu gut, wem Gabriels Zorn galt. Doch er wusste auch, dass der geistliche Stand so unerschütterlich war wie Granit.

»›Mein Sohn‹«, Abraham erschreckte die Versammelten mit überraschend kräftiger Stimme, »›die Welt ist zu böse geworden. Erschaffe eine neue Welt mit Hilfe dieser Zauberwaffen‹, sagte die Mutter zu dem Helden, dem Sohn Ayashs.«

Als die Brüder mit Bestürzung vernahmen, dass dieser streng katholische Mann zum dritten Mal, seit sie denken konnten, eine heidnische Legende aufgriff, traten sie an sein Bett.

»Also nahm der Sohn Ayashs die Waffen und reiste auf einer magischen Wasserschlange hinab in die Tiefen der menschlichen Seele, wo ihm viele böse Geister begegneten ...« Als der Jäger ins Reich der Träume kam, erblickte er den Sohn Gottes, der an ein vergoldetes Kreuz genagelt war und vom gallischen Antlitz des Priesters überschattet wurde wie von einer Gewitterwolke.

»Aber ich weiß, dass mein Erlöser lebt« – in ihrer Trauer hörten und behielten die Brüder nur einen Teil dessen, was der Priester vorlas – »und als der Letzte wird er über dem Staub sich erheben ...«

»Viele böse Geister«, fuhr der Jäger fort, »und der Schrecklichste von ihnen war derjenige, der Menschenfleisch aß.« Der indianische Diskant schwirrte federleicht über dem englischen Klagegesang. Die Hand des Priesters griff in den Kelch und tauchte mit der Hostie auf, um sie dem Jäger auf die Zunge zu legen. Die Zunge schoss hervor, holte sich den Leib und verschwand wieder. Die Lippen schlossen sich, und der Jäger hörte auf zu atmen.

Pater Bouchard nahm die Flasche und sprenkelte drei Spritzer Weihwasser auf das Gesicht des Toten.

Die Pelzkönigin hob die Lippen von der Wange des Weltmeisters und stieß einen schneeweißen Dampfstrahl aus.

36

Eine Woche später lichtete sich der Nebel über dem Mistik-See, und zum Vorschein kam ein Mann, der mit seinem Schneemobil eine Schlittenladung Brennholz zog. In der Nähe des Chipoocheech Point entdeckte er eine Gestalt, die mit dem Gesicht nach unten im Schnee lag. Wenn Onkel Wilpaletch Jeremiah Okimasis nicht gefunden hätte, wäre er bis zum Einbruch der Nacht erfroren, hieß es.

Alles hatte nach der Beerdigung an Kookoos Cooks Küchentisch ganz harmlos begonnen. Gabriel war eilig abgereist, um in San Francisco zu Gregory Newmans Tanzensemble zu stoßen, und trinkfreudige Cree machten sich fröhlich über eine Kiste billigen Whisky her. Jeremiah hielt tapfer mit, nahm Kitty Wells vom Plattenteller und legte Johnny Cash auf. Inzwischen war es Nacht. Jeremiah erinnerte sich jedoch daran, wie er bei Tageslicht mit pochendem Schädel aufgewacht war und voll bekleidet und schmutzig, alle viere von sich gestreckt, am Boden lag.

Er erinnerte sich daran, wie Onkel Kookoos eine volle Kiste Whisky neben ihm abgestellt hatte, wie seine Tante, Black-eyed Susan Magipom, mit dem Ofen Walzer getanzt und in ihrem falschen Sopran mit Loretta Lynn mitgesungen hatte. Und dann war es wieder Nacht gewesen, und plötzlich hatte Happy Doll Magipom Black-eyed Susan an den Haaren gepackt, mit einem Holzscheit auf ihren Kopf eingedroschen und ihr ein blaues Auge verpasst. Blut spritzte und Schreie gellten, und Big Dick McCrae und Bad Robber Gazandlaree versuchten vergebens, Happy Doll Magipom zurückzuhalten, und auf einmal war es wieder Tag. Jeremiah erinnerte sich daran, wie er, als Filament Bumperville mit einem Gewehr ins Zimmer stürzte und die Kuckucksuhr in Stücke schoss, mit seinem daunengefütterten Parka und einer Flasche das Weite gesucht hatte und in ein Schneetreiben geraten war, ein Labyrinth aus Kristallen, in dem eine Stille herrschte wie in einer Gruft, als hätte die Welt ihren letzten Atemzug getan.

Woher war dieser Nebel gekommen? Er bemerkte, dass er in einen endlosen Tunnel starrte. Eine Flamme tauchte auf, verschwand, tauchte wieder auf, verhöhnte ihn, verspottete ihn. Er hob die Flasche. Seine Lippen waren ohne Gefühl. Die Wände seines Herzens waren eingestürzt. Die Flamme verlosch. Er würde sich hinlegen, hier und jetzt, und bis in alle Ewigkeit schlafen. Wo war er? Am Ende der Welt?

»Gott! Hilfe! Helft mir!« Wessen Stimme war das? Es konnte nicht seine eigene sein. Sie klang zu entfernt.

»Ha-ha-ha-ha-ha-ha-ahhh!« Ein kehliges, sich überschlagendes Lachen, ähnlich den Klängen eines Xylophons, entfaltete sich in den Wirbeln des Nebels, als bereitete es der Person, die es hervorbrachte, ungeheure Freude, sich selbst lachen zu hören. Es kam eindeutig von einer Frau.

Wer zum Teufel war das? Fantasierte er wie Crazy Salamoo Oopeewaya und rechtete mit Gott?

Wieder ertönte das honigsüße Kichern. »Manchmal bringt ihr Menschen mich zum Lachen.«

Jeremiah blinzelte. Er hatte seine Brille verloren.

»Hallo, Jeremiah«, gurrte jemand mit sinnlicher, voller Stimme. Der Nebel teilte sich wie ein Vorhang. Und dort, an einen Flügel aus Eis gelehnt, stand eine singende Füchsin. Sie trug einen Pelz, so weiß, dass einem die Augen weh taten. »Ich nehme an, du bist der berühmte Mr. Jeremiah Okimasis?« Sie war eine Augenweide: Brüste wie Geschosse, weißblondes Haar wie Zuckerwatte.

Jeremiah rieb sich die Augen. War er gestorben und in irgendein verrücktes Leben nach dem Tod gestolpert? »Wer bist du?«

»Oh.« Die Polarfüchsin ließ ihre hübsche knallrosa Zunge über die Lippen gleiten, zog an ihrer Zigarettenspitze und gurrte: »Nur eine Revuetänzerin, die eine Pause macht, mit der sie nicht gerechnet hat.« Sie stieß eine kleine Rauchwolke aus. »Ich heiße Maggie.

Maggie Sees. Früher habe ich Fred geheißen, aber der Name ging mir höllisch auf die Nerven, also habe ich ihn geändert.« Mit einem in weißen Chiffon gehüllten Arm warf sie ihren Schwanz wie eine Boa über ihre zierliche Schulter. Ihr Lidschatten war so dick, dass sie die Augenlider kaum bewegen konnte. »Dieses Publikum ist einfach zu viel für mich. Wenn du's genau wissen willst, mein Süßer, das ist ein verdammter Haufen Schweine.«

»Weißt du, wie weit im Norden wir sind?«

»Ob ich weiß, wie weit im Norden wir sind?«, äffte ihn das listige kleine Tier mit gespielter Entrüstung nach. »Ha! Was glaubst du, wo ich geboren wurde? In Miami? Was glaubst du, wo meine Mutter geboren wurde? Ganz zu schweigen von meinem Vater, meiner Großmutter, meiner Urgroßmutter – Süßer, meine Vorfahren haben schon in dieser Gegend gelebt, als der Mond noch ein Teenager mit lauter Pickeln im Gesicht war. Sie spuckte aus. »Was ist? Hast du noch nie ein Mädchen gesehen?«

»Tut mir Leid, ich habe bloß noch nie einen ... einen Fuchs gesehen, der sprechen kann, das ist alles.«

»Bei so viel Whisky, wie du dir in der letzten drei Tagen reingekippt hast, mein Süßer, ist es kein Wunder, dass du Sachen siehst, die du noch nie zuvor gesehen hast. Los, komm, gib mir was von dem Zeug.« Jeremiah gehorchte. Die Füchsin hob die Flasche und trank geziert ein Schlückchen. »Ich darf meinen Lippenstift nicht verschmieren«, kicherte sie, »in zehn Minuten muss ich wieder auf die Bühne, und stell dir vor, ich habe meinen Himbeertraum-Lippenstift in Vegas vergessen, so ein Scheiß!« Sie zog ein Taschentuch aus dem Dekolleté und tupfte sich graziös die Mundwinkel ab.

»Darf ich fragen ...?«

»Brummt dir der Po, wenn du kommst?«

Jeremiah versuchte es noch einmal. »Warum findet deine ... Revue ... fünftausend Meilen nördlich von Caesar's Palace statt?«

Die Füchsin schnippte die Kippe aus ihrer Zigarettenspitze, zog einen neuen Joint aus dem Dekolleté, und schwupp, schon rauchte sie wieder. »Weil sie mich hier brauchen, Süßer. Egal wo, sie brauchen mich.«

»Das verstehe ich nicht.«

»Warum, glaubst du, mache ich diese fabelhaften Revuen?«

»Um die Leute zu unterhalten?«

»Und warum unterhalte ich die Leute?«

»Tja ...«

»Weil ohne Unterhaltung, Süßer, ohne Ablenkung, ohne Träume das Leben nicht lebenswert ist. Hab ich recht?«

»Na ja ...«

»Ohne Feiern, ohne Magie, die deine müde, angeschlagene Seele streichelt, ist alles ziemlich sinnlos, oder?«

»Was ist sinnlos?«

»Das Leben, Süßer, das Leben.« Sie stolzierte in ihrem trägerlosen, weißen Chiffonkleid und ihren zierlichen gläsernen Aschenputtel-Pantoffeln zum Klavierhocker, setzte sich hin und schlug die Beine übereinander. »Findest *du* denn, dass es einen Sinn hat?«

»Lass mich mal überlegen.« Jeremiah dachte so angestrengt nach, dass seine Lippen verschwanden und seine Stirn sich in Falten legte. »Man wird geboren. Man wächst auf, man geht zur Schule, man arbeitet – man arbeitet wie verrückt –, man heiratet, manchmal, man gründet eine Familie, manchmal, man wird alt. Und dann stirbt man.«

»Genau. Das denkt Miss Maggie auch. Wir tanzen, wir kämpfen, wir weinen, wir lieben uns, wir lachen und arbeiten und spielen, wir sterben. Dann wachen wir auf, in der Garderobe, mit völlig verschmiertem Make-up, und schwitzen und stinken wie ein Haufen Hundescheiße. Also, reiß dich am Riemen, Alice. Dir bleibt nicht mehr viel Zeit bis zum großen Finale. Sieh zu, dass du deinen kleinen Cree-Arsch von hier wegbewegst. Und verschwende nicht meine Zeit damit, dass du zu mir kommst und mir was vorheulst.«

»Wie kommst du drauf, dass ich mir von dir sagen lasse, was ich zu tun und was ich zu lassen habe?«

»Ich an deiner Stelle würde aufpassen, was ich sage, Süßer. Du sprichst nämlich mit Maggie Sees. Mit Miss Maggie-Weesageechak-Nanabush-Coyote-Raven-Glooscap-und-wie-man-mich-sonst-noch-nennt-Süßer-Sees, Traumweberin, Meisterin der Magie, Revuetänzerin aus der Hölle. Und das hier hält sie in Schwung.« Ihr Atem roch nach regennasser Erde, als sie Jeremiah ins Ohr zischte: »Zeig mir den Dreckskerl, der behauptet, die Revue hätte irgend so ein mürrischer, verbitterter und sexuell frustrierter alter Sack mit langem weißem Bart ins Leben gerufen, der sich wie ein feiger Waschlappen hinter einer aufgebauschten Wolke versteckt, und ich schneide ihm seine gottverdammten Eier ab.« Sie zwinkerte und warf ihre Zigarette über die Schulter. »Los, nimm Platz, Süßer! Die Show beginnt. Du bist eingeladen.« Als hätte sie ganz Nord-, Süd- und Mittelamerika zwischen ihren pelzigen kleinen Pobacken, stolzierte Miss Maggie wieder zum Flügel zurück, der von selbst zu spielen begann. Als die indianische Chansonette den Mund öffnete, um die erste Note zu singen, kehrte der Nebel zurück.

Und Jeremiah vernahm nur noch das Geräusch des Nordwinds, ein langsames, beharrliches Stöhnen, das schönste Lied, das er jemals gehört hatte.

37

Von der Dunkelheit geblendet lag der Karibujäger Abraham Okimasis in seinem Sarg. Obwohl er dessen Satinfutter als merkwürdig beruhigend empfand, konnte er keinen Körperteil bewegen, weder die Handgelenke noch den Hals, noch die Zehen. Und er hörte nichts als den Wind, der ihn an das Seufzen einer Frau erinnerte und ihn auslachte, verspottete und aufforderte, sich auf den Weg zu machen, um sie zu suchen.

Dann klang der Wind wie Atem, schwer und schmerzerfüllt. War er das? Oder befand sich der Jäger in der Lunge irgendeiner Kreatur? Die Höhle war riesig und leer bis auf Stalagmiten aus feuchtem, von Adern durchzogenem Gewebe und Stalagtiten, von denen Kondenswasser tropfte.

Aus dem Tropfen wurde ein Donnern – stampfte ein Riese über das Dach der Höhle? –, und dann stand der Jäger im Herzen der Kreatur.

Schließlich schien ein Licht auf; zunächst nur ein schwacher Schimmer, der jedoch binnen Sekunden zu einem Glühen anwuchs, zu einer Flamme, die sich in zwei, drei, vier Flammen teilte, bis Abraham Okimasis' Kopf von sieben großen Kerzen umgeben war.

Der Jäger hob einen Arm aus dem Sarg, der aus irgendeinem Grund senkrecht in der Luft schwebte. Seltsam, dass er ihn jetzt bewegen konnte. Und seltsam, dass seine Hand unversehrt durch den Satin, durch den Deckel aus Kiefernholz, durch zwei Meter Erdreich und durch den Schnee gedrungen war und im Nebel verschwand.

Doch wo war er? In der Hölle? Im Wohnzimmer des Sperrholzhäuschens, das er fast zwei Jahrzehnte lang mit Mariesis bewohnt hatte? Im Ödland, hundert Meilen nördlich des Mistik-Sees, wo kein Baum wächst und die Karibuherden zehn Millionen Tiere zählen?

Als sich der Nebel auflöste, kehrte sein Augenlicht zurück. Er glaubte, tausend weiße Masken erkennen zu können, die vom Himmel hingen. Oder waren es Gesichter? Ja, das waren die Gesichter der Lebenden, dämmerte es ihm, die an seinem Grab knieten und sich dem Gebet des Priesters anschlossen, während der sich türmende Schnee leise und elegant um ihre Füße tanzte. Und der Wind kam aus seiner Lunge, die sich blähte, schrumpfte, sich blähte. Und irgendwo in dem Meer von Gesichtern weinten seine Söhne, aus Angst, er werde sie für immer verlassen.

»*Ayash oogoosisa*«, sprach der Jäger mit heiserer Stimme, »der größte Held der Cree kannte keine Furcht, er ...« Und der Wind nahm die Worte mit.

Ein heller, anhaltender Ton erklang. Und Gabriel Okimasis' nackter Körper hob sich langsam vom toten Leib seines Vaters. Saiten erklangen, elektrisch, kreischend, und katapultierten den Tänzer auf eine Flugbahn jenseits des Grabes, des Dorfes, der Erde.

Inmitten tausend weißer Gesichter saß Gregory Newman zusammengesackt in der letzten Reihe im Parkett und betrachtete emotionslos sein Werk, das auf einer Geschichte von Gabriel Okimasis beruhte. Er hatte zugenommen, sein Haar war mit wachsender Erfahrung ergraut, aber sein Herz blieb teilnahmslos. Er war in Gedanken bei dem brillanten Mann auf der Bühne, der gelernt hatte, sich in der Luft zu bewegen wie eine Spinne in ihrem Netz. Dreizehn Jahre lang lebte und arbeitete er nun schon mit Gabriel zusammen, und trotzdem war ihm ein wesentlicher Teil von ihm verborgen geblieben. Welches Geheimnis hütete Gabriel so beharrlich in den tiefsten, geheimsten Winkeln seiner Seele, hinter dem Flackern in seinen dunklen Augen, von dem sich Gregory so sehr wünschte, es möge nichts weiter als Kopfschmerzen oder Erschöpfung anzeigen?

Natürlich hatte er ihm Geschichten erzählt, von Internaten, von Priestern, die heikle Spiele mit kleinen, dunkelhäutigen Jungen spielten. Aber warum verschwand er von Zeit zu Zeit für mehrere Stunden? Wohin ging er? Hatte es wirklich etwas mit der grenzenlosen Freiheit des Nordens zu tun, mit endlosem Umherziehen, mit der Einsamkeit inmitten von Menschenmengen?

Während Gabriel mit der Linken den Handgriff des Wagens umschlossen hielt, ließ er mit der Rechten eine Peitsche durch die Luft sausen und rief: »*Mush!*«, worauf nacheinander acht graue Huskies, allesamt sehnige, muskulöse Tänzer, aus dem Nebel auftauchten und am Geschirr zerrten.

Hinter Gregory Newman schob sich ein greller Lichtkegel in den Raum; eine Tür hatte sich geöffnet. Der Neuankömmling stand mit hängenden Schultern da, einen Koffer in der Hand, ein erschöpfter Reisender. Die Tür fiel zu, und die Silhouette war verschwunden.

Hast du dich jemals gefragt, wo das Universum endet, wo der letzte Stern wohnt? fragte eine Stimme aus Gabriels Traumwelt. Der Karibujäger Abraham Okimasis würde es bald herausfinden, und sein Letztgeborener an diesem Abend ebenfalls.

»*Cha!*«, rief Gabriel. Der Wagen schwenkte nach rechts, und nun konnte er ihn sehen: den letzten Stern.

Dort würde er Gottvater finden, der auf seinem Thron aus duftendem Leder saß und an einer langen, dicken Zigarre zog. Und er, der Cree-indianische Tänzer, würde ihm ein paar grundlegende Fragen stellen.

Gabriel saß vor dem Spiegel in der Garderobe und betrachtete sein blasses, erschöpftes Ebenbild, während er routiniert einen Föhn durch sein schulterlanges Haar bewegte. Der Tisch war mit Schminkutensilien und Haarbürsten übersät, würdevoll bewacht von dem Porträt seines Vaters mit der Pelzkönigin.

Wie ein Gespenst tauchte Jeremiah im Spiegel neben dem Ebenbild seines makellosen kleinen Bruders auf, der bis über die Sonne hinaus gereist war.

Mit einem Schluchzen in der Kehle flehte Jeremiah ihn an: »*Weechee-in.* Hilf mir.«

38

Ihm helfen? Er, Gabriel, den noch nie jemand um Hilfe gebeten hatte? Was tat man in so einem Fall?

Gabriel lag neben dem schnarchenden Gregory, rauchte seine tägliche Zigarette und starrte mit leerem Blick an die mit Mondlicht gesprenkelte Decke. Da ihm das Nachdenken schon immer schwer gefallen war, ging er unbeholfen die möglichen Szenarien durch.

Eine Reise nach Wien, in die Stadt der Musik, von der Jeremiah seit der Birch Lake School träumte? Ausgeschlossen, bei seinen Tänzergagen. Abgesehen davon, würde eine solche Reise Jeremiah helfen, zur Musik zurückzufinden? Wohl kaum.

Ihm einen Job besorgen? Als was? Als Koch, Rechtsanwalt, Indianerhäuptling? Als Tänzer? Er trank zu viel, aß und rauchte zu viel, rührte nie einen Finger; im Grunde hatte er etwas von einem Straßenköter.

Ihn von der Straße holen, das war die Antwort. Mit ihm aufs Land fahren. Ein Campingurlaub, um die Kälte aufzutauen, die seit dreizehn Jahren zwischen ihnen herrschte. Jeremiah könnte seine Lunge mit frischer, sauberer Luft durchspülen – und dabei Holz hacken, ein Zelt aufschlagen, nach Herzenslust durch die Wälder wandern und sich vielleicht sogar an einen Bären anpirschen, denn wilde Karibus würden ihm wohl kaum über den Weg laufen. Die einzige Frage war: Wo?

Der Mistik-See wäre natürlich ideal gewesen, lag allerdings zu weit entfernt. Dafür war keine Zeit. Aber gab es im Mai nicht ein verlängertes Wochenende?

Auf den ersten Blick sah es aus wie ein zu lang und zu dünn geratenes Luftschiff. »Sieht aus wie ein Hot Dog«, meinte Gabriel, »ohne das Brötchen.«

»Ein Dackel mit abgehackten Beinen«, schlug Jeremiah vor.

Das graublaue Gebilde schwebte über dem gekräuselten Horizont. Erst als sich das Luftschiff näherte, wurde deutlich, dass es sich um eine Insel handelte, die auf dem Huron-See schwamm wie ein mit Petersilie bestreuter Teller. Vor lauter Begeisterung, nach so vielen Jahren wieder auf dem Wasser zu sein, beugten sich die Brüder Okimasis über die Reling. Wie riesengroß die Inseln hier waren, wie kleine Länder; verglichen damit waren die Inseln des Mistik-Sees Haarbüschel.

»Ich muss dich allerdings warnen.« Als Gabriel ins Englische wechselte, büßte er einen großen Teil seines Glanzes ein.

»Wovor?« Seit Beginn der zweistündigen Überfahrt hatten dunkelhäutige Menschen mit runden, schwammigen Gesichtern sie angestarrt. Gesichter von hier, von dort, von überall, auf dem Weg ... wohin? Zum Begräbnis eines großen Häuptlings? Zu einer apokalyptischen Bingopartie?

»Wir sind auf dem Weg ins Kerngebiet der Ojibwa.«

»Und würdest du mir bitte verraten, wo das Problem liegt?«

Eine vollbusige Frau, die so einheimisch wirkte wie ein Elch, tänzelte vorbei, warf Jeremiah einen bösen Blick zu und verschwand im Restaurant.

Gabriel zischte, er könne bereits die Kriegstrommeln hören – eine Behauptung, die Jeremiah als Hirngespinst abtat. Gabriel konterte in wortgewandtem Cree, der Rhythmus sei »gleichmäßig, unheilschwanger und von meisterhafter Präzision, jedoch ohne Synkopen und deshalb ebenso einfach gestrickt wie Crazy Salamoo Oopeewayas Gemüt«.

»Da hast du Recht«, sagte Jeremiah spöttisch, doch sein Gesicht strahlte, denn jeder Vokal hatte wie Marmelade geklungen und jeder Konsonant wie ein großer Klumpen Erdnussbutter. Er hätte den, der sie ausgesprochen hatte, in honigsüßer Liebe ertränken können, doch die Fähre muhte wie eine Kuh, und eine Stimme bellte durchs Megaphon: »Begeben Sie sich zu Ihren Autos!«

»*Kaaaa*«, seufzte Gabriel, und es klang wie bei der gehässigen Jane Kaka. Kichernd gingen die Brüder zur Treppe.

Jeremiah lenkte den kanariengelben schrottreifen Käfer, den sie gemietet hatten, von einem Kiesweg voll hinterhältiger Schlaglöcher auf einen Parkplatz, auf dem so viele Autos auf die Fähre warteten, dass die Nachzügler nur beten konnten. Nachdem sie die solide Rampe der *Chi-Cheemaun* verlassen und sich der Fahrzeugkolonne angeschlossen hatten, ohne auf die landschaftlichen Merkmale der Insel zu achten, waren sie wie durch eine Fügung des Schicksals dort gelandet, wo sie sich jetzt befanden.

Willkommen beim
Wasaychigan Hill Pow Wow
Manitoulin Island, Ontario
21.–23. Mai 1983

Gabriel war hingerissen. Er hatte drei oder vier solche Veranstaltungen besucht und festgestellt, dass sie ihn auf grandiose Ideen brachten, etwa die, sich mit Federn zu schmücken und eine glamouröse Tanzrevue, eine Mischung aus Las-Vegas-Show und Indianerfest, auf die Bühne zu bringen. Jeremiah dagegen kratzte sich gelangweilt die Eier, denn nachdem er zehn Jahre lang Indianerfeste im Süden Manitobas miterlebt hatte – er hatte Betrunkene von der Straße aufgelesen und sie zu Dutzenden dorthin gefahren –, kam er sich bei solchen Festivitäten noch immer vor wie ein deutscher Tourist.

Auf der Tanzfläche lockten bereits so knallige Farben, dass sie sich fragten, wann die Sieben Zwerge aus einem Maulwurfshügel auftauchen würden und Schweinchen Dick den felsigen Hügel herunterspaziert käme. Doch der Rhythmus der Trommeln klang zweifellos nach Krieg. Dicker Staub hing in der Luft, und es war so heiß, dass sich Gabriel wünschte, er könnte sich häuten.

»Schau dir bloß diese Autos an!«, rief Jeremiah, als sie an den Chevrolets, Pontiacs, Buicks, Chryslers, Mazdas und Jeeps vorbeirumpelten. »Diese Indianer aus dem Süden und Osten sind wirklich ... auf der Höhe der Zeit.«

»Hast du einen Parkplatz voller Huskies erwartet? Voller Schlitten, auf denen sich Biberfelle türmen?«

»Als ich nach Osten gegangen bin«, Gabriel merkte, dass sich Jeremiahs seelische Krise nur mit einer Portion virtuosem Cree bewältigen ließ, »konnte ich es anfangs auch nicht fassen: Mohawk-Herzoginnen mit Nerz und Perlen, Onondaga-Diven mit zwölf Zentimeter hohen Absätzen, Micmac-Mannequins wie aus der *Vogue*. Eines Nachts hatte ich eine Vision wie noch kein Cree vor mir: An meiner Zimmerdecke erschien Mariesis Okimasis, zurechtgemacht wie eine braungebrannte Zsa Zsa Gabor!«

Jeremiah lachte schallend. »Für Backenknochen, wie Mom sie hat, würde Zsa Zsa Gabor kleine Kinder umbringen.« Endlich fanden sie eine Parklücke, die so klein war, dass der kleine gelbe Käfer in tadellosem Cree aufjaulte.

Sie bahnten sich den Weg durch wogende Scharen verschwitzter Indianer und erreichten schließlich die Tanzfläche, wo sie gerade noch ein Dutzend bronzefarbener junger Männer vorbeistampfen sahen. Auf dem Rücken trugen sie Sonnen mit Strahlen aus Federn – Schwarz auf Gelb, Rot auf Schwarz, Rosa, Blau, Violett, Orange –, jeweils zwei übereinander. Ein Windstoß fuhr in die Sonnen, ließ sie kippen wie schillernde Dominosteine, die an die Wand von Gabriels Herz stießen und das Bild des stachelbesetzten, sich windenden Rückens der mythischen Wasserschlange heraufbeschworen, auf der Ayashs Sohn zur Insel der Menschenfresser ritt.

»Sag mal«, meinte Jeremiah, »könnte das da drüben vielleicht Ann-Adele Ghostrider sein?« Er reckte den Hals.

»Wer?«, fragte Gabriel.

»Diese kleine alte Frau, die beinahe hingefallen wäre. Das ist Ann-Adele Ghostrider, ganz sicher. Erinnerst du dich noch an Amanda Clear Sky?« Doch sosehr er sich auch bemühte, er sah keine Amanda. Und dann war auch ihre Großmutter, Poosees, verschwunden.

»Los, komm.« Gabriel packte Jeremiah. »Lass uns tanzen.«

»Nein. Geh du. Ich warte hier.« Ohne jeden Grund hatte Jeremiah noch immer Angst vor diesem Tanz, diesem Lied, diesem Trommelrhythmus, vor dem »Herzschlag unserer Mutter Erde«, eine Umschreibung, die er mehr als einmal gehört hatte. Das Spektakel ließ ihm noch immer das Blut in den Adern gefrieren.

Gabriel musste gestehen, wenn auch nur sich selbst, dass sich sein Körper noch nie so würdelos bewegt hatte; ein Fisch an Land hätte eine bessere Figur gemacht.

Für ihn folgte dieser Kreistanz keinen erkennbaren Regeln. Er sah, dass die Füße der anderen in Mokassins aus Hirsch-, Elch-, Büffel- und Karibuleder steckten – knöchelhoch, wadenhoch, kniehoch, geschnürt, ungeschnürt. Wie sollten sich seine Füße in Motorradstiefeln bewegen können, die eine halbe Tonne wogen? Wie lange waren sie schon nicht mehr mit gegerbtem Leder junger Karibus in Berührung gekommen?

Mit winzigen Schritten umrundete er den Mittelpunkt eines gigantischen, fantastischen Rades, wo die Zweige von Birken, Weiden, Pappeln – wie sollte ein Stadtmensch wie er sie unterscheiden können? – eine Laube bildeten.

Auf Tüchern im Schatten dieser Zweige lagen fünf Trommeln, um die jeweils mehrere Männer saßen. Gespielt wurde jedoch nur auf einer Trommel; sechs Männer schwangen perlenbesetzte Schlägel und sangen mit vibrierender Falsettstimme. Gabriel nahm an, dass im Lauf des Tages jede Gruppe von Trommlern an die Reihe kommen würde.

Plötzlich verstanden die Brüder ein Wort, das von den Sängern wiederholt wurde, offensichtlich dasselbe Wort in Ojibwa und Cree. Ein alter Mann, der an Jeremiah vorbeiging, hob eine Adlerfeder empor, eine Frau tat es ihm gleich.

Die Leute legten die Hände über ihre Augen und blickten nach oben in einen einzigartigen Himmel. Eine halbe Meile über ihren Köpfen zog *migisoo*, der Adler, träge seine Kreise. Offenbar sollte der Gesang *migisoo* herbeigerufen – in dem die Betenden den Boten Gottes sahen –, und er hatte sie gehört.

Von Panik ergriffen – woher kam sie? – machte Jeremiah die Augen zu und beschloss, sich so bald wie möglich nach der nächsten Bar zu erkundigen.

Gabriel hingegen sah, wie die Menschen zum Himmel sprachen und der Himmel antwortete. Und er wusste, dass er diesen Tanz lernen musste. Irgendwann würde er ihn brauchen, vielleicht schon bald.

Mitten aus dem Feuer blinzelte eine alte Frau. Jedesmal, wenn sie sprach, drang Rauch aus ihrem Mund. Den Brüdern Okimasis schien es, als würde dieses Gesicht unentwegt schmelzen und von neuem Gestalt annehmen, die Augen und Münder von tausend verschiedenen Frauen.

»In jenem Winter«, sprach das Wesen mit den tausend Gesichtern, »blieben die Karibus aus. Die Menschen im Norden wurden krank, weil sie sich falsch ernährten. Oder sie litten Hunger.« Die Stimme der alten Frau klang beschwichtigend und doch aufwühlend. »Dann erzählte man sich von Männern aus dem Süden, von Männern, die mit Gott sprechen können, wie es hieß.«

Die Trommeln waren verstummt, doch nach achtstündiger ununterbrochener Präsenz war ihr Pochen den Zuhörern in Fleisch und Blut übergegangen, und die Brüder Okimasis verbrachten den Abend – und die Nacht und die folgende Woche – in traumähnlicher Euphorie. *Poowow*, träumen, *poowamoowin*, die Macht der Träume.

»Am Mistik-See keimte die Hoffnung auf, diese Männer könnten die Einheimischen retten. Doch die Schamanin Chachagatoo erinnerte sie daran, dass *K'si mantou*, der Große Geist, sie nicht im Stich lassen werde.« Die Brüder tauschten angstvolle Blicke: Der Name war gefallen, den auszusprechen man ihnen verboten hatte, als sie noch Kinder waren, der Name, der *machipoowamoowin* besaß, die Macht böser Träume. Das also war die Frau gewesen, eine Schamanin. Aber was war ein Schamane überhaupt? Und warum war es auf einmal so kalt?

»Doch die Hungersnot wurde schlimmer«, Ann-Adele Ghostriders Mund spie jetzt Flammen, »und der Erste starb. Dann noch einer. Und noch einige. Bis eines Tages plötzlich ein Mann vom Weetigo besessen war, dem Geist, der sich an Menschenfleisch labt. Zu jener Zeit kam der erste Priester an den Mistik-See.«

Schleichend wie eine Ringelnatter stahl sich ein Geräusch in die Stille, während Ann-Adele sprach. Woher kam es? Aus dem Wald? Vom Festland? Aus dem Inneren der Erde? Und was war es? Meldeten sich die Trommeln wieder zu Wort? Oder hämmerte jemand gegen eine riesige Stahltür und begehrte Einlass? Gabriel war verwirrt, aber Jeremiah begriff. Plötzlich glaubte er zu verdursten.

»Der Wahnsinnige wurde zu dem Priester gebracht, der erklärte, seine Seele sei vom Teufel besessen. Die Schamanin war jedoch anderer Meinung. Als sie daran ging, den Mann zu heilen und den Weetigo auszutreiben, hielt der Priester sie davon ab. Der Mann starb, und der Priester beschuldigte die Schamanin der Hexerei. Er ließ sie nach Winnipeg ins Gefängnis bringen, wo sie sich aus Verzweiflung erhängte.«

Ein Windstoß hauchte dem verlöschenden Feuer neues Leben ein. Die Flammen zischten. Was hatten sie soeben gesagt?

Die Klagelaute kamen jetzt aus dem Feuer. Eine uralte Frau, deren Körper in ein durchsichtiges weißes Gewand gehüllt war, entstieg der Glut und fuhr zum Himmel auf, schreiend vor Qual, da sie bei lebendigem Leib verbrannte. Und die Brüder hörten die Glut mit Frauenstimmen klagen: »*Peeyatuk. Noos'sim, peeyatuk* ...«

»Hexe«, flüsterte Jeremiah. Er musste von hier fort, auf der Stelle. »Hexe«, wiederholte er, diesmal lauter. »Sie war eine Hexe. Chachagathoo war eine Hexe.« Seine Seele, sein Herz brannte lichterloh.

»*Nein!*« Ann-Adele Ghostrider erschreckte sie mit der Leidenschaft und dem Schmerz in ihrer Stimme. »Nein, nein, nein! Chachagathoo war die letzte Schamanin in diesem Teil der Erde, die letzte Medizinfrau, die letzte Priesterin!«

»Aber unsere Eltern haben uns gesagt, dass sie eine böse Frau war«, warf Gabriel ein. »Wir durften nie ihren Namen aussprechen.«

»Die Generation eurer Eltern? Im Norden? Sie wurde belogen und betrogen!«

»Ich glaube ... ich glaube, ich habe genug ... für heute.« Die Dunkelheit verschluckte Jeremiah.

Achselzuckend wollte Gabriel ihrer Gastgeberin erklären, dass das schlicht und einfach Jeremiahs Art war. Er sah jedoch ihre Traurigkeit, ihre Erschöpfung. Und die Flammen in ihren Pupillen, die brennende Schamanin auf dem Weg zu den Sternen.

Dann schoss ihm ein Gedanke durch den Kopf: Wenn *machipoowamoowin*, die Macht böser Träume, stark genug war, Menschenleben auszulöschen, war dann *mithoopoowamoowin*, die Macht guter Träume, nicht ebenso stark?

39

Gabriel, der sich wie ein Teddybär in seinen Schlafsack gekuschelt hatte, schaute nach oben. Auch wenn das Dach noch so schräg sein mochte, es war ein Dach. Gott sei Dank, denn Jeremiah und er hätten das Zelt beinahe ruiniert, als sie es aufzustellen versuchten. Den belustigten Zuschauern gegenüber redeten sie sich darauf hinaus, dass sie mit der Zeltplane aus Kunststoff und den beigepackten Kebab-Spießen als Zeltheringen nichts anfangen konnten. »Früher waren Zelte aus Segeltuch«, hatten sie mit knallroten Gesichtern erklärt, »und wesentlich leichter zu handhaben.« Außerdem schnitzte man sich seinerzeit die Heringe aus Weidenzweigen. Nachdem ihr Feuer, auf dem sie ihre einzige Dose Bohnen erhitzen wollten, sein Leben in einer erbärmlichen Rauchwolke ausgehaucht hatte, war ihr indianisches Geschick von den Umstehenden mit einer Einladung zum Abendessen belohnt worden – dem Himmel sei Dank, denn sonst hätten sie für ein Chicken Chop Suey bis nach Espanola fahren müssen.

Aber wo war Jeremiah? Wenn das Indianerreservat Wasaychigan Hill auch nur die geringste Ähnlichkeit mit Eemanapiteepitat hatte, ging es hier bestimmt ebenso unberechenbar und verrückt zu. Was war, wenn ihm, wie ihrem Bruder William William, jemand aus unmittelbarer Nähe in den Kopf schoss?

Gabriel riss den Reißverschluss seines Schlafsacks auf und tastete im Dunklen nach seinen Jeans. Wie konnten gute indianische Camper etwas so Selbstverständliches wie eine Taschenlampe vergessen?

In Wasaychigan war niemand mit Namen Jeremiah Okimasis gesehen worden, wie Gabriel an verschiedenen Türen entlang der unbefestigten Hauptstraße erfuhr, aber »versuch's mal beim Forty-niner«, riet ihm eine dralle, halb nackte Femme fatale namens Gazelle. »Auf Lapatak St. Pierres ehemaligem Maisfeld. Du brauchst nur dem stampfenden Rhythmus zu folgen. Ach was, ich bring dich selbst hin, mein großer Junge.« Mit glasigem Blick begutachtete sie seine Ausstattung.

Gabriel stellte sich dumm und folgte im Schutz der Wolken dem stampfenden Rhythmus, weg vom Mondlicht und dem Flittchen, durch einen Wald, der so dicht war, dass er sich fragte, wann ihm ein Bär auf die Schulter klopfen würde, um sich von ihm zehn Dollar zu pumpen.

Schließlich kam er zu einem Feld, in dessen Mitte ein Feuer brannte, groß genug, um einen ganzen Hexensabbat zu braten. Davor zeichneten sich Silhouetten ab – von Hunden? Wölfen? –, die den Mond anbellten oder nach Blut schrien. Nun glich das Geräusch zuschlagenden Gefängnistoren.

Vierhundert junge Männer und Frauen hatten sich um einen uralten Buick versammelt, und wer konnte, trommelte mit den Händen auf seine Motorhaube, sein Dach, seinen Kofferraum ein.

Gabriel umrundete die gespenstische Versammlung. *Poowow* – träumen. Das also war ein Forty-niner, bei dem Alkohol, Drogen und Gesang die Sinne in Regionen beförderte, in denen Träume kristallklar und wirklich erschienen. Denn nicht ein Einziger von den Hunderten befand sich auf Lapatak St. Pierres Maisfeld, auf Manitoulin Island, auf der Erde.

Sein Bruder stand da und trank ein Bier. Im Feuerschein wirkte sein Profil fast reptilartig. Er warf die leere Flasche weg und machte vier unsichere Schritte auf die Kisten zu, die aufgerissen, geplündert und halb leer am Boden standen.

»Hast du noch nicht genug?«

Jeremiah schaute auf. Sein jungfräulicher kleiner Bruder hatte ihm also, wie erwartet, nachspioniert. Er wusste trotzdem nicht, was er sagen sollte. Konnte er überhaupt noch sprechen?

»Was ist?«

Die Dunkelheit fiel wie eine Axt vom Himmel, und Jeremiah fühlte sich wie ein Fisch, in dessen Bauch es von Maden wimmelte.

»Sag mal«, ertönte eine schmierige Männerstimme, »bist du nicht Gabriel Okimasis, der berühmte indianische *Ballett-Tänzer*?« Vier junge Männer, die am Rande des Deliriums standen, starrten Gabriel aus einiger Entfernung aus glasigen Augen an. Was sollte ein indianischer Nijinskij darauf antworten? Ja, der bin ich? Freut mich sehr, euch kennen zu lernen? Wer von euch möchte gern einen Brustwarzen-scheuernden, Hoden-klatschenden Pas de deux mit mir tanzen?

»Und«, fragte ein schlaksiger Kerl und inhalierte einen Zug aus seiner Marihuana-Zigarette, »wo hast du deine Strumpfhose gelassen, Süßer?«

Gabriel warf Jeremiah einen Blick zu: *weechee-in*.

Der Schleier war zwar von Jeremiahs Augen gewichen, aber die Trockenheit in seinem Hals hatte zugenommen – das perfekte Alibi. Wie sonst hätte er der Wahrheit ins Auge blicken sollen: dass er sich schämte, an der Seite eines Perversen erwischt worden zu sein, an der Seite eines Mannes, der mit anderen Männern vögelte? In einem Indianerreservat, einem katholischen Reservat. Er griff in die Kiste, schnappte sich zwei Flaschen und verschwand in der Nacht.

»Ja. Ich hab ihn schon in Zeitschriften gesehen«, spottete ein dritter junger Mann.

»Ich hab ihn im Fernsehen gesehen.«

Als Gabriel ihnen in die Augen sah, war er völlig überrascht. Wo er Hass erwartet hatte, entdeckte er panische Angst. Wovor? Dass weibliches Blut in ihren Adern floss, weil sie dem Leib ihrer Mütter entsprungen waren? Angst davor, dass die Gefühle einer Frau, die Seele einer Frau in ihnen wohnte?

»Ich hab euch gleich gesagt, dass er es ist, wie ich ihn da drüben rumstolzieren gesehen hab.«

Der Größte, Gemeinste und Dümmste, derjenige, der sich am meisten fürchtete, machte einen Schritt nach vorne. Daraufhin drehte sich Gabriel um und ging betrübt zum Campingplatz zurück.

»He, Schwuchtel! Wo zum Teufel willst du hin?«

»He, Schamane! Wo zum Teufel willst du hin?«, hatte die zerlumpte, betrunkene Alte gekreischt, als sie auf ihn fiel. Jeremiah hatte sich befreien können, als sich ihr stinkender Atem in seine Nasenhaare fraß und ihr Kichern wie eine gefangene Fliege gegen sein linkes Trommelfell schwirrte, doch er hätte schwören können, dass ihre Klauen Spuren auf seinem Hals hinterlassen hatten.

Jeremiah hockte mehr als unsicher auf dem Campingtisch und merkte gar nicht, dass seine Füße wie Gummi ein Stück weiter unten auf einer Bank lagen. Wie spät war es? Wie war er hierher gekommen? Wer hatte ihm als Schlaftrunk Whisky eingeflößt? Wo waren seine Zigaretten? Er sah nichts als einen schwankenden Feuerball in der Ferne, und über das Pochen seines Herzens hinweg vernahm er undeutlich das Geheul von Wölfen.

Als er dann plötzlich auf dem gefiederten Rücken seines braunen Adlers Peesim saß, konnte er dreißig Meilen unter sich ganz Nordamerika sehen.

Da waren sie, die Karibus, die in diesem Sommer am nördlichsten Rand des Ödlands weideten. Die Tundra war ein windgepeitschtes Meer aus Weidenröschen, die Eisberge ragten hoch auf wie Kathedralen.

Und dann war Peesim verschwunden, und Jeremiah fiel, raste durch den riesigen kosmischen Schoß geradewegs auf einen Schneewall aus Zuckerwatte zu, als sein Kopf an etwas streifte. Der Mond trudelte wie ein Blechteller herab, bis sein Sturzflug scheppernd an einem Bein des Campingtischs endete. Jeremiah hielt sich seinen dröhnenden Kopf und wälzte sich stöhnend im Gras.

»Raus mit dir!« Heißer, übel riechender Atem traf sein Gesicht. »Raus mit dir! Raus mit dir, böser Geist!«

Sie war wieder da! Mit ihrer Krone, ihrem Mantel aus weißem Pelz und ihren glühenden Augen, um sich an seinem Fleisch zu laben, um seine Seele zu verschlingen. Sie umklammerte seinen Hals, drückte ihn zu. Chachagathoo war ihrem Grab entstiegen.

»Lass mich los!«, schluchzte Jeremiah wie ein Zweijähriger. »Geh weg, geh weg, *awus, awus, awus!*« Mit einer Hand schlug er gegen den Deckel der umgestürzten Mülltonne, die neben seinem Kopf lag.

»Verlasse sofort diesen Körper!« Nein. Chachagathoo war nicht gekommen, um ihn zu holen, sondern um das Ungeheuer zu holen, das an seinen Eingeweiden nagte, ihn bei lebendigem Leib verschlang. Nur dass sie jetzt keine Grimasse mehr schnitt. »Steh auf! Iiiiiiiiiiii-ha-ha-ha!«

Gelächter? Was um alles in der Welt fand sie zum Lachen? Die Pusteln in ihrem Gesicht platzten auf, Eiter lief ihre Wangen, ihren Hals hinab. Und als ihr Gesicht wie eine Eierschale zersprang, tauchte aus dem Ei ein neues Gesicht auf.

»Ich befehle dir aufzustehen!«, prustete das neue Gesicht, dessen Lachen jetzt viel höher klang und viel jünger. »*Steh auf!*«

Was das nur Make-up? Gott sei Dank, es ist nur ... »Amanda?« Die Frau packte ihn wieder an den Schultern und schüttelte ihn. »Amanda Clear Sky?«

»Brummt dir der Po, wenn du kommst?« Ihr Atem roch nach Zimt, als sie lachte. Wo hatte er diese Worte schon einmal gehört? »Großmutter hat mir erzählt, dass du ...« Sie hörte nicht auf zu lachen. »Du hättest dich sehen sollen, wie du vom Campingtisch gefallen bist und der Deckel der Mülltonne ›iiiiiiiiiii-ha-ha-ha!‹ geschrien hat.«

40

In einer Küche, die zwanzig Personen Platz bot, stampften und tanzten neunzig ausgelassene Menschen mit solcher Inbrunst, dass der Boden durchzubrechen drohte, wie ein mürrischer Veteran warnte, der während des Krieges in Neapel ähnliche Katastrophen überlebt hatte. Zum Glück war das »Wasaychigan Hill Philharmonieorchester« klein: ein Banjo, eine Geige und das »müde, alte Waschbrett meiner verstorbenen Frau«.

»Nein, nein, nein!« schrie der knopfäugige alte Kauz Jeremiah an, um seiner koboldhaften Stimme Gehör zu verschaffen, »nicht Melodius! Alodius! Alodius Clear Sky! Hört sich an wie Salbe, ist aber immer noch besser, als Bob White zu heißen, oder?«

Eine spindeldürre Frau namens Annie Cook, die so schnell tanzte, dass ihr Gesicht nur verschwommen zu erkennen war, rempelte Alodius an, dieser rempelte Jeremiah an, der wiederum einen Mann mit wabbeligem Bauch und einem Nudelholz anrempelte. Jeremiah entschuldigte sich ausgiebig bei ihm – einem Bäcker namens Zachary, wie er erfuhr, als sich Amanda mit dampfenden Kaffeebechern den Weg durch die Menge bahnte.

»Dad«, sprudelte sie heraus, als sie Alodius einen Becher reichte, »Jeremiah ist der erste indianische Konzertpianist in der Geschichte der Menschheit.«

Jeremiah konnte gerade noch erröten und den zweiten Becher in Empfang nehmen, ehe Alodius ihn am Arm packte. Wie Moses in der Bibel durchschritt der weißhaarige Witwer das Meer aus Menschenleibern.

»Setz dich«, bellte er.

Das alte, braune Klavier, das mehr schlecht als recht von Klebeband und Draht zusammengehalten wurde, bleckte seine gelben Zähne. Jeremiah quetschte sich zwischen Hocker und Instrument.

»Spiel«, bellte Amandas Vater. Was blieb einer verlorenen Cree-Seele in einem Haus voll trinkwütiger Ojibwas anderes übrig? Er streckte einen Zeigefinger aus und schlug das eingestrichene C an; die drei dazugehörigen Saiten antworteten mit einer ganzen Palette von Tönen. Jeremiah zuckte zusammen. Er überlegte, ob er es mit einer von Schönbergs Zwölfton-Kompositionen versuchen sollte, blieb aber wie gelähmt sitzen.

»Komm schon«, bettelte Amanda.

»Aber ich habe seit zehn Jahren kein Klavier mehr angerührt.«

»Spiel auf dem verdammten Ding, oder ich werf dich aus meinem Haus!«, brüllte Alodius und schlug mit solcher Wucht auf das Klavier, dass der Resonanzboden dröhnte.

Zerstreut fing Jeremiah mit Chopins Sonate in b-moll an, die mit einem Arpeggio über vier Töne beginnt, auf das pompöse ansteigende und abfallende Akkorde folgen. Das Ergebnis war katastrophal. Er ging zum zweiten Thema über, einer lyrischeren und dankbareren Passage. In ihrem Schwulst lauerten jedoch derart disharmonische Klänge, dass das Orchester schlagartig verstummte und die Tanzenden abrupt innehielten.

Abgesehen vom jämmerlichen Quietschen eines Pedals, dem man den Gnadenschuss hätte geben sollen, war jetzt nur noch Chopins Musik zu hören. Nach und nach schob sich der bunt zusammengewürfelte Haufen ans Klavier heran, alle mit kirschroten Backen und bierseligem Blick, lugten wie die Zwerge über die Schultern des Klavierspielers, der am liebsten tot gewesen wäre. Augenpaar um Augenpaar verengte sich zu Schlitzen, Stirnen wurden gerunzelt, volle Lippen verächtlich geschürzt.

»Das ist Musik des Weißen Mannes«, beklagte sich ein Mann mittleren Alters mit einer Nase von der Größe eines Tennisballs.

»Spiel irgendein Sauflied«, schlug Amanda vor.

»Kann ich nicht.« Jeremiah wand sich vor Unbehagen.

»Alodius«, trällerte eine Frau, »spiel richtige Musik!«

»Ja, Alodius«, grölte die Meute, »spiel ›Half a Nageela‹!«

Jeremiah und Amanda rutschten auf ein Sofa, auf dem fünfzehn zusammengequetschte Indianer wippten wie ein riesiger Bottich Vanillepudding. Der gute, alte Alodius stimmte ein derart erbarmungsloses »Havah Nagilah« an, dass die Eier der Männer klingelten, die Brustwarzen der Frauen kicherten und Jesus von der Wand fiel, auf dem Klavier aufschlug und mit einer galiläischen Pirouette am Boden landete. Auf der Tanzfläche tummelten sich Clarabelle Cow St. Pierre, Bugs Bunny Starblanket, Minnie Mouse Manitowabi, Big Bum Pegahmagahbow, Petunia Pig Patchnose, ein einziger tobender, brodelnder Kessel. Das ganze Haus bebte wie eine alte läufige Hündin.

Dann glitt Alodius, geschmeidig wie ein Otter, in einen sentimentalen, volkstümlichen Walzer hinüber. Sein provisorisches Orchester schloss sich ihm an, und die Menge beruhigte sich wieder. Männer und Frauen fanden sich zu Paaren zusammen, innig, romantisch, lüstern. Mit einem großen Suppentopf, den sie an ihren Bauch drückte, bahnte sich die pausbäckige Philomena M. Moosetail mit ausladenden Hüften und wirrem Blick den Weg vom Ofen zum Fenster.

»Hattest du jemals das Gefühl, auf dem falschen Planeten geboren zu sein?«, fragte Jeremiah Amanda. Er war froh, dass die Lautstärke der Musik endlich eine Unterhaltung zuließ. »Zur falschen Zeit. Mit der falschen ...« – er lachte kläglich – »Hautfarbe?« Amanda legte ihre Hand auf die seine, während Philomena den schmutzigen, weißen Vorhang um ihre fleischigen Schultern schlang und grunzend den Arm um einen imposanten Mann legte.

»He, Luce«, lallte Lady Philomena. »Los, Lucy, mach ein Foto!« Mit einem innigen Kuss überreichte die indianische Monarchin dem von ihr auserkorenen Sieger die silberne Schale.

»Das kapier ich einfach nicht. Ich meine, warum zum Teufel spielt ein Indianer ...«, die Kamera blitzte, und Jeremiah tauchte wieder auf, »Chopin?«

Amanda wollte gerade etwas sagen – seine Frage beantworten? Ihm sagen, dass sie ihn liebte? Ihm sagen, dass sie müde war? –, als das Klavier wieder in den verträumten Dreivierteltakt verfiel.

»Ach, steig doch von deinem hohen Ross herunter«, sprudelte sie stattdessen hervor. »Für wen hältst du dich eigentlich, für den Erlöser der Indianer?«

Draußen vor dem Fenster zwitscherte ein Spatz das erste Lied des Tages.

»Komm mit.« Amanda bahnte sich den Weg durch ein Gewirr aus Gliedmaßen. »Ich will dir ... au! ... was zeigen.« Sie schnappte sich eine schwarze Schachtel, die auf dem Tisch stand. Pralinen? Offenbar nicht, sofern die Aufschrift stimmte: *Zärtlich ist mein Herz* – 12. Folge.

»Ich kann nicht mehr, Jake«, sagte die Hausfrau, deren Unähnlichkeit mit Amanda nicht ganz überzeugend war. »Ich kann nicht mehr mit dir leben.« Amanda hatte recht: Das Cree klang hier anders als im Norden von Manitoba. Es war großzügig mit dem eng verwandten Ojibwa vermischt und stellte für Jeremiah eine echte Herausforderung dar. Die Anspannung war Amanda deutlich vom Gesicht abzulesen.

»Ich hab's dir doch gesagt, Dorothy, Schätzchen«, erwiderte ihr Ehemann, ein Indianer mit breiten Schultern und einem Bauch wie ein Kartoffelsack, während er erschöpft sein rotes Flanellhemd aufknöpfte, »es ist aus zwischen mir und Martha Cheepoogoot. Ende. *Kaputt.*« Er warf das Hemd über einen Stuhl und stand dampfend in seinem schweißnassen T-Shirt da.

»Weißt du eigentlich, wie oft du mir das schon gesagt hast?«, fragte sie ihn erbittert, wischte sich eine Träne weg, schob den Riemen ihrer Handtasche über ihre kraftlose Schulter und ging einen Schritt auf die Tür zu.

Jeremiah und Amanda lagen nackt unter einem zerknüllten Laken und sahen fern. Bis auf die Möbel und die Drucke, die eine wuchernde arkadische Inselfauna zeigten, war das Zimmer des zehn Meilen von Wasaychigan Hill entfernten Motels so weiß wie in einem Krankenhaus. »Bitte, Dorothy, verlass mich nicht.«

Jeremiah konnte es kaum fassen: indianisches Showbusiness! Und Amanda Clear Sky eine Schauspielerin, ein Star!

»Ja«, meinte sie gähnend, »berühmt von Muskrat Dam bis zum Bearskin-See.« Die Frühstücksreste lagen auf der Kommode, dem Couchtisch und dem versiegelten Ahornboden verstreut. Während das Fernsehpaar weiterstritt, setzte sich Amanda rittlings auf Jeremiah.

»Du bist zum Künstler geboren.« Sie steckte ihm die Zunge ins Ohr. »Das ist eine Aufgabe, eine Verpflichtung. Davor kannst du nicht davonlaufen.«

Jeremiah schauderte; in ihm war ein Wurm. Oder ein ... Nein, nein, Champion-Jeremiah, darüber denken wir lieber gar nicht nach. Nicht jetzt. Nie mehr. Diese Tür ist geschlossen.

Trotzdem war er sicher, gerade etwas klappern gehört zu haben. Aber was? Mäuse? Knochen? Und was war das für ein Geruch, der ihm in die Nase stieg? Was roch da so modrig? Mottenkugeln in einer längst vergessenen Sakristei? Weihrauch?

»Ich liebe ... ich liebe diese Stelle«, kicherte er stattdessen, denn in diesem Moment wurden seine Lenden zu Eis, »wo du sagst ...« – seine Parodie war schlecht – »›Ich kann nicht mehr, Jake. Ich kann nicht mehr mit dir leben.‹« Er warf Amanda ab und krümmte sich zwischen den Kissen. Amanda befürchtete schon, er leide unter Epilepsie, als ihr Fernseh-Pendant wie eine Hexe schrie: »Iiiiiiiiii-ha-ha-ha-ha-ha-ha-ha!«

»Da, du Miststück!« Jake packte seine Frau an den Haaren und knallte ihren Kopf an den Kühlschrank. »Und jetzt raus aus meinem Haus!« Er schleuderte sie gegen die Tür. In der Hand hielt er ein blutverschmiertes Büschel Haare.

Amanda biss Jeremiah ins Ohr. Jeremiah schrie auf, halb vor Schmerz, halb vor Entzücken: Ja, Vater, lass mich bluten, bitte, bitte, lass mich bluten.

»Also, du Miststück«, äffte Amanda ihren Seifenopern-Ehemann nach, »raus aus diesem Zimmer und zurück ans Klavier.« Um dieses Wort und ihr Lachen zu ersticken, steckte Jeremiah ihr die Zunge in den Mund. Und nun schluckte sie seinen Penis mit ihrem Körper.

»Sollte *Gitche Manitou* jemals auf die Erde kommen«, las er von der Karte über dem Bett ab, während er mit Amandas Hilfe immer wieder zustieß, »würde er in der Manitowaning Lodge in Ontario absteigen.« Schön für ihn. Oder war er eine Sie? Im Fernsehen wurde eine Tür zugeschlagen.

»Verdammt.« Jake schlug ein Loch in die Wand.

»Weiter geht es nächste Woche«, meldete sich die Stimme des Fernsehsprechers. »Kommt Dorothy Asapap auch allein zurecht?

Kann Jacob Asapap seine Kinder selbst großziehen? Sehen Sie selbst in der nächsten Folge von *Zärtlich ist mein Herz*. Moosonee-TV, das Fenster Nord-Ontarios zur Welt der Cree und Ojibwa.«

Keuchend griff Amanda um Jeremiahs Hüfte und brachte den Fernseher mit der Fernbedienung zum Schweigen.

»So«, keuchte sie und befreite sich von seinem Gewicht.

Jeremiah stöhnte. Und fiel zur Seite.

Er bekam keine Erektion. Sein Geschlecht war tot. Allein der Gedanke machte ihn krank, als hätte er Krebs. Gewalt gegen Frauen – sie anzusehen, daran zu denken – verschaffte ihm irgendwie Erleichterung.

»Spul zurück.« Er nahm eine Zigarette und ließ sich in die Kissen sinken. »Ich will es noch mal sehen.«

TEIL VI
Presto con fuoco

41

»Du kommst also nach Hause?« Obwohl Gabriel sich alle Mühe gab, kühl, ja sogar verärgert zu klingen – Gott sei Dank übermittelten Telefone nur Töne und keine Bilder –, war seine Darbietung nicht besonders überzeugend. Denn nackt, wie Gott ihn geschaffen hatte, aalte er sich zwischen schwarzen Satinlaken, und seine untere Hälfte war in verborgenes Tun verwickelt. Und das Vergnügen daran machte die Unterhaltung zunehmend schwierig. Aus einer ebenso unsichtbaren Quelle plätscherte Sarah Vaughans honigsüßer Alt, der von Sirenen und Wahnsinn sang.

Dreihundert Meilen nördlich des rosafarbenen Schlafzimmers stand Jeremiah in einer engen Telefonzelle und kämpfte mit einem so heftigen Kater, dass es für ihn schon einen Sieg bedeutete, sich überhaupt auf den Beinen halten zu können. »Ich bin irgendwo nördlich der Insel, in einem Vorort von ... Sudbury, glaube ich.«

»Über Land und Wasser«, erwiderte Gabriel mit mechanischer Präzision, obwohl ihn eine Woge der Freude überrollte, »brauchst du neun Stunden.« Seine Finger versanken auf Höhe seiner Taille in einem Schopf goldener Locken. »Wenn du die ganze Strecke fährst, dauert es nur fünf Stunden.«

»Vergiss die Fähre. Mein Geld reicht kaum fürs Benzin.«

»Dann bis heute Abend.« Und warte – die Vorfreude ließ Gabriel erschauern –, welche Rache ich mir für deinen Verrat ausdenke.

Jeremiah schluckte schwer, um sein Frühstück bei sich zu behalten, und machte sich auf den Weg zum Wagen. Da er sich seinem Bruder gegenüber kurz zuvor feige und verantwortungslos verhalten hatte, war der kleine gelbe Käfer wütend auf ihn und hatte den ganzen Vormittag nicht ein einziges Wort zu ihm gesagt, weder auf Cree noch auf Englisch.

Gabriel legte auf, spannte die Oberschenkel an und starrte abwesend auf die gegenüberliegende Wand. Die Mittagssonne zwängte sich durch die Jalousien und zeichnete ein Zebramuster auf die Fotos, auf denen ein junger, unbekümmerter Gregory Newman zu sehen war – als Prinz, als Held, als *danseur noble* –, bezaubernd, wenn auch ein wenig altmodisch. Doch ein Foto stellte alle anderen in den Schatten. Denn dort, auf dem Eichenschrank, bejubelt von der Menge, geehrt von einer Königin, strahlte der Weltmeister. Gabriel schloss die Augen und ließ sich von der Woge forttragen.

Mit überquellenden Lippen hob sich der goldene Schopf aus den Falten schwarzen Satins wie ein Eistaucher aus dem See.

In einem Spiegelsaal – noch eine Kirche, die durch den Tod des Glaubens überflüssig geworden war – saß Gabriel mit gespreizten Beinen auf dem Parkett, dehnte seine Sehnen, massierte seine Füße und war entsprechend seiner Berufung gekleidet: Ballettschuhe, Strumpfhose, Legwarmer, schweißnasses T-Shirt. Jeremiah saß in zerknittertem Hemd und Jeans zusammengesunken an einem schäbigen Flügel, der schwieg wie ein Grab.

»Mach schon.« Gabriel drängte seinen Bruder, den reuigen Sünder. »Spiel irgendwas.« Jeremiah, völlig verkatert, entschied sich lustlos für einen Fünf-Finger-Lauf – hinauf, hinunter. Aber, he! Das verdammte Ding war gar nicht verstimmt.

»Ja, großartig«, sagte er mit gespieltem Abscheu. »Meine Finger sind hinüber.« Es fühlte sich fast unheimlich selbstverständlich an, hier inmitten dieser Stille zu sitzen, mit Gabriel als einzigem Zuhörer. »Hinüber, hinüber, hinüber. Vergiss es.« Wie ein Haus, das man zum erstenmal seit der Kindheit wieder sieht, luden die Tasten ihn ein, lockten ihn, gehörten ihm jedoch nicht mehr.

»Blödsinn«, konterte Gabriel. »Du hast seit fünfzehn Jahren keine Kiste Fisch mehr angerührt.«

»Was soll das? Buße?«

»Ja. Weil du wie eine Ratte vor diesen rückgratlosen Jammerlappen davongelaufen bist! Ja. Jetzt spiel!«

Jeremiah begann zu spielen. Schuldete er diesem lieben dunkelhäutigen Jungen nicht wirklich etwas?

Erst setzte seine linke Hand ein, hämmerte ihren stahlharten, erbarmungslosen Viervierteltakt, den Sechzehnteltriolen zu einem nahtlosen Ganzen verknüpften – eine improvisierte Tokkata. Woher kamen sie? »Ha!« Ehe er sich's versah, stimmte seine rechte Hand mit ein, deren Dissonanzen wie Schüsse ins Blaue klangen: *Peng! Peng!*

Gabriel war nicht weniger überrascht und außer sich vor Freude. Er sprang auf und begann sich im Rhythmus zu wiegen – *peeyuk, neesoo, peeyuk* ... Ein einzigartiges Spektakel stand unmittelbar bevor, das spürte er in seinen Knochen. Er jubelte »*Weeks'chilowew!*« und katapultierte seinen Tänzerleib in die Luft.

Fünf Tänzer, wie aus Marmor gemeißelt, wirbelten zum Bühnenrand, stampften auf das Publikum zu und wirbelten dann wieder in den hinteren Teil der Bühne. Um die Hüften trugen sie Möwenfedern aus Cellophan, die wie Röcke aus Gischt funkelten. An einem Ende der Reihe vollführte Gabriel Okimasis eine so elegante Drehung, dass Augenzeugen später schworen, er habe die Schwerkraft überlistet, und marschierte dann wie ein Roboter auf einen blauweißen Lichtkegel zu.

Gregory Newman, eindrucksvoll gebräunt – ein kurzer Aufenthalt in Mexiko, wie die Presse berichtete –, sah ihm aus dem brechend vollen Halbdunkel zu. Doch das Leuchten in seinen Augen war erloschen; ein dauerhafter Schatten hatte sich auf ihr Smaragdgrün gelegt.

Der Lehrmeister der Jugend, der Kenner in Sachen Schönheit, der gefeierte Künstler wollte sich nichts mehr vormachen. Der knabenhafte Mann auf der Bühne war eine Augenweide, stand in der Blüte seiner Jahre, war Fleisch gewordene Poesie, ein viel versprechender Choreograph. Aber was für ein Stück Dreck steckte unter dem Mantel von Unschuld und Frömmigkeit, was für ein Flittchen, was für eine Hure, was für ein Stück Fleisch, das sich von Tokio bis Toronto, von Rom bis Buenos Aires in alle Körperöffnungen vögeln ließ.

Hinter ihm ging eine Tür auf und wurde ebenso schnell wieder geschlossen. Begleitet von Stoffrascheln, geflüsterten Entschuldigungen und fieberhaftem Atmen bahnte sich Amanda Clear Sky den Weg zu dem einzigen freien Platz, den sie in der Dunkelheit ausmachen konnte.

»Ist das das Stück von Gabriel Okimasis?«, fragte sie ihren verärgerten Nachbarn.

Gregory Newman bat sie, so höflich er konnte, still zu sein.

»Und, ist es von ihm?«

»Ja, aber Sie sitzen auf meinem Mantel.«

Halb verdeckt von einer Kulisse hinter den Tänzern bearbeitete Jeremiah einen schwarzen Flügel. Nahtlos verbanden Sechzehnteltriolen den Viervierteltakt seiner unerbittlich trommelnden Linken. Wie war eine beiläufige Improvisation innerhalb von zehn Monaten zu einem richtigen Stück herangewachsen, das von professionellen Tänzern aufgeführt wurde? Zu einer Sonate, bestehend aus vier kontrastierenden Sätzen, instrumentiert, phrasiert, mit zahlreichen Fermaten? Es überstieg sein Vorstellungsvermögen. Er wusste nur, dass er spielen musste, sonst wären Gabriel und er geschiedene Leute und er würde wieder in Winnipeg in der Gosse landen. Auch wenn ihm der Kragen des geliehenen Smokings die Luftröhre zuschnüren sollte, es spielte keine Rolle. Mit den Händen auf den Tasten, passend gekleidet für den Sarg, würde er einen indianischen Heldentod sterben.

Schlagartig trat Stille ein. Jeremiah sprang von der Klavierbank auf und schlug mit einem perlenbesetzten Paukenschlägel die Bass-Saiten des Instruments an. Das Quintett der kreiselnden Tänzer stimmte einen pentatonischen Gesang an: »*Ateek, ateek, astum, astum, yoah, ho-ho!*« Und mit einem Mal wurde aus dem Flügel eine Pow-Wow-Trommel, die mit dem Getöse und den Missklängen des zwanzigsten Jahrhunderts den Rhythmus für einen indianischen Rundtanz vorgab.

Gabriel wusste, dass sein Zauber gewirkt hatte, denn die Zuschauer führten Zwiegespräch mit einem Vakuum in ihrem Inneren, mit einer Leere, die es zu füllen galt, mit einem Himmel ohne Grenzen; und dieser Himmel antwortete. Die Brüder wurden eins, und in ihnen und in einem Raum, der so groß war wie der gesamte Norden, erklang die Stimme eines alten Mannes. »Mein Sohn«, seufzte sie, »erschaffe mit diesen Zauberwaffen eine neue Welt ...«

Mitten in tosendem Applaus, Gejohle und Geschrei stand Gabriel neben seinen Tänzern auf der Bühne, strahlte wie die Sonne und stellte der Welt stolz seinen Bruder vor. Und auf seine Bitte hin verneigte sich der ergriffene Pianist mit der wilden Mähne. Einmal, zweimal. Und im Theater wurde es dunkel.

42

»*Ayash oogoosisa, oogoosisa, oogoosisa.*« Das sonnendurchflutete Zimmer tanzte zu Jeremiahs Cree.

»*Ayash oogoosisa, oogoosisa* …«, antworteten vier Kinderstimmen etwas holperig.

»Stellt euch vor, es ist Musik«, schlug ihr Lehrer vor. »Lasst es schwingen. Und noch ein Mal: *Ayash oogoosisa, oogoosisa* …«

Ein Dutzend indianische Kinder zwischen sechs und zehn hockten, bemerkenswert diszipliniert für ihr Alter, in der Mitte des Raumes im Kreis. Vier von ihnen sprachen ihm nach, und diesmal klappte es besser.

Auf dem selbst gemachten Emblem an der Wand, das die Versammlung als den »*Muskoosis*-Club von Ontario« auswies, grinste ein mondgesichtiger Bär im Jeansoverall aus dem großen *O* und bleckte dabei die Zähne. Das war Jeremiahs Job untertags – indianische Stadtkinder, fast alle aus zerrütteten Familien, mit Unterricht, Kultur und Freizeitgestaltung zu versorgen.

Jeremiah ging zum nächsten Satz über: »Gruppe B. *Peechinook'soo*, drei, vier, *peechinook'soo*, drei, vier …« Er ging klatschend durch den Raum.

Pflichtbewusst wie Soldaten lächelten und klatschten vier *muskoosisuk* und sprachen: »*Peechinook'soo* …«, während Jeremiah sein Augenmerk immer wieder auf einen kleinen Jungen richtete. Weil er Gabriel Okimasis mit sechs so ähnlich sah? Nicht unbedingt, aber …

»Jetzt Gruppe C. Also, das soll sich ein bisschen jammernd und gespenstisch anhören, etwa so« – und Jeremiah jaulte: »*Peeyatuk, peeyatuk* …«

»*Peeyatuk* ...«, jammerten die letzten vier Kinder und begannen dann zu kichern, weil das alberne Gewimmer sie an Geister erinnerte, die sie bereits kennen gelernt hatten.

»Und jetzt alle zusammen.« Als der begeisterte Erwecker der Cree-Sprache an seinem Schreibtisch vorbeiging, fischte er eine Kalebasse aus der Schublade. »Gruppen A, B, C. Fertig?« Er hob das Instrument – eine selbst gebastelte brasilianische Maraca – und schüttelte es kräftig. Das Rasseln, das dabei entstand, war eine kunstvolle Mischung aus Bossa Nova und Samba.

»*Ayash oogoosisa, oogoosisa, oogoosisa* ...«, skandierten die ersten vier Kinder, »*Peechinook'soo*, drei, vier, *peechinook'soo* ...«, die nächsten vier, während das letzte Quartett »*Peeyatuk*« jammerte. Jeremiah rasselte mit der Maraca wie ein Priester, der Weihwasser versprengt, und zählte dazu den Takt – »eins, zwei, eins, zwei.« Indianischer Rap mit südamerikanischem Einschlag? Das sollten sie sich patentieren lassen!

»Also, was ihr sagt, ist Folgendes«, sagte Jeremiah und gab das Zeichen zum Aufhören. »Gruppe A wiederholt immer wieder ›Ayashs Sohn‹, Gruppe B wiederholt ›kommt näher, drei, vier‹ und Gruppe C wiederholt ...« – er heulte wie ein Gespenst – »›Nimm dich in acht, nimm dich in acht!‹ Unser Held, Ayashs Sohn, muss sich in Acht nehmen, denn er betritt die dunklen Winkel der menschlichen Seele, wo er auf böse Geister trifft, zum Beispiel ...« – er schüttelte die Maraca ein letztes Mal – »den Weetigo. Noch Fragen?« Die winzigen Ureinwohner waren unruhig. »Jenny! Cynthia!« Jeremiahs Tonfall wurde unangenehm schulmeisterlich. »Bit-hit-te!«

»Willie hat eine Frage-Frage-Frage«, hallte ein süßes kleines Echo. »Aber er ist zu schüchtern-schüchtern-schüchtern.« Willie Joe Kayashs Zuhause war ein Asyl für misshandelte Frauen. Einen Vater hatte er nicht. Willie Joe Kayash war der Junge, der Jeremiah an Gabriel als Kind erinnerte.

Es war einiges an Diplomatie nötig, um Willie Joe zum Sprechen zu bringen. »Was ... was ...« Sein Mund glich einer kleinen roten Kirsche, die darauf wartete, gepflückt zu werden. »Was ist ... was ist ein ... ein Weetigo?« Wie frisch Kinder rochen! Man konnte sie in die Hand nehmen, in den Mund stecken, im Ganzen hinunterschlucken.

»Ein Weetigo ist ein Ungeheuer, das kleine Jungs frisst«, sagte Jeremiah, »wie dich.« Damit beendete er den Unterricht.

Nachdem sich der Raum geleert hatte, schlüpfte Willie Joe wieder herein, lief auf Jeremiah zu, schlang die Arme um seine Hüften und vergrub sein erhitztes Gesicht in seinem Schoß.

»Ein Weetigo hat mich gefressen«, murmelte das Kind in den ausgeblichenen Jeansstoff. Und biss zu. Jeremiah spürte das Stechen einer Nadel im Rücken, die länger war als ein Arm. Entsetzt befreite er sich aus der Umklammerung und ging in die Hocke. Seine Augen waren nur Zentimeter von denen des Sechsjährigen entfernt. Er hatte eine gewaltige Erektion.

»Was soll das heißen, Willie Joe?«

Willie Joe gab keine Antwort, sondern küsste Jeremiah wie ein heimlicher Liebhaber auf den Mund und hüpfte hinaus: »*Ayash oogoosisa, oogoosisa* ...«

Jeremiah stolperte durch ein Meer von Ungeheuern. Klauen griffen nach seinen Hoden, feuchte Zungen bohrten sich zwischen seine Lippen, seine Körperöffnungen wurden erkundet, aufgerissen, zerfetzt. Es dauerte keine Minute, bis er im Zimmer des Direktors stand.

»Ja, das Freundschaftszentrum hat Anzeige erstattet«, erklärte der Mohawk-Gentleman hinter dem Schreibtisch, »und der Täter, der Stiefvater des Kindes, ja, der wird hoffentlich ins Gefängnis kommen.«

Für Jeremiah war kein Gefängnis nahe genug.

43

Wie ein Bär über einen Honigtopf beugte sich Jeremiah über seine Schreibmaschine und starrte auf das Blatt Papier, das in ihrem stählernen Gebiss gefangen war. Abgesehen vom Summen und Klopfen der in die Jahre gekommenen IBM-Selectric war es im Aufenthaltsraum des *Muskoosis*-Clubs mucksmäuschenstill.

Er knurrte und riss das Blatt aus der Schreibmaschine. Amandas Erpressungsversuch – »Schreib eine Rolle für mich, dann ziehe ich nach Toronto« – widerte ihn derart an, dass er am liebsten aus dem Fenster gesprungen wäre, bis ihm einfiel, dass das Freundschaftszentrum nur vier Stockwerke hatte und er sich im dritten befand.

Ja, er hatte ein Musikstück komponiert – wenngleich das purer Zufall gewesen sein mochte – und dazu Texte geschrieben, die er durchaus als poetisch bezeichnet hätte, wenn er sich seiner Muttersprache bedient hätte. Und in bescheidenem Umfang hatte das Werk auch Erfolg gehabt. Aber machte ihn das zu einen Dramatiker? Und dazu noch in Englisch, dieser humorlosen Sprache?

»*Atimootagay!*«, fluchte er, während er die einzelnen Buchstaben hämmerte und voller Verzweiflung auf die mit Schneematsch bedeckte Straße hinuntersah.

Und plötzlich begann der Mistik-See rhythmisch zu plätschern, und es war Mitte Juli. Die Seeschwalben, die in Formation über seinen Kopf hinwegflogen, riefen: »*Klick*, Jeremiah, *klick, klick*«, und erzählten dem ehemaligen Cree-Pianisten von ihrem Urlaub im Januar in der weit entfernten Antarktis, wo die Pinguine im Smoking Empfänge gaben, um die die ganze Welt sie beneidete. Jeremiah war neun, Gabriel sechs, und die Brüder saßen hinten im blauen Kanu ihres Vaters. Sie quetschten sich auf eine aus Brettern rasch zusammengenagelte Bank und ruderten das schmale, spitze Boot rückwärts, während ihr Vater vorne sein silbernes Netz in die kalten, dunklen Fluten warf.

»*Ayash oogoosisa*«, sagte Abraham Okimasis, und die Sonne verwandelte die Wassertropfen im Nylonnetz in Diamanten, »*eehee, Ayash oogoosisa* wurde in sehr jungen Jahren in die Welt geschickt ...«

Mit einem Koffer in einer Hand und dem Porträt seines Vaters in der anderen stand Gabriel an der Türschwelle eines leeren Wohnzimmers. Die Beleuchtung erinnerte an ein Fremdenheim, und der Putz hielt sich nur mit Mühe an den Wänden. Der Geruch nach Mottenkugeln, Schimmel, sogar nach schalem Urin lag in der Luft, schwach, aber durchdringend. Rings um ihn verstreut standen Pappkartons, aus denen sein Leben quoll.

Nachdenklich stellte er den Koffer ab. Noch immer hörte er Gregory sagen: »Wenn du dich nicht so viel herumtreiben würdest, wärst du nicht so oft krank.«

Ein Spiegel mit einem Sprung in der Mitte schnitt sein Ebenbild entzwei; mitten auf seiner Stirn hatte er ein Auge. Er fuhr mit der Hand durch ein Spinnennetz, wischte den Staub ab und betrachtete sich. Der Glanz seiner Jugend begann zu verblassen. Er sah nach wie vor gut aus, wenn auch nicht mehr auffallend gut, nicht mehr so gut wie früher einmal. Was war das? War der Fleck an seinem Hals immer noch da? Nach zwei Wochen?

Gabriel hatte in diesem Jahr schon zweimal Grippe gehabt. Vielleicht ereilte sie ihn ein drittes Mal, aber wer war zu dieser Jahreszeit schon dagegen gefeit?

Noch immer klang ihm Gregorys Stimme in den Ohren: »Wo warst du gestern Abend nach der Vorpremiere? Komm schon, Gabriel, Regiebesprechungen dauern doch nicht bis drei Uhr nachts. Was machst du nach den Vorstellungen – in New York, Amsterdam, Vancouver? Wie viele Leute besuchen dich, wenn ich auch nur für eine halbe Stunde aus dem Haus gehe? Glaubst du vielleicht, ich habe keine Nase? Glaubst, ich rieche den Schweiß auf den Bettlaken nicht?«

Jeremiah saß neben seiner »Heiligen Dreifaltigkeit« – den Fotos von seinem Bruder, seinem besten Freund, seinem Ersatzsohn – und warf einen Blick auf die Uhr an dem verrosteten Herd in seiner Pension. Vier Uhr morgens. Er gähnte, streckte sich und nahm sich fest vor, bis Sonnenaufgang zu arbeiten.

»Mutter (zu ihrem Sohn):« Aus Angst, die alte Schreibmaschine könnte auseinander fallen und ihren Geist aufgeben, wenn er zu energisch tippte, schlug er die Tasten behutsam an: »Hier hast du die Waffen, die du brauchst: einen Speer, eine Axt, einen Fuchspelz.«

44

»*Got this feelin', burnin' inside me; got this feelin'*«, knurrte ein Sänger mit wilder Mähne ins Mikrofon. Dann erhob sich seine Stimme in Schwindel erregende Höhen: »*And I don't know oh what to do, oh what to do.*«

Hinter dem Solisten streichelten drei Männer in schwarzen Hemden teilnahmslos Schlagzeug, Bass und Tasten, während er mit halb geschlossenen Augen einen Punkt fixierte. Was? Wen? fragte sich Gabriel. Er saß an einem kleinen, runden Tisch, trank ab und zu einen Schluck Bier, wartete ungeduldig auf Jeremiah und fand, dass dem Sänger ausdrucksvollere Körperbewegungen nicht geschadet hätten – mehr Lockerheit in den Hüften, weniger ruckartige Bewegungen. Doch dieser Robin Beatty sah ihn an, dessen war sich Gabriel sicher. Verriet ihm das nicht dieses leichte Kribbeln im Kreuz? Robins Mikrofon schien zu glühen, so dass es Gabriel nicht gewundert hätte, wenn es geschmolzen wäre, als sein Brummen in Heulen überging: »*Every time I look into your eye-eye-eyes ...*«

Jeremiah steckte den Kopf durch die schwarzen Samtvorhänge an der Rückwand des Lokals und sah sich im Raum um.

»Gehen Sie nicht«, bellte der Sänger, »wir sind gleich wieder da.«

»Was ist das?«, fragte Gabriel und warf einen Blick auf den zerknitterten braunen Umschlag, den Jeremiah neben sein Bierglas auf den Tisch geknallt hatte.

»Mach ihn auf«, sagte Jeremiah und versuchte, seine Aufregung zu verbergen.

Zum Vorschein kam ein Stoß Papier, ungefähr zwanzig Blatt.

»›*Odysseus Donnerkind*‹«, las Gabriel. »›Ein Drama von Jerem ...‹«

»Und? Willst du nicht mal einen Blick drauf werfen?«

Gabriel blätterte weiter.

»›Bedenke, mein Sohn, dass in der menschlichen Seele viele Gefahren lauern und Böses dir begegnen wird ...‹« Er verstummte, las jedoch weiter. Die Zeit verging.

»Was ...« – Jeremiah wand sich wie ein Fünfjähriger – »was hältst du davon?«

Robin Beatty kam angeschlendert. »Hallo.« Der schlaksige Jazzsänger warf Gabriel die Begrüßung zu wie einen Ball, und Gabriel warf sie zurück. Seine Blicke folgten Robin auf die Bühne.

»Ayashs Sohn.« Jeremiah tippte auf das Manuskript. »So eine Art Odysseus der Cree. Allerdings habe ich dem Ganzen eine ... sagen wir mal ›moderne Note‹ gegeben.«

»Nämlich?«, fragte Gabriel, ohne wirklich bei der Sache zu sein.

»Tja«, meinte Jeremiah leichthin, »wenn James Joyce über ›einen Tag im Leben eines Iren im Dublin des Jahres 1904‹ schreiben kann, warum sollte ich dann nicht über ›einen Tag im Leben eines Cree im Toronto des Jahres 1984‹ schreiben können?«

Gabriel, der sich fragte, ob Jeremiah noch bei Verstand war, starrte ihn an und schluckte.

»Du hast Recht. Irgendjemand muss es tun.« Sein Blick wanderte, an Jeremiah vorbei, zu Robin. »Aber wozu die moderne Note?«

»Weil ich möchte, dass meine *Muskoosisuk* es verstehen. Konnten wir uns mit Dick und Jane und diesem verdammten Köter Spot identifizieren, als wir Kinder waren? Nein. Hast du dich jemals gefragt, warum so viele indianische Kinder die Schule abbrechen?«

»Schon gut, schon gut, ich wollte keine Doktorarbeit von dir.«

»Und ich möchte, dass du ... Regie führst.« So.

»Dass ich Regie führe?«, platzte Gabriel heraus. »Ich bin Choreograph und kein ...«

»Ein arbeitsloser Choreograph.«

»Soll das ein Witz sein?«, fragte Jeremiah eine von der Zugfahrt erschöpfte Amanda. »Kein Theater in der Stadt würde es anrühren.« Das Taxi raste ohne Rücksicht auf Leben, Tod oder Vorschriften durch den abendlichen Berufsverkehr. Die Union Station blieb als wuchtige Silhouette hinter ihnen. »›In Ihrem Stück gibt es keinen Konflikt‹, hat dieser Typ behauptet. ›Das ist gar kein richtiges Stück.‹« Trotzdem vermutete er, dass seine großzügigen Cree-Einschübe die Leser abgeschreckt hatten.

»Diese Dummköpfe«, seufzte Amanda, »das wird ihnen noch Leid tun.«

»Vor allem, weil ich mir die beste Serienschauspielerin gekrallt habe.«

»Die Zweitbeste. Die Beste ist Joan Collins.«

»Bedenke, mein Sohn«, sagte Amanda mit einer Stimme, die nicht die ihre war, »dass in den Tiefen der menschlichen Seele viele Gefahren lauern und Böses dir begegnen wird.« Sie stand am Altar einer weiteren aufgelassenen Kirche und trug die Zeilen mit der Leidenschaft eines Felsbrockens vor.

»Du behauptest, nicht Ayashs Sohn zu sein?«, wollte ein breitschultriger Cree von Gabriel wissen.

»Scheiße«, fluchte der Weetigo alias Bobby Peegatee aus Pask'sigeepathi in Saskatchewan, als die erste Seite seines Skripts einriss.

»Nein«, entgegnete Gabriel und schielte in sein Skript, »ich bin nicht Ayashs Sohn.«

»Das macht nichts, *noos'sim*. Nach dieser langen, beschwerlichen Reise hast du bestimmt Hunger.«

»Nimm diesen Zauberspeer, diese Axt, diesen Fuchspelz«, sagte die Mutter, Amanda, und ließ die Schultern hängen, »denn du wirst dich verteidigen müssen. Es tut mir Leid.« Amanda rutschte in ihre eigene Stimmlage: »Ich kann nicht weitermachen.«

»Wo liegt das Problem?«, wollte Gabriel wissen.

»Dieser Text ist ... er ist unspielbar.« Sie hüpfte die Altarstufen hinunter. »Ich kann einfach nichts damit anfangen.«

»Warum nicht?«, fragte Jeremiah. Voller Unbehagen spürte er den Schweiß zwischen seinen Pobacken. »Warum ist er ... unspielbar?«

»Er ist hölzern. Diese Rolle hat gar nichts Lebendiges.«

»Doch, hat sie schon«, protestierte Jeremiah.

»Jeremiah, du versuchst, ein realistisches Stück zu schreiben, das auf einer völlig unrealistischen Geschichte basiert.«

»Dann verrate mir bitte, worum es deiner Ansicht nach in dieser Geschichte geht.«

»Um Magie.«

Magie? Was erwartete sie? Dass ein Hase aus einem Zylinder hervorgezogen, eine Frau in zwei Hälften zersägt, Wasser in Wein verwandelt wird?

Schließlich nahm Gabriel sein ganzes diplomatisches Geschick und sein Einfühlungsvermögen zusammen und sagte: »Ich glaube, Jeremiah, sie meint, dass sich alles hier oben abspielt ...«, er tippte sich mit dem Finger an die Stirn, »obwohl es sich hier unten abspielen sollte ...« Er zeigte auf seinen Schritt. Scheiß drauf! »Es ist zu kopflastig, Jeremiah, nur Kopf und kein Bauch. Pass auf!«

Bevor sich Jeremiah wieder fangen konnte, begannen die Schauspieler zu schreien, zu heulen, zu fauchen und flogen wie Pingpongbälle durch den sonnendurchfluteten Raum. Sie waren so in ihre Improvisation vertieft, dass ihre Augen ein dämonisches Leuchten bekamen.

»Ja!« Gabriel warf die Arme in die Luft wie ein Dirigent, der sich mit der Musik duelliert. »Füllt diese Leere! Spürt sie mit euren Fingerspitzen, eurer Stirn, euren Fußsohlen, euren Zehen, eurem Unterleib.«

Jeremiah hämmerte auf das Klavier ein – und entlockte ihm Dissonanzen, die wie Stahlsplitter klangen –, ohne zu wissen, warum. »Was machst du da?«, schrie er seinen Bruder an.

»Spiel!«, schrie Gabriel zurück. »Spiel einfach!«

»Bleib an deinem verdammten Klavier sitzen«, brüllte Amanda so laut, dass Speichel spritzte, und stürzte zähnefletschend auf ihn zu, »da, wo du hingehörst!«

Für wen hielt sich diese Schlampe eigentlich? Jeremiah krallte sich an den Tasten fest, während rote Flutwellen an seine Augen schlugen. »*Aiaiaiaiaiaiaiayash oogoosisa, oogoosisa ...*« Das Geheul schoss an die Decke, stürzte in die Tiefe und tauchte als zischender Sambarhythmus wieder auf. Und nach und nach stimmte das Ensemble in den Gesang ein, in den Tanz, in ein indianisches Opferritual, das den Altar umspülte wie Blut und von den tiefen Tönen des Klaviers abprallte wie von Zauberhand gelenkt.

45

Jeremiahs »Barkarole Odysseus Donnerkind« plätscherte gemächlich dahin, während der Blutpegel in der Plastikspritze langsam stieg. Gabriel lauschte der Musik über Kopfhörer und stellte sich dabei – wie ihm Jeremiah nahe gelegt hatte – das treibende blaue Kanu ihres Vaters vor. Der Fischer war ein venezianisch-indianischer Gondoliere, und der Mistik-See war nicht mit Wasser, sondern mit frischem Menschenblut gefüllt. Mit ausdrucksloser Miene entfernte die technische Assistentin die Nadel und drückte eine Kompresse auf Gabriels entblößten Unterarm.

Gabriel verließ das Untersuchungszimmer und ging in die Aufnahme, wo drei junge Männer in Jeans und Turnschuhen saßen und in Zeitschriften blätterten. Eine blecherne Altstimme rief »Nummer 9722« auf, worauf sich einer von ihnen erhob.

Beim Ausgang blieb Gabriel an einem Ständer mit Infobroschüren zu verschiedenen Krankheiten stehen, die er jedoch nicht beachtete, da seine Aufmerksamkeit von dem Foto auf der Titelseite der Boulevardzeitung daneben beansprucht wurde; hastig blätterte er sie durch, während er die Treppe hinunterlief.

»Der im Norden von Vancouver geborene Robin Beatty behauptet«, begann der Leitartikel, »seine ersten Worte seien ›da, da, da‹ gewesen, und sieht darin den Grund dafür, weshalb Scat-Singen für ihn die natürlichste Sache der Welt ist.«

Gabriel war von dem Artikel so gefesselt, dass er auf dem Bürgersteig erst über einen Pudel stolperte und dann dessen Besitzer anrempelte, einen Mann, der wie eine Wurst in seine lederne Motorradkluft gepresst war. Der Mann in Leder fand den Angreifer nicht unattraktiv, bekam weiche Knie, einen glasigen Blick, und aus seinem dicken Hals drang ein Geräusch wie von einem schnurrenden Motor.

Gabriel und der Mann in Leder zogen sich hinter die Klinik zurück. Dort wandte Gabriel alle Tricks an, die er in Paris, Kopenhagen, Sydney und Tokio gelernt hatte, und bearbeitete den großen Gewebeklumpen, während ihm der hübsche weiße Pudel gelassen dabei zusah. Als er um zwanzig nach zehn aus der Gasse kam, knisterte in der Hosentasche seiner Jeans ein nagelneuer Fünfzigdollarschein – das deckte zwar nicht die Beleuchtungskosten für *Odysseus Donnerkind*, reichte aber für ein Kostüm. Außerdem musste er sich beeilen, um nicht zu spät zur Probe zu kommen, und er hatte keine Zeit für Gewissensbisse, nicht einmal für ein einziges *mea culpa*.

»Taxi!«

Nur mit einem Handtuch bekleidet schlenderte Gabriel durch einen schwach beleuchteten Flur. Hier ein geheimnisvolles Grinsen, dort ein Nicken, hier ein bedeutungsschwerer Blick. In der Luft hing der Duft nackter Männlichkeit.

»Hoppla. Entschuldigung.« Der junge Mann, der Gabriel auf den Fuß gestiegen war, roch nach frischen Sommerzitronen.

»Macht nichts«, sagte Gabriel und wickelte sich das weiße Frotteehandtuch neu um die Hüften. Warum schlug sein Herz auf einmal Purzelbäume? »Bist du nicht Robin Beatty, der berühmte kanadische Musiker?«

Der halb nackte Sänger gab ein fleischiges, gurgelndes Glucksen von sich. Etwas schiefe Zähne, dachte Gabriel, ein menschliches Wesen mit kleinen Fehlern. Seine Gedanken gerieten immer auf Abwege, wenn er high war oder übermüdet oder beides.

»Sag mal«, platzte Gabriel heraus, »wie machst du eigentlich Werbung für deine Band?«

Drei Stunden später hatte Gabriel nicht einen Penny verdient, weder für die Beleuchtung noch für die Gagen der Schauspieler. Stattdessen hatten er und Robin die Badeanstalt verlassen, waren über den Boulevard geschlendert und anschließend singend, hüpfend und tanzend durch den Park spaziert, in dem Mondlicht und Frost funkelten.

Im Untergeschoss der Kirche des Apostels Paulus blickte Gabriel in einen tragbaren, beleuchteten Schminkspiegel, murmelte seinen Text und schmierte sich beinahe grob Make-up ins Gesicht. Als er bei dem mittlerweile vertrauten Fleck rechts an seinem Hals ankam, trug er so viel honigbeigen Puder auf, bis man das violettrote Mal für einen Pickel hätte halten können.

Nach der Probe hatte sich herumgesprochen, dass Flora Jane Bustagut, die sich das erste Mal als Schauspielerin versuchte, ein Naturtalent war, ein Genie. Der hübschen kleinen Miss Bustagut war das Lob sofort zu Kopf gestiegen. Es hatte ihr größtes Vergnügen bereitet, Gabriel vor versammelter Mannschaft bloßzustellen – »Ha, ha, keine Ahnung von Schauspielerei, ha, ha, keine Ahnung von Schauspielerei« –, und anschließend hatte sie verkündet, aus ihr werde der größte Star, den die indianische Welt je gesehen habe. Die Wut nagte noch immer an Gabriel: Diese miese, kleine Küchenschabe stolzierte umher und hielt sich bereits für Marilyn Monroe. Warum, zum Teufel, ging sie nicht einfach wieder zurück nach Eeweecheegisit zu ihren Fischen?

Mit einer karmesinroten Rose in der Hand schwebte Robin Beatty in Gabriels Spiegel. Der Schauspielneuling schenkte Robins Ebenbild ein nervöses Lächeln und fuhr dann mit dem Schminken fort.

»Ich bin nur gekommen, um dir noch mal viel Glück zu wünschen.«

»Danke.« Gabriel hantierte wild mit seinem Augenbrauenstift herum. Er konnte Robin nicht ansehen. Nicht jetzt.

»Du siehst ...« Robin hielt inne: Gabriel Okimasis zurechtgemacht wie ... wie ein indianischer Dionysos. »Du siehst toll aus.«

Gabriel bückte sich, um einen Mokassin zu schnüren.

»Ich lass dich lieber allein, damit du dich ganz auf die Premiere konzentrieren kannst.« Robin fasste unter Gabriels Kinn und drückte es sanft nach oben. Gabriel betete inständig zu Gott im Himmel,

Robin möge in seinen Augen nicht so deutlich lesen können wie in seiner Musik. »Was ist los mit dir, Schatz?«

Was sollte Gabriel darauf antworten? Die Vorstellung? Ich mache mir vor Angst in die Hose? Ich bin Tänzer und Choreograph und kein Regisseur, geschweige denn ein gottverdammter Schauspieler? Oder: Warum zum Teufel bin ich ausgerechnet heute in die Klinik gegangen, um mich nach den Untersuchungsergebnissen zu erkundigen?

Münder bewegten sich, Worte verflüchtigten sich. Aber Gabriels Verhalten gab überdeutlich Auskunft.

Die beiden umarmten sich so fest, dass ihre Knochen knackten. Flora Jane Bustagut, Anne Terabust und Bobby Peegatee sahen wie verwirrte Welpen von weitem zu, wie Gabriel mit den Tränen kämpfte. Seine Zunge streifte Robins Ohrläppchen, als er ihm zuflüsterte: »Bitte ... bitte, sag Jeremiah nichts davon.«

»›Gabriel Okimasis, der angesehene indianische Tänzer und Choreograph‹«, las Amanda, »›der sich erstmals als Schauspieler und Regisseur versucht hat, ist mit Sicherheit der schönste Mann, den es je auf dieser Welt gegeben hat.‹ Bla, bla ... Moment. Hier. ›Doch der kannibalische Geist streift im Angesicht des Todes sein Kostüm ab, unter dem ein Priesterrock zum Vorschein kommt und den Zuschauer verwirrt. Dieses Bild ersteht aus dem Nichts, und es verschwindet im Nichts.‹«

»Wovon redet sie?«, knurrte Jeremiah.

»Das war nicht deutlich genug, Jeremiah«, meinte Gabriel.

»Was war nicht deutlich genug?«

Jeremiah wollte die Frage wiederholen, doch da auf einmal – endlich – gingen in seiner Erinnerung die verschlossenen Türen auf.

»Stille Nacht«, sang eine kristallklare Sopranstimme. In Champions Ohren klang sie wie die Erde, die ihm ein Ständchen brachte. »Heilige Nacht ...«

Durch das Lied hindurch hörte er endlose Fichtenwälder, die unter der Last des Schnees ächzten. Die Luft war so rein, dass sie funkelte: erst silbern, dann rosarot, dann blasslila. Der vierjährige

Champion kniete vorne auf dem Hundeschlitten seines Vaters. Mit einer Hand hielt er sich an der stoffbespannten Seitenwand fest, mit der anderen schwang er eine winzige Peitsche und rief: »*Mush*, Tiger-Tiger, *mush, mush!*« Die acht grauen Huskies flogen über den blauen Himmel, vorbei an der Sonne, in die himmlischen Sphären in Champions Vorstellung. Ihr Weg beschrieb unvorhersehbare Kurven; wer wusste schon, welche Überraschung hinter der nächsten Biegung wartete, welches Lebewesen sich dort an Fichtenzapfen oder Kiefernnadeln gütlich tat? Ein Hase, ein Wiesel, fünf flatternde Schneehühner in ihren Wintermänteln, so weiß wie der Heilige Geist?

Hinter ihm schwang sein Vater die Peitsche aus Elchleder – »*Mush*, Tiger-Tiger!« –, unter ihm lehnte sich seine Mutter mit dem Rücken an den *kareewalatic*. Unter der mit Gänsedaunen gefüllten Decke lag Gabriel und saugte an ihrer Brust. Jeremiah lachte.

Was war das? Ein Gesicht? Ja, im Wald, und es wurde größer, verdeckte die trabenden Hunde. Champion schloss die Augen und wünschte sich, es möge verschwinden. Doch als er sie wieder öffnete, starrte der alte Mann ihn noch immer an. Warum sah er so böse aus, so verbittert, so furchtbar unglücklich?

Allmählich erschien vor dem Mund des alten Mannes ein Polarfuchs. Das hübsche weiße Wesen trug ein paillettenbesetztes Kleid aus weißem Satin, Handschuhe bis zu den Ellbogen und schwirrende, weiße Flügel. Und es sang, nicht für irgendwen, sondern für ihn, den kleinen, Akkordeon spielenden Cree: »Holder Knabe im lockigen Haar.« Was für volle, rote Lippen!

»Jeremiah«, sagte Gottvater hinter der singenden Fuchsdame, »steh auf, Jeremiah!« Donner? Im Dezember? »Komm mit.«

Die Füchsin – *maggeesees* – war verschwunden. Schlaftrunken schlüpfte Champion-Jeremiah aus dem Bett.

Im Licht eines zum Bersten prallen Vollmonds schwebte der nun Achtjährige einen Gang zwischen kleinen, weißen Betten entlang – Wiegen, in denen dunkelhäutige Kinder schliefen –, zur Tür hinaus und durch Korridore. Der lange schwarze Rock wehte wie ein Vorhang, roch nach Zigarren, Weihrauch und Messwein.

Pater Roland Lafleur, Diener der Unbefleckten Jungfrau Maria, stand neben seinem wuchtigen pechschwarzen Ledersessel, knöpfte die Soutane auf und zog den Reißverschluss seiner Hose herunter. So weiß, dachte Champion-Jeremiah, so groß. Inmitten schwarzer und weißer Haare, wie ... ein Pilz auf einem Kissen aus Rentierflechte.

Jetzt erinnerte er sich, wie der fromme Mann in ihn eindrang, an das Brennen in seinem Anus, an das Rein und Raus und Rein und Raus, an den nach Zigarrenrauch riechenden Atem irgendwo über seinem kalten, kahl geschorenen Kopf.

Was hatte er getan? Was immer es gewesen sein mochte, er gelobte, das Gebet von nun an nur noch auf Englisch zu sprechen: »Vater unser, der du bist im Himmel, geheiligt werde dein Name. Und lass mich bluten. Bitte, Vater, bitte, lass mich bluten.«

Als er wieder im Bett lag, war es zu dunkel, um sehen zu können, welcher Schokoladenriegel es diesmal war. Ein Sweet Marie? Ein Coffee Crisp? Ein Mr. Big?

46

»›Warum? Gott! Großer Geist! Warum?‹« Jeremiah kauerte hinter seiner Mutter an der Wand und drückte mit dem Stift so fest auf den Block, dass die Seite in der Mitte durchriss. Egal. Er würde die Szene noch einmal schreiben. Außerdem wusste er ohnehin nicht, was der Karibujäger Migisoo sagen würde, nachdem er in den Wind geschrien hatte.

»Meine Söhne meinen, ich hätte ihr Geld für einen neuen Fernseher zum Fenster rausgeworfen«, vertraute Mariesis ihren Gästen an, acht älteren Herrschaften, die am Boden Poker spielten und dabei das Wohnzimmer so voll qualmten, dass man sich vorkam wie in der Hölle. »Verdammte Scheiße!«, fluchte sie. »Wenn ich noch ein Mal diese verfluchte Drei kriege, schmeiß ich euch Schweine hochkant raus.«

»Du hättest dir zum Einkaufen in Smallwood Lake jemand mitnehmen sollen, der dir die Aufschriften auf den Verpackungen vorliest«, erwiderte Jeremiah. Der Karibujäger Migisoo brach bei dem großen, grauen Felsen zusammen, neben dem seine Frau, Sagweesoo, lag und verhungerte.

»*Astum, doos, astum, doos*«, betete Kookoos Cook, der, wenn er keine Zwei bekam, seinen Leithund Socks an die boshafte Jane Kaka McCrae, zweiundachtzig, verlieren würde.

Black-eyed Susan Magipom, überglücklich, weil sie ihre Schwägerin ungehindert besuchen konnte, seit ihr selbstgefälliger, starrköpfiger Bruder unter der Erde war, sagte: »Sie kann lesen.«

»Aber nicht Englisch«, entgegnete Jeremiah. »Ihr Englisch beschränkt sich auf ›danke‹ und ›verdammte Scheiße.‹«

Mariesis warf drei ihrer fünf Karten hin. »Gib mir drei anständige, verdammt noch mal«, sagte sie und hätte der Kartengeberin am liebsten ihren letzten schwarzen Zahn aus dem ständig offenen Mund geschlagen. »Ich kann meine Söhne in dem neuen Fernseher zwar nicht sehen«, sagte Mariesis und rückte ihren Al-Capone-Filzhut auf ihren noch immer schwarzen Haaren zurecht, »aber er kocht meine Gans in nur dreißig Minuten. Verdammte Scheiße, schon wieder nicht die richtigen Karten!«

Hinter Litte Seagull Ovary, hundertfünfzehn, die vom Gouverneur für ihre Verdienste als »Hebamme des Jahrhunderts« ausgezeichnet worden war, kündigte Mariesis' neuer Mikrowellenherd an, dass die achtzehn Pfund schwere Gans, die Choggylut McDermott und seine Frau Two Room von zwei Seiten erschossen hatten, zum Verzehr fertig war.

»Danke«, sagte Mariesis, nachdem die anderen ein drittes Mal gesetzt hatten. Sie beruhigte ihre bebende Brust mit einer Hand, denn in der anderen blitzten jetzt zwei Asse und eine Zwei. Plötzlich spürte sie die Jesusfigur an ihrem Rosenkranz, den sie als Halskette trug. »Jeremiah«, fragte sie, »betest du eigentlich noch?«

Mein Volk verhungert, schrie Migisoo in den Wind, weil die Karibus nicht gekommen sind. Und du willst mir weismachen, es gäbe dafür einen Scheiß-Grund?

»Wenn du Gott jemals vergisst«, betete Mariesis zu Christus am Kreuz, auf dass ihre Feinde von höheren Mächten vernichtet würden, »wenn du jemals vergisst, was dir die Priester in der Schule beigebracht haben, wird das deinen Vater umbringen. Ich sage dir, er wird einfach sterben.«

»*Neee*«, spottete Annie Moostoos, neunzig, »ist er denn nicht schon tot?« Nachdem sie gegeben hatte, nahm sie ihr Blatt auf, tauschte geschwind zwei Karten gegen zwei andere aus und verbarg ihren einzigen Zahn hinter zusammengekniffenen, aber bebenden Lippen.

»Antworte!« Mariesis drehte sich um und starrte ihren Sohn an. »Geht ihr noch zur heiligen Kommunion, Gabriel und du?«

Im Zimmer war es still bis auf das Schaben von Jeremiahs Kugelschreiber, das Schnalzen der Spielkarten und das Schmatzen geldgieriger Zungen, denn im Jackpot befanden sich inzwischen zweitausend Dollar, ein Jagdgewehr und ein Hund namens Socks, der jedoch an einem Pfosten hinter Kookoos Cooks pinkfarbenem Bungalow angebunden war und keine Ahnung hatte, dass er vielleicht noch an diesem Abend in die verlottertste Behausung von ganz Eemanapiteepitat umsiedeln musste.

»Und?«, wollte Mariesis gerade nachhaken, als Jane Kaka ihre Karten auf die Steppdecke warf, einen gewaltigen Schwall üblen Mundgeruchs ausstieß und »Ta-ta!« posaunte. Vor acht ungläubigen, triefenden Augenpaaren lagen ein Bube und vier mächtige Könige.

Kookoos Cook bedachte Jane Kaka mit so gotteslästerlichen Flüchen, dass sich Pater Bouchard im Grab umgedreht hätte, wäre der »grauhaarige alte Knacker«, wie Black-eyed Susan ihrem Neffen am Flughafen zugeflüstert hatte, nicht noch am Leben gewesen.

Auf dem verblassten Foto, das vor Jeremiah im Regal stand, küsste die Pelzkönigin den Weltmeister Abraham Okimasis. Und sie blinzelte. Jeremiah zog auf seinem Block einen Strich unter die Worte: »Vierte Szene: 1860. Der erste Missionar trifft am Mistik-See ein.«

47

Mit einem Styroporbecher in der einen Hand und einem kleinen Plastikfläschchen in der anderen betrachtete Gabriel bei laufendem kaltem Wasser sein Spiegelbild, als Jeremiah eintrat. Die rot-gelben Kapseln tanzten auf dem Boden.

»Soll ich dir helfen, sie einzusammeln?«, fragte Jeremiah und ging in die Hocke.

»Nein.«

Für Jeremiah klang es wie Bellen. Ihm fiel auf, dass Gabriel noch schweißgebadet von der Probe war, die er soeben beendet hatte.

»Ich komm schon zurecht. Geh nur und kümmere dich um deinen Kram.«

Jeremiah hob eine davongerollte Pille auf und hielt sie fragend hoch. Gabriel nahm sie, war jedoch völlig überfordert.

Wie sollte er erklären, was es mit dem Wirkstoff Pentamidin auf sich hatte, geschweige denn, was man unter *Pneumocystis carinii* verstand, einer seltenen Art von Lungenentzündung, an der man nur dann erkrankte, wenn das natürliche Abwehrsystem völlig verrückt spielte? Wie sollte er den Virus in seinem Blutkreislauf erklären, geschweige denn, wie er dort hingelangt war? Bitte, mein lieber Bruder, bitte, frag mich nicht.

Gabriel spülte eine Kapsel mit einem großen Schluck Wasser hinunter.

Vom Pissoir aus sah Jeremiah zu, wie sein jüngerer Bruder sein Gesicht mit verknitterten Papierhandtüchern bedeckte.

»Was sind das für Pillen?«

Kurzes Schweigen.

»Vitamine. Ich habe das Gefühl ... meine Erkältung ... kommt zurück.« Als er Jeremiah ansah, wurde er von einer Woge liebevoller Zuneigung zu seinem Bruder erfasst. »Komm. Ich begleite dich zur U-Bahn.«

Im Belmont Theatre mit seinen dreihundert Plätzen fegte ein Sturm mit erbarmungsloser Wucht über die Tundra. In seinem Geheul hallten die Klagen einer Frau wider. »Für-für-für alles-alles, Karibujäger-Jäger-Jäger Migisoo-Migisoo, gibt es einen Grund-Grund-Grund-und-und-und ...«

Der Sturm schleuderte Migisoo, der dem Hungertod nahe war, gegen einen großen, grauen Felsen. Sprach der Wind zu ihm? Oder war er dem Wahnsinn verfallen? Sollte er antworten? Bitte, Gott, betete Migisoo im Stillen, lass zehntausend Karibus über diese moosbedeckte Wiese brausen, wie der Donner im Juli, wie in den Tagen meiner Kindheit. Doch es kamen keine Karibus, nur der Wind erhob mahnend die Stimme.

»Mein Volk verhungert«, schrie er schließlich zurück, »weil die Karibus nicht gekommen sind! Und du willst mir weismachen, es gäbe einen Grund?« Da verstummte der Wind, und nur noch sein hysterisches Schluchzen war zu hören.

Nachdem die beiden eifrigen Helfer damit fertig waren, Gabriels weißes Musselintuch zu schwenken – einst eine Tischdecke, jetzt ein Schneesturm, der über dem Norden Manitobas wütete –, verschwanden sie hinter der Bühne.

Schleimtriefend und unförmig näherte sich der schwarze Weetigo durch den Mittelgang der Bühne.

»Komm zu mir, Migisoo«, zischte der Fleischfresser aus zehn Lautsprechern, »ich habe auf dich gewartet.« Seine Stimme klang wie tropfendes Wasser in einer Höhle.

»Weetigo!«, spuckte Migisoo aus. »Du hast uns schon fünf Kinder genommen. Hast du nicht schon genug Menschenfleisch verschlungen, während wir hier nichts zu beißen hatten? Lass uns in Frieden, geh – *awus!*«

Als Migisoo und der Weetigo ihren Tanz des Hasses begannen, bearbeitete der Schlagzeuger hinter den Kulissen seine Trommeln.

Gabriel wich dem Ungeheuer mit leichtfüßiger Anmut aus, doch als sterbender Migisoo stolperte er, fiel zuweilen sogar hin, bis kein Zweifel mehr bestand, dass der Kampf verloren war. Plötzlich sprang die Kreatur dem Jäger in den Mund. Und war verschwunden.

»Ein weiterer Erfolg für die Brüder Okimasis!«, verkündete die Schlagzeile. Ein Foto von Gabriel beim Tanz mit dem Weetigo zierte die Rezension. Durch sein Keuchen hindurch hörte Gabriel den Applaus. Er glich dem Nordwind, der auf den Karibujäger einpeitschte.

Die Zeitung lag aufgeschlagen auf einem Stuhl neben dem Untersuchungstisch, während Gabriel an einer Sauerstoffmaske saugte. Der Grund? Nach und nach setzten sich in seinen Lungenbläschen *Pneumocystis-carinii*-Protozoen fest und erstickten sie. »Die Anzahl Ihrer T-Zellen ist so niedrig wie noch nie«, erklärte der Arzt, der einen Ohrring trug. »Diese Rolle, die Sie spielen, wie ... lange wollen Sie das noch machen?« Der Patient signalisierte »zehn«, während der Arzt das Gerät einstellte. »Noch zehn Wochen? Sie müssen sehr vorsichtig sein. Gehen Sie sparsam mit Ihren Kräften um. Kein Alkohol, keine Drogen.« Er nahm ihm die Maske ab. »Immerhin gibt es Leute in der gleichen Situation, die schon seit zwölf oder fünfzehn Jahren ein erfülltes Leben führen. Das hängt ganz von der Einstellung ab. Und was dieses Sauerstoffgerät angeht: zweimal täglich, bei Atemnot auch öfter.«

Auf der Straße blieb Gabriel an einer Ampel stehen. Ein Mann im Anzug drehte sich nach ihm um und blieb stehen, offenbar um den Anblick zu genießen. Das altbekannte Kribbeln schoss Gabriels Wirbelsäule hinauf, dann wieder zurück in die Leistengegend.

Zehn Minuten später tauchte er aus der Gasse hinter der Klinik auf, in der Hand wie eine Aktenmappe das Beatmungsgerät und in der Hosentasche hundert Dollar.

Gabriel stand vor dem Spiegel in seiner Garderobe und untersuchte seine Zunge, seinen Rachen, seinen Gaumen. Ja, tatsächlich, überall dunkelgraue Flecken. Soor. Was würde als Nächstes kommen? Leukämie? Darmkrebs?

Jeremiah stand nervös mitten auf der Bühne, vor sich ein aufgewühltes Publikum. *Chachagathoo, die Schamanin*, ein derart kontroverses Werk, dass sich der Kardinal von Toronto, wie man sich in Indianerkreisen erzählte, als Ordensschwester verkleidet in die Vorstellung geschlichen hatte, war gerade mit dem diesjährigen Theaterpreis bedacht worden.

Schweißgebadet, den Kopf in ein nasses Handtuch gewickelt, saß Gabriel zusammengesunken auf einem Stuhl. Hinter ihm ging Jeremiah unablässig auf und ab und drückte eine Zigarette nach der anderen auf dem Toilettentisch aus.

»Das ist Mom gegenüber nicht fair«, flehte er, »nicht in einer so ernsten Situation.«

»Was heißt Aids auf Cree, hm? Sag schon, was ist das Wort für HIV?«

»Bitte, Gabriel. Ich zahle ihr den Flug, ich ...«

»Nicht jetzt, Jeremiah, bitte.« Gabriel begann zu weinen. »Ich habe Kopfschmerzen.«

»Stille Nacht«, sang eine Frau. In Gabriels Ohren klang sie wie die Erde, die ihm ein Ständchen brachte. »Heilige Nacht ...«

Durch das Lied hindurch hörte er die Fichten, die unter der Last des Schnees ächzten, und die Luft war so rein, dass sie funkelte. Der vierjährige Gabriel Okimasis kniete allein vorne auf dem Hundeschlitten seines Vaters, denn Jeremiah war in der Schule. Während er sich mit einer Hand an der stoffbespannten Seitenwand festhielt, schwang er eine winzige Peitsche – »*Mush*, Tiger-Tiger!« Die acht grauen Huskies flogen über den blauen Himmel, vorbei an der Sonne, in die himmlischen Sphären in Champions Vorstellung. Ihr Weg beschrieb eine Kurve. Wer wusste schon, welche Überraschung hinter der nächsten Biegung wartete? Ein Hase, ein Wiesel, fünf Schneehühner, so weiß wie der Heilige Geist?

Hinter ihm stand sein Vater, hielt sich am Handgriff fest und schwang seine Peitsche aus Elchleder. Unter ihm lehnte sich seine Mutter mit dem Rücken an den *kareewalatic* und hatte sich die mit Gänsedaunen gefüllte Decke bis zum Hals hochgezogen.

Was war das? Ein Gesicht? Ja, im Wald, und gleichzeitig ein Teil davon, und es wurde größer, verdeckte die trabenden Hunde. Gabriel schloss die Augen. Doch als er sie wieder öffnete, starrte der alte Mann ihn an. Warum sah Gott so böse aus, so verbittert, so furchtbar unglücklich?

Eine Polarfüchsin erschien in einem paillettenbesetzten Kleid aus weißem Satin, Handschuhen bis zu den Ellbogen und schwirrenden, weißen Flügeln. Und sie sang: »Holder Knabe im lockigen Haar.« Was für volle rote Lippen!

»Gabriel«, sagte Gottvater hinter der singenden Fuchsdame, »steh auf, Gabriel!«

»Nein«, stöhnte Gabriel im Schlaf, »nein, bitte nicht.« Er begann zu schreien. Und um sich zu schlagen. »Geh weg, geh weg, geh weg, du hast schon fünf Kinder mitgenommen.«

»Gabriel!«, schrie Jeremiah. »Du träumst.«

»Hast du nicht schon genug Menschenfleisch verschlungen?« Wieder und wieder schlug Gabriel um sich und brach Jeremiah dabei fast die Nase.

»Sei still!«, schluchzte Jeremiah. Mit blutverschmiertem Gesicht packte er Gabriel an den Armen. »Gabriel, sei still!«

48

»Was glaubst du, wem Dad begegnet ist? Auf ... der anderen Seite?« Gabriels sanfte Stimme schwebte durch das weiße Zimmer. »Jesus? Oder Weesageechak?« Auf Kissen gebettet sah der jüngste Sohn des Karibujägers das Bild an, auf dem die Pelzkönigin seinen Vater küsste. Die Hand, die das Foto hielt, war durch Schläuche mit Beuteln mit verschiedenen Flüssigkeiten verbunden. Jeremiah stand am Fenster und blickte finster auf den Feierabendverkehr sieben Stockwerke unter ihm.

»Dem Trickster natürlich«, beantwortete Gabriel seine Frage schließlich selbst, »Weesageechak. Dem Schalk, der die Brücke zwischen Menschen und Gott schlägt – einem Gott, der lacht, einem Gott, der nicht dazu da ist, zu bestrafen und Leid zu bringen, sondern um sich zu amüsieren. Allerdings verkörpert der Trickster einen weiblichen Gott, eine Göttin im Pelzgewand. Wie auf diesem Foto. Das habe ich schon immer so gesehen. Ich meine, wenn es in den Sprachen der Urbevölkerung kein Geschlecht gibt, warum sollten wir dann eines haben? Und warum sollte Gott eines haben?«

»Pater Lafleur würde dich für diese Bemerkung geradewegs in die Hölle schicken.«

»Wenn ich sterbe, möchte ich, dass Mom ihren katholischen Hokuspokus veranstalten darf. Aber ich will nicht, dass irgendein Priester auch nur in die Nähe meines Betts kommt. Hast du mich verstanden?«

»Als ob sie damit einverstanden wäre«, stellte Jeremiah verbittert fest.

»Falls sie nicht einverstanden ist, will ich sie nicht sehen.«

Mariesis Okimasis, sechsundsiebzig, drückte sich in einer Maschine der Air Canada ans Fenster und schaute auf die Wolken hinunter, wo, wie ihr der kleine Gabriel immer erzählt hatte, Gott wohnt. In einer Schnupftabakdose in ihrer Handtasche befand sich ein Geschenk: Annie Moostoos' einziger Zahn, den ihr die übermenschlich große Magimay Cutthroat bei einer hitzigen Pokerpartie endlich doch ausgeschlagen hatte. »Schenk ihn meinem Patensohn«, hatte ihr die zahnlose Greisin heulend aufgetragen. »Er wird ihm helfen, genau wie mir, älter als neunzig zu werden.«

In ihrem Schlafzimmer in Wasaychigan Hill legte Ann-Adele Ghostrider ihren weißen Hermelinumhang in einen kleinen, braunen Koffer und machte den Deckel zu. Vor ihrem Fenster frischte der Wind auf und trieb den Schnee vor sich her. Würde sie rechtzeitig ankommen?

Der Weetigo kam mit hängender Zunge auf Gabriel zu und streckte die Klauen nach seinen Lenden aus.

»Hast du nicht schon genug Menschenfleisch verschlungen, während wir hier sitzen und nichts zu beißen haben?«, zischte Gabriel. Doch der kannibalische Geist hatte jetzt das Gesicht von Pater Roland Lafleur. Gabriel kroch auf den frommen Mann zu. »Aber ich habe doch seit Wochen kein Fleisch mehr gegessen, meine liebe Sagweesoo«, jammerte Gabriel und streckte die Zunge nach den Lenden des alten Priesters aus. »Geh nicht weg.«

Die Gestalt machte einen Satz auf Gabriel zu und schwang ein Kruzifix.

»Lass mich in Ruhe«, sagte Gabriel und schlug um sich. »Geh weg – *awus!*«

Quietschend öffnete sich die Tür. Eine erschöpfte Mariesis Okimasis schlurfte herein, gefolgt von Jeremiah und Amanda. Mariesis hielt einen Rosenkranz mit smaragdgrünen Perlen in Händen, warf einen Blick auf ihren Sohn und eilte an sein Bett. »*Nigoosis, nigoosis, nigoosis* …«

Mariesis' runzlige Hand legte Gabriel den Rosenkranz auf die Brust. Der nackte, silberne Christus funkelte im Kerzenschein und krümmte sich vor Schmerz.

Jeremiah half Gabriel, eine Tablette aus einem Wachspapierbecher zu nehmen. Gabriels Gesicht war bleich und eingefallen, und um den Kopf hatte ihm jemand ein feuchtes, weißes Handtuch gewickelt.

»Dieses Morphium«, fragte Jeremiah auf Englisch, als Gabriel die Tablette mit einem Schluck Wasser hinunterspülte, »was hat das für eine Wirkung?«

»Es lindert die Schmerzen«, erwiderte Gabriel, »eine Zeitlang.« Er sah Jeremiah an. »Hast du ... Angst? Dass ich vielleicht sterben werde?«

Jeremiah blinzelte. Was sollte er darauf antworten? Ja? Nein? Manchmal? Schließlich wandte er den Blick ab, vergrub das Gesicht in den Händen und weinte; ja, er hatte Angst. Er hatte schreckliche Angst davor, seinen Bruder zu verlieren.

»*Katha matoo*«, sagte Gabriel sanft. »Bitte.«

»Ich ... ich habe Mom und Dad versprochen, auf dich aufzupassen. Und ich hab's vermasselt. Vollkommen vermasselt.«

»Erinnerst du dich noch an den Tag, als uns die Karibus beinahe totgetrampelt hätten?« Gabriel lächelte. »Und du mich auf den Felsen gezerrt hast? Du hast mir das Leben gerettet. Aber ich bin kein Kind mehr, Jeremiah. Schon lange nicht mehr. Es gibt nichts, was du hättest tun können. Ich bin selbst verantwortlich für das, was ich getan habe. Trauere nicht um mich. Sei fröhlich.«

»Jeremiah, du musst einen Priester holen«, drängte Mariesis auf Cree über die Schulter ihres älteren Sohnes hinweg. Jeremiah schwieg. »Wenn dein Bruder die Letzte Ölung nicht bekommt ...« Jetzt weinte Mariesis.

»Mom!«

»Seine Seele kommt in die Hölle, *tapwee!*«

»Schon gut, schon gut.« Jeremiahs Cree klang wie Maschinengewehrfeuer. »Wir holen einen Priester! Wir holen einen Priester!«

49

»*There's No Business Like Showbusiness*«, stand auf Gabriels Geburtstagskarte, die am Spiegel in der Garderobe hing. Jeremiah war überzeugt davon, soeben eine rasante Zeitreise durch fünf Jahrhunderte gemacht zu haben. Er drückte eine Zigarette aus und zündete sich eine neue an. Alles war so, wie Gabriel es zurückgelassen hatte: die Augenbrauenstifte, das Make-up – die magischen Waffen eines Schamanen, eines Zauberers. Nur das Porträt ihres Vaters fehlte.

Die Tür hinter ihm öffnete sich; Amanda tauchte im Spiegel auf.

»Grandma verspätet sich«, sagte sie leise. »Ein Schneesturm. Sie tut, was sie kann.«

»Mein Bruder liegt im Sterben, und ich spiele in einem beschissenen Sandkasten Verkleiden.«

Vor dem Belmont Theatre drängelten sich Menschenmassen, die die letzte Vorstellung von *Chachagathoo, die Schamanin* sehen wollten.

Acht graue Huskies durchquerten die Tundra. Gabriel Okimasis fuhr den Schlitten, so schnell die Hunde laufen konnten. Eine Meile vor sich konnte er die Ziellinie erkennen oder glaubte es zumindest. Er sah allerdings auch andere Schlittenführer vor sich, drei, vielleicht vier. Das bedeutete, dass vierzig weitere irgendwo hinter ihm waren. Doch was für eine Rolle spielten diese vierzig? Für ihn zählte nur, dass drei oder vier vor ihm waren. Für ihn zählte nur, dass er nicht in Führung lag.

Und er war todmüde, seine Hunde waren mehr als müde, so müde, dass sie auf der Stelle zusammengebrochen wären, hätte er sich geschlagen gegeben.

»Mush!« – das einzige Wort, das ihnen, den Hunden wie ihrem Herrn, noch Kraft und den Willen gab weiterzumachen.

Unter dem Bild der Pelzkönigin lag Mariesis' Rosenkranz in Gabriels Händen. Ann-Adele Ghostriders alte, braune Hand nahm die Perlen und ersetzte sie durch eine Adlerfeder.

»*Mush*, Tiger-Tiger!«, stöhnte Gabriel mit schwacher Stimme.

Ann-Adele Ghostrider war versucht, den Rosenkranz in den Mülleimer zu werfen, hängte ihn jedoch einer Puppe mit Cowboyhut und weißem Fransenhemd um. Die Medizinfrau zündete einen Bund Gewürzkräuter an und badete den Patienten in ihrem Rauch. Sie stand am Fußende des Bettes, und ihr Gebet hatte sich in einen leisen Gesang verwandelt. Robin Beatty hielt den Kopf seines Geliebten liebevoll in den Händen und weinte.

Stärke. Willenskraft. Ausdauer. Besaß er genug davon? Besaß er überhaupt welche? Besaßen seine Hunde welche?

»Mush!«, *rief Gabriel seinem Leithund zu. »Schneller, Tiger-Tiger,* mush!«

Und dann umhüllte ihn Dunkelheit, schlich sich von hinten aus den Tiefen des Rauschens in seinen Ohren an. Und am äußersten Rand dieser neuerlichen Dunkelheit tauchte die kleine, lodernde Flamme auf und wurde mit jedem Aufflackern größer. Dann begann die weiße Flamme auf zu summen, einen Ton, so rein, dass er unmöglich für menschliche Ohren bestimmt sein konnte. Die Erscheinung nahm Gestalt an – der Karibujäger konnte einen weißen Umhang erkennen, Falte um Falte aus weißem Pelz.

Der Rauchmelder kreischte auf. Dann begann die Alarmglocke am Ende des Korridors zu schrillen. Und noch eine und noch eine. Bis das ganze Gebäude davon widerhallte. Die Feuerwehr traf ein, dann der Notarzt.

»Machen Sie die Tür auf!« Was war das, fragte sich Jeremiah, die Armee? Er streckte die Nase zur Tür hinaus und blickte einer hünenhaften, blonden Krankenschwester in die Augen.

»Was ist das für ein Gestank?«

»Gewürzkraut. Heilige Kräuter«, versuchte Jeremiah zu erklären, »so etwas Ähnliches wie Weihrauch für Katholiken!« Er schlug die Tür just in dem Moment zu, als Mariesis mit einem uralten Priester im Schlepptau um die Ecke kam. Während das Klinikpersonal die Kranken in ihren Betten evakuierte, stürmte die Frau des Karibujägers auf die Tür zu und stand Amanda gegenüber.

»Mach auf«, bellte sie auf Cree. »Lass den Priester rein!«

»Nein«, bellte Amanda auf Ojibwa zurück.

»*Nibeebeem macheeskooteek taytootew!*«, fluchte Mariesis mit mordlüsternem Blick.

»Er kommt nicht in die Hölle«, schrie Amanda. Da Ojibwa ihre Muttersprache war, verstand sie gerade genug Cree.

Der Einsatzleiter der Feuerwehr baute sich in voller Montur vor Amanda auf.

»Madam«, sagte er, »gehen Sie bitte zur Seite.«

»Nein.«

Jeremiahs schweißbedecktes Gesicht erschien wieder im Türspalt. Der Einsatzleiter flehte ihn an. »Sir, wenn der Feuermelder in diesem Zimmer nicht abgeschaltet wird, muss das ganze Krankenhaus evakuiert werden.«

»Da drin liegt ein Mensch im Sterben!«, schrie Jeremiah. »Wir sind Indianer! Wir haben ein Recht auf unsere eigenen religiösen Zeremonien wie alle anderen auch!« Er schlug die Tür wieder zu.

»Jeremiah!« schrie Mariesis hinter dem gewaltigen Rücken des Feuerwehrmanns. »Lass auf der Stelle den Priester rein, oder ich bring dich um!«

Jeremiah riss die Tür auf, griff unter dem Arm des Feuerwehrmanns hindurch, schob den winzigen Priester zur Seite, zog Mariesis ins Zimmer und schlug die Tür ein drittes Mal zu.

Der Karibujäger meinte über dem Umhang einen Stirnreif aus weißem Pelz schweben zu sehen. Und was an dem Stirnreif funkelte und glitzerte, hätte ein Sternbild sein können. Dann sah Gabriel Okimasis eine Schärpe aus weißem Satin, die ihn an eine längliche Fahne erinnerte und über der Schulter einer jungen Frau hing, deren Haut so hell war, als wäre sie aus der arktischen Kälte herausgemeißelt worden.

Ihre Zähne glichen Perlen aus Eis, ihre Lippen Strömen von Blut, ihre Augen weißen Flammen in pechschwarzer Nacht.

Ann-Adele Ghostrider zündete einen winzigen Zedernzweig an – die vierte heilige Pflanze neben Gewürzkraut, Salbei und Tabak –, und eine letzte Rauchwolke stieg empor. Jeremiah stand mit dem Rücken zur Tür, und seine Mutter biss ihm in die Hand, mit der er sie zurückhielt. Denn Gott war endlich gekommen, um seinen Bruder zu sich zu holen, pochte an die Tür, begehrte Einlass. Das Kreischen des Feueralarms und der Löschfahrzeuge wurde zum schrillen Klagegesang einer Frau, einer zweiten, einer dritten, bis hundert Stimmen das Klagelied des Todes sangen.

Und als Gabriel Okimasis sich näherte, konnte er, Buchstabe um Buchstabe, Silbe um Silbe die Wörter und Zahlen entziffern, die auf ihre Schärpe aufgedruckt waren: »Pelzkönigin 1987.«

Durch Rauch und Kerzenschein huschte die Pelzkönigin ins Zimmer. Sie bedeckte das Bett mit ihrem Umhang und beugte sich zu Gabriels Wange hinunter.

Das überirdisch schöne Wesen schwebte mit einem Gegenstand in den Händen auf ihn zu, rund und aus Silber, den sie auf Höhe ihrer Taille hielt. Ein heiliger Gral, ein Herz vielleicht, eine Lunge, eine Gebärmutter? Er war der Weltmeister. Und dann senkten sich die Lippen der Königin. Sie näherten sich gaukelnd, wie ein Blatt im Herbst, das von einem Baum fortgerissen wird, bis sie sich, wenn auch nur für einen Moment, der tausend Jahre hätte andauern dürfen, auf Gabriel Okimasis' linke Wange legten. Sie küsste ihn und nahm ihn bei der Hand.

Als sich die Pelzkönigin und Gabriel Okimasis von seinem Körper erhoben und in den Nebelschwaden verschwanden, drehte sich der kleine weiße Fuchs am Kragen des Umhangs zu Jeremiah um. Und blinzelte.

Dank

Mein Dank gilt allen, die mich während der Arbeit an diesem Buch unterstützt und inspiriert haben, die an mich geglaubt haben und mir liebevoll verbunden waren. In alphabetischer Reihenfolge sind dies: William Aide, Keith Anderson, Merrick Emlyn Anderson, Lilly Barnes, Micah Barnes, Elizabeth Bateman, Linda Beath, Jack Blum, Denise Bolduc, Elaine Bomberry, Peter Bomberry, Rita Bomberry, meine Agentin Denise Bukowski, Jim Burt, Catherine Cahill, Tantoo Cardinal, Teresa Castonguay, Kennetch Charlette, Celia Chassels, Marsha Coffey, Cathie Cooper, Sharon Corder, Dale Crosby, James Cullingham, Jennifer Dean, meine Agentin Suzanne DePoe, David Doze (von Vox Management), David Earle, Bernice Eisenstein, Gloria Eshkibok, Barker Fairley, Jonathon Forbes, Carol Hay, William (Bill) Henderson, Daniel Highway, Pelagie Highway, Kathleen Jamieson, Edwin Jebb, Alexie Lalonde-Steedman, Florence Lalonde, mein Partner Raymond Lalonde, Thérèse Lalonde, Jani Lauzon, Larry Lewis, Doris Linklater, Edna Manitowabi, Tina Mason, Pamela Matthews, Maya Mavjee, Elva McCoy, Ann-Marie MacDonald, Linda Merasty, Louise Merasty, William (Billy) Merasty, Mary Jane McCallum, Gloria Montero, Jim Morris, Rena Morrison, Daniel David Moses, John Neale, Maxine Noel, Margarita Orszag, Ken Pitawanakwat, James Reaney, Anne Robbins, Svend Robinson, Carol Rowntree, Buffy Sainte-Marie, Jaydeen Sanderson, Jonathon (Little Joe) Sanderson, Don Sedgwick, Richard Silver, Mary Stockdale, Iris Turcott, Isabel Vincent, meine Lektorin Charis Wahl, Don Winkler sowie alle Mitarbeiter von Doubleday. Folgende Institutionen haben mir großzügig ihre Unterstützung gewährt:

Canada Council, Concordia University, Simon Fraser University, University of British Columbia und University College der University of Toronto. Ihnen allen möchte ich sehr herzlich danken.

Zu guter Letzt ein herzliches Dankeschön den Geschichtenerzählern meines Volkes, den Urhebern der Mythen, den Traumwebern. Denn auf ihren Schultern stehen wir, die gegenwärtige, aufstrebende Generation indianischer Schriftsteller. Ohne sie wüssten wir nicht, wie wir unsere Geschichten erzählen sollten, und hätten letztlich gar keine Geschichten zu erzählen.

Selbstverständlich handelt es sich bei diesem Buch um einen Roman – alle Figuren und Ereignisse sind frei erfunden. Dabei wurde großzügig mit der Datierung einiger historischer Begebenheiten umgegangen, etwa mit dem Schönheitswettbewerb, bei dem die Pelzkönigin gekürt wird. Wie ein griechischer Philosoph es einst formuliert hat, besteht der Unterschied zwischen dem Historiker und dem Dichter/Erzähler darin, dass der eine berichtet, was geschehen ist, während uns der andere erzählt, wie es sich zugetragen haben könnte.

Glossar

Anee-i ma-a? Was ist mit denen?
Arababoo Eintopf
Ash! Kagitoo! Pst! Sei still!
Astum Komm(t) her, komm(t) zu mir!
Ateek, ateek, astum, astum Karibus, Karibus, kommt zu mir, kommt zu mir!
Athweepi ausruhen, sich entspannen
Atimootagay Hundefotze (gängiges Schimpfwort)
Awasis, magawa, tugoosin Das Kind ist gekommen
Awiniguk oo-oo? Wer sind diese Leute?
Awus Geh weg!
Aymeeskweewuk anee-i Das sind fromme Frauen (d. h. Nonnen)
Cha Nach rechts! (Kommando für Schlittenhunde)
Doos eine Zwei (beim Karten- oder Würfelspiel)
Eehee ja
Eematat Er/sie treibt es mit ihr/ihm
Igwani igoosi, n'seemis Das ist für dich, kleiner Bruder
Kaaa oh
Kareewalatic Rückenlehne des Hundeschlittens, die in den Handgriff übergeht, an dem sich der stehende Schlittenhundführer festhält
Katha matoo Weine nicht!
Keechigeesigook Himmel
Keegway kaweetamatin Ich werde dir etwas sagen
Keeyapitch n'tayamiyan Ich bete noch immer
Kigiskisin na? Erinnerst du dich?

Kitoochigan »Musikmacher« aller Art (Klavier, Gitarre, Plattenspieler etc.)
Kimoosoom chimasoo, koogoom tapasao, diddle-ee ... »Großvater bekommt einen Steifen, Großmutter läuft davon, dideldei ...« (albernes Liedchen)
Kiweethiwin Wie heißt du?
K'si Mantou der Große Geist bzw. Gott (auch *Kitchi mantou* oder in umgangssprachlichem Cree *Gitche Manitou*)
Machimantou Satan
Machipoowamoowin die Macht böser Träume (sehr kraftvoller Ausdruck)
Maggeesees Füchsin
Mati siwitagan Gib mir das Salz!
Mawch nein
Maw keegway nichts
Maw neetha niweetootan Ich gehe nicht
Migisoo Adler
Mithoopoowamoowin die Macht guter Träume
Miximoo bellen
Mootha nantow Ist schon gut
Mush Vorwärts! (Kommando für Schlittenhunde)
Muskoosis/uk kleiner Bär/kleine Bären
Napeesis awa Es ist ein Junge
Neee, ballee sleeper chee anima? Meine Güte, ist das nicht ein Ballettschuh?
Neee, nimantoom Um Gottes willen!
Neee, tapwee sa awa aymeegimow Meine Güte, dieser Priester hat Nerven!
Nibeebeem macheeskooteek taytootew! Mein Kind kommt in die Hölle!
Nigoosis mein Sohn
Nimama meine Mutter
Nimantoom mein Gott
Noos'sim Enkel/in
Oogimow Häuptling
Oogoosisa der Sohn von ...

Ooneemeetoo Tänzer
Ootee-si Hier entlang!
Peechinook'soo Er/sie nähert sich
Peeyuk, neesoo eins, zwei
Peeyatuk Sei vorsichtig!
P'mithagan Flugzeug
Poowamoowin träumen
Seemak sofort
Sooni-eye-gimow Indianerbeauftragter, bzw. Büro für Indianische Angelegenheiten
Taneegi iga? Warum nicht?
Tansi Wie geht es dir?
Tantee kageegimootee-in anima misti-mineeg'wachigan? Wo hast du diese große Tasse geklaut?
Tapwee (ja) wirklich
U Nach links! (Kommando für Schlittenhunde)
Weechee-in Hilf mir!
Weeks'chilowew! Hurra! (wörtl.: Der Wind dreht sich! – Ausruf grenzenloser Freude und Begeisterung)
Whoa Halt! (Kommando für Schlittenhunde)

Anmerkung: Im Cree gibt es keine verschiedenen Genera, denn in gewisser Weise sind wir alle männlich und weiblich – wie Gott auch, sollte man denken ...

Die Deutsche Bibliothek – CIP-Einheitsaufnahme
Ein Titeldatensatz für diese Publikation ist bei
Der Deutschen Bibliothek erhältlich

First published by Doubleday Canada Ltd.
Copyright © 1998 by Tomson Highway
Titel der englischsprachigen Originalausgabe
»Kiss of the Fur Queen«

Copyright © 2001 für die deutschsprachige Ausgabe
Frederking & Thaler Verlag, München,
in der Verlagsgruppe Bertelsmann GmbH
www.frederking-und-thaler.de

Alle Rechte vorbehalten

Übersetzung aus dem Englischen von Thomas Bauer

Lektorat: Irene Rumler, München
Herstellung und Satz: Büro Caroline Sieveking, München
Umschlaggestaltung: Petra Dorkenwald, München
Umschlagfoto: VCL, Bavaria Bildagentur, München
Druck und Bindung: GGP Media, Pößneck

Printed in Germany

ISBN 3-89405-421-2

Der ganze oder teilweise Abdruck und die elektronische oder mechanische Vervielfältigung, gleich welcher Art, sind nicht erlaubt. Abdruckgenehmigungen in Verbindung mit der deutschsprachigen Buchausgabe erteilt der Frederking & Thaler Verlag.

Umwelthinweis: Das Papier wurde aus chlorfrei gebleichtem Zellstoff hergestellt und enthält keine Aufheller. Die Einschweißfolie – zum Schutz vor Verschmutzung – ist aus umweltfreundlicher und recyclingfähiger PE-Folie.